研究性学习与实践

孟令国　时彦朋　卢红旺
陈　蕾　邢建平　编著

山东大学出版社
SHANDONG UNIVERSITY PRESS
·济南·

图书在版编目(CIP)数据

研究性学习与实践/孟令国等编著.—济南:山东大学出版社,2025.6

创新创业专创融合创新方法与课赛结合系列教材

ISBN 978-7-5607-8150-1

Ⅰ.①研… Ⅱ.①孟… Ⅲ.①大学生一学习能力一能力培养一教材 Ⅳ.①G645.5

中国国家版本馆 CIP 数据核字(2024)第 030805 号

责任编辑 祝清亮

封面设计 王秋忆

研究性学习与实践

YANJIUXING XUEXI YU SHIJIAN

出版发行 山东大学出版社

社　　址 山东省济南市山大南路 20 号

邮政编码 250100

发行热线 (0531)88363008

经　　销 新华书店

印　　刷 山东成信彩印有限公司

规　　格 787 毫米×1092 毫米　1/16

　　　　 14.25 印张　305 千字

版　　次 2025 年 6 月第 1 版

印　　次 2025 年 6 月第 1 次印刷

定　　价 49.00 元

赢创未来
（代序）

习近平总书记说："创新是一个民族进步的灵魂，是一个国家兴旺发达的不竭动力，也是中华民族最深沉的民族禀赋。在激烈的国际竞争中，惟创新者进，惟创新者强，惟创新者胜。"

随着新经济、新产业、新业态的不断出现，在我国先后催生了新工科、新医科、新文科、新农科（以下简称"四新"）的全面建设。"四新"的特点是人才培养更注重面向未来、强调创新、注重交叉、倡导多育并举，因此"四新"人才培养已不仅仅限于新专业的设置、传统专业的改造升级，更是深入课程、教材、实践与创新等最基本的教学和育人环节，涉及教学理念、教学思想、教学方法的深刻变革。

2002年早春，我从服务了7年的通信企业调回山东大学工作，从此开始了科研教育工作之旅。特别是2010年机缘巧合与iCAN大学生创新创业大赛发起人北京大学张海霞教授结识，iCAN大赛成就了许多人和故事，也着实影响和改变了我的工作重心和人生轨迹。目前我担任iCAN大学生创新创业大赛中国赛区组委会主席，同时担任山东大学创新创业学院执行院长，是学校最大的"孩子头"。

我们一同洞见中国学生素质和创新教育面临的问题、机遇和挑战，以"守正教育、重构生态、国际视野、创新强国"为使命，遵循"以人为本、方法为源、实践为先、过程为金"的原则，实施星光学堂慕客空间双创实践计划。例如，与智慧树共建全国首个双创课栈，创办《破茧者》《创新大师课》《追光者》《大师故事》等栏目，"以问题定导向、以需求为指引、以兴趣找起源、以能力核目标、以课程铺基础、以方法突重点、以实训来突破、以比赛大检验、以网络搭平台、以过程建档案"，建设赢创教育新生态。

诸如将知识（knowledge）、能力（ability）、方法（method）、实践（practice）、创新 & 创业（innovation & entrepreneurship）、品德（virtue）+X（专创融合，例如IC集成电路专业微课群、北斗新时空技术与应用、创新转化管理、知识产权管理微专业等）一体化培养与专业嫁接融合（简称KAMPIV+X），探索集必修学分制、师生共激励、平台群协同、双创课程系、专创微形态、分级竞赛类、课赛孵创业和管理云平台等于一体的多部门协同组织机制，提出全新赢创双创理念 WINFULTURE [KAMPIV+X/(iMASTER)^2]育人新方法和新模式。

我们说，创新不是简单的、天马行空的想象，而是有法可依的。"工欲善其事，必先利其器。"每个人都渴望取得成功，但是成功的路上并不拥挤！

如同我们文化中的汉字"赢"。"赢"由五部分组成：亡、口、月、贝、凡。

"亡"，代表创造力，表示危机，居安思危，未雨绸缪。所谓"人无远虑，必有近忧"，危机来了，问题就来了，同时也意味着机会来了。做任何事情都要提前谋划，思想是赋能的力量。在大学要博文约礼，多读哲学、艺术、文学以及科学技术类的书，多开展思辨性、思维性、方法性和创新性学习，专业与创新融合，进行交叉学科实践，培养自己的兴趣和自由探索精神。因此，"亡"是指改变和创新，代表了创造力。

"口"，代表表现力，表示口才、语言表达和沟通。沟通关乎语言，也关乎礼仪，要做到自信地表现与精准地表达。当然，"口"也可以理解成口碑，因为矛盾多源于误解，所以要多换位思考。所谓"成人达己，成己为人"。而"口"在"赢"字的中间，说明沟通能力是核心能力。

"月"，代表执行力，表示时间与计划。积分时间，敏行弘毅，每一个优秀的人都有一段不曾彰显的默默时光。只会说还不行，还要身体力行。

"贝"，代表组织力。古代曾以贝为货币，货币是一种资源，但是资源不止有货币、物质，人脉也是一种资源。货币是动能，动能不是唯一的，其他的人、事和物等资源为势能，合起来才为能量。"德不孤，必有邻"，应积极创造正能量。所以，"贝"就是整合资源，代表组织力。

"凡"，代表学习力，可以理解为平常心、心态。心要大一点，心胸要开阔些，在得失之间保持平常心，自主探究，终生学习。我认为"凡"更可理解为学习常态化，自主学习、探究学习、实践学习、终生学习。学历只是敲门砖，学习力才是我们要终生具备的能力。当学习成为一种自觉的习惯时，就会重塑与众不同的能力。

因此，我们需要培养的创新能力就可以总结为基于灵动创造力、精准表现力、高效执行力、卓越组织力、自主学习力的五维赢创能力。

另外，从创新维度/创业维度等不同角度诠释(iMASTER)^2 为交叉创新 & 创业实务，即 i(integrated，交叉；implement，实现)+M(math，数学；management，管理)+A(art，艺术；achievement，产品)+S(science，科学；standard，标准)+T(technology，技术；to B/C/G，市场)+E(engineering，工程；education，教育)+R(research，研究；rich，价值)创新与创业教育双螺旋。

通过混合式教学及翻转课堂，学生可自主获取课程核心知识和拓展知识，培养自主学习力和精准表现力；通过项目化任务训练，学生可以培养卓越组织力和劳动意识，巩固对核心知识的理解和掌握；通过项目的创新设计和自主制作，学生可以培养灵动创造力、高效执行力和挑战精神，促进学以致用；通过产品和创业训练、实战演练，学生可以掌握解决复杂工程问题的综合核心赢创力，培养敢闯能创的胆识和毅力。

深度专创融合课程知识、五维赢创能力、生本教学方法（微课群/微专业）、实践（实训模拟、实践原型、实战孵化）、创新与创业教育双螺旋、想创＋会创＋敢创品德，探索崇新、和融、务实、致理、益策双创教育理念下 iCAN（自信、坚持、梦想）＋正爱融商育人理念下 P^4C^2BL/ NAVISTAR［使命（proposal）—个性（personality）—问题（problem）—过程（process）—能力（capability）—案例（case）的师本教学改革/兴趣（interesting）—自主（self-study）—团队（team）—实现（action-doing）—探究（research）的生本智慧学习］学生中心组合教/学法。

我非常愿意，也认为有必要此刻在学生的心中种下一颗“种子”——研究性学习的“种子”。为学生搭建助力框架，就要以学生为本，其前提是要摒弃以教师为主导的有标准答案的教、按部就班的学。其突破口就是要为学生学习设置没有标准答案的复杂问题，围绕学生存在的问题设计解决方案，而要想形成没有标准答案的复杂问题，必须依靠创新性项目化的教与学。本书无疑就是这颗“种子”，将提升学习能力的思维灵动与实践创新作为启蒙，让学生真正在实践中进行研究性学习，当学生逐渐掌握研究性学习的方法时，这颗“种子”也就悄然发芽了。

感谢作者们的辛勤付出，也希望本书尽快问世，成为“理念前沿、方法先进、特色鲜明、效果突出、深受学生喜欢”的教学用书，在行业内起到示范和引领作用，启动内心、不断创新、解决问题、永不放弃，并授人以渔，传承方法、规则和策略。

总之，希望通过本书的积极引导，让更多的学生迈入系统思维、智慧学习的大门，在素质提升和创新创业之路上拥有自己的一片蓝天。本书适合在创新思维教育领域探索的学校管理者、教师以及渴望释放自主学习力、灵动创造力的学生使用。

山迎天下，大有未来，一切过往皆为序章，大学其实就是一个人走向优秀的一段旅程，每个山大人都要认知我们是谁，从哪里来，又会去向何方。曾经传道授业解惑，今要悟道求业生惑。祝每个人都会拥有谦谦君子之风、博爱灵魂之道、创新思维之法、辩证批判之能，新有道，业无疆。

人在山大，心怀天下，只有掌握核心学习方法，才能赢得人生主动权。在一段静默的提升学习能力的时光后，愿同学们阳光地走在正路上，人生璀璨之花盛开。

山东大学特聘教授/博士/博士生导师

2022 年 11 月 5 日

前　言

经常看到路边林林总总的小店，却唯独难觅书店的影子。偶尔碰到一家书店，却只有教材、教辅，甚至连名著都仅是少儿版。每个人都行色匆匆地往家赶，可是到家之后只会不断督促孩子学习，自己却坐在沙发上刷手机，这难道就是我们应有的样子吗？

为什么现在的学习只属于学生？为什么那么多学生一边不得不学习，一边又痛恨学习？现在的学习是否已经沦为生存的工具，一旦找到一份稳定的工作，就将学习弃之如敝屣？

我们常说，知识是人的精神食粮，而接收和“消化”这些精神食粮的，是我们的大脑。可以类比吃饭，大家都知道吃饭要适量，饭菜要科学搭配，要精心烹饪，要经常“调剂”。当我们的肠胃出现问题时，需对其进行调理，待机体功能恢复后，再慢慢地增加饭量。可是到了学习的时候，我们往往不再客气，简单粗暴，拼命灌输知识，并不在意这些知识是否被消化吸收。长此以往，孩子渐渐失去了对学习的兴趣，也失去了学习的能力。

我们每个人天生都有好奇心和求知欲，只要细心呵护，学习就是一件令人非常愉悦的事情。可是目前又有多少人真正了解教育呢？又有多少人真正理解学习呢？我们对学习的无知打击了多少学生学习的积极性！有时候，并不是他们的学习热情没有被点燃，而是学习兴趣被不正确的教育折磨得消失殆尽。

作为教育工作者，我们要想方设法研究这个问题，并致力于解决这个问题。经过多年的深入研究与一线教学实践经验的积累，并不断实践优化，汇总研究的成果，我们最终编写了这本书。

学习能力并不是指学习某一门课或者某一个专业的能力，而是一种独立于任何学科、任何专业之上的抽象的能力。具备了这种能力，人们可以快速、精准地学习任何内容。通过阅读本书，我们希望大家能够理解学习能力是隐藏在各种知识背后的、不可见但客观存在的一种决定性力量。学习能力不仅是客观的，也是可以被定义、评估、测量，继而通过正确的方式不断被提升的。

本书共分为三部分：认知篇、实践篇、案例篇。最重要的是第一部分——认知篇。有了正确的认知，才有可能设计出正确的解决方案。关于学习能力的认知，有以下几点需要特别说明：首先，学习是一个不断克服懒惰天性的过程，它一般不能完全自发地维持，通常需要通过教师、家长、教育管理者共同努力，推动学习持续不断地进行。其次，对学习成果的评价应该更注重提升内在学习能力，而不是仅仅能够通过记忆复现出来所学的知识。知识是能力的基础，但不是全部，只有经过精心组织和构建的知识网络和体系才是能力的反映。再次，能力需要有针对性地培养。在传统的教育中，知识的传授几乎就是全部，甚至本来属于能力培养的探究和讨论都被渐渐地知识化，这种知识化虽便于考核，但对于能力培养有大害处。最后，能力培养需要科学的体系，需要教师的教育情怀，需要持续不断的努力。教育没有捷径。

良药苦口利于病，希望拿到本书的读者们能够静下心来阅读。也许本书并不能帮助你快速提升学习能力，但希望书中的很多科学观念能够不断改变你的认知，让你在以后的人生中不断体验，不断进步。若如此，吾心足矣。

非常感谢为本书付出努力和心血的几位同仁：其中邢建平老师为本书的设计提出了很多建议，时彦朋老师完成了第十二章、第十三章的编写，卢红旺老师完成了第十一章、第十四章的编写，陈蕾老师完成了第十章的编写。

最后感谢项目“KAMPIV＋iMASTER 协同育人模式下山东大学双创教育理论体系研究”（项目编号：2022Z08，山东大学）对本书的支持，本书中的部分内容为该项目的研究成果。

孟令国
2022 年 10 月

目　录

绪　论 …… 1

第一篇　认知

第一章　提升学习能力势在必行 …… 5

第一节　教育中的苦恼和焦虑 …… 5
第二节　传统教育中存在的问题 …… 9

第二章　人是如何学习的 …… 16

第一节　大脑与学习 …… 16
第二节　情绪与学习 …… 20
第三节　知识的构建 …… 26
第四节　以学生为中心的课堂 …… 31

第三章　从知识到能力 …… 35

第一节　知识与能力 …… 35
第二节　专家与新手 …… 45
第三节　学科素养与学习能力 …… 48

第四章　学习能力的培养 …… 51

第一节　能力培养的特点 …… 51
第二节　能力的外在表现与评估 …… 57
第三节　综合素质培养 …… 64
第四节　综合素质展示与评价 …… 67

第二篇　实践

第五章　学习共同体是面向能力培养的组织形式 …… 75

第一节　构建学习共同体 …… 75
第二节　学习共同体的核心特征 …… 77

第六章　研究性学习是面向能力培养的学习方式 …… 82

第一节　传授式学习与研究性学习 …… 83
第二节　研究性学习的步骤 …… 85
第三节　研究性学习的层次与形式 …… 93

第七章　研究性学习之选题 …… 99

第一节　确定大概念 …… 99
第二节　基本问题与问题 …… 102
第三节　资料检索 …… 107

第八章　研究性学习之设计与实施 …… 111

第一节　开放式自主设计 …… 111
第二节　基于数据的科学探究过程 …… 115
第三节　总结归纳方法 …… 118

第九章　研究性学习之沟通协作与展示 …… 125

第一节　沟通交流的本质 …… 125
第二节　表达与展示 …… 128
第三节　讨论与反思 …… 133

第十章　研究性学习的评估 …… 137

第一节　面向过程的形成性评价 …… 137
第二节　形成性评价的方式 …… 139

第三篇　案例

第十一章　研究性学习案例之发明创造 …… 145

第一节　什么是发明创造 …… 145

第二节 发明创造的课程案例 …… 150

第十二章 研究性学习案例之科学研究 …… 164

第一节 科学研究的过程 …… 164
第二节 科研论文的写作 …… 169
第三节 科学研究具体案例分析 …… 174

第十三章 研究性学习案例之学科深度学习 …… 177

第一节 学科深度学习的特点 …… 177
第二节 学科深度学习案例 …… 182
第三节 传统课堂中的研究性学习 …… 190

第十四章 竞赛 …… 198

第一节 关于竞赛 …… 198
第二节 无法被忽视的奥赛 …… 204
第三节 如何参与竞赛活动 …… 209

参考文献 …… 213

绪　论

本书共分为三篇：认知篇、实践篇、案例篇。

第一篇为认知，是从理论上讲什么是真正的学习、什么是真正的学习能力、什么是真正的学习能力培养，是整本书的理论基础。第二篇是实践，介绍如何通过研究性学习提升学习能力，是本书的核心内容，也是对实践的指导性内容。第三篇是案例，提供了详细的课程案例，展示如何具体地实施研究性学习，方便学生学习和教师教学参考。

认知篇不仅适合中学生、大学生、教师学习，也适合关注学生学习的家长、学校管理人员等阅读。能够对学习的本质有正确认知是本篇的目标。只有具备了正确的认知和理解，才有可能对出现的学习问题进行正确分析，而不至于南辕北辙。

第一章指出当前传统传授式教学的弊端以及导致教育困境的本质原因就是重知识、轻能力的教育理念与方法。第二章从根本上分析了学习的过程，从大脑的学习特征出发，分析影响学习的关键因素，得出来知识在大脑中的构建才是学习的本质，而知识构建的质量高低就代表了学习能力的强弱。第三章介绍如何理解知识与能力的依存关系，并通过专家对知识体系的分析，揭示知识学习与能力培养的关系。第四章讲解如何培养学习能力，如何评判什么是真正的能力培养，从而帮助我们分辨当前社会上存在的各种能力培养方式的优劣。

对该篇的学习侧重于理解与体悟，很多内容要关联起来反复琢磨和探讨，才有可能理解得更透彻；如果只对某些章节、某些语句片面理解，很可能出现前概念偏差，造成“鱼就是鱼”（第二章第三节）的问题。

实践篇是为教学活动设计准备的，既适用于教学，也适用于学生自学。教师可以根据章节顺序来教学，学生可以按照章节顺序掌握研究性学习的过程。之所以称之为实践篇，是希望大家理解学习更重要的是在实践的过程中完成的。

第五章提出培养学习能力的组织形式是学习共同体。第六章提出培养学习能力的学习形式是研究性学习。这两章构成了实践篇的核心内容。第七章到第十章是对第六章的展开，阐述研究性学习的具体实施过程，包括选题、设计与实施、沟通协作与展示、评估等。

案例篇为教学设计提供了参考模板。教师可以将此书作为教科书。若完成一个约

32 学时的课程，可从中选择一个综合性题目，也可以选择 2～3 个简单的题目。设计课程时，选好案例，再按照实践篇中的步骤实施。本书虽可作为教材直接使用，但并非实验指导书。因为具体选什么题目，中间划分几个步骤，每次任务完成的形式、目标，如何评估，等等，仍然需要教师根据实际情况来设计。高年级学生，比如本科生或研究生，可自选题目，然后一边自主学习，一边按照步骤完成任务。完成整个过程之后，可以尝试参加各种竞赛，展示研究成果，进一步提升学习能力。

第十一章到第十三章分别介绍了发明创造、科学研究、学科深度学习三种典型的研究性学习案例。这三种案例覆盖了绝大部分研究性学习形式。但要明确的是，除学习形式外，我们更要看重学习的本质。由于研究性学习覆盖了几乎所有学科、所有场景，若没有这些典型的案例，有的人会引入各种形式的所谓的“研究性学习”。与典型案例形式上不同的，我们好判断；但形式上相同、本质上不同的却具有欺骗性，危害也更大。现在有人打着“研究性学习”的幌子，干着传授式学习的事，这种往往达不到预想的效果，只会导致人们对研究性学习更加反感，反而更加深了学习困难的程度。在这个过程中，学生受到伤害，家长受到伤害，真正推广研究性学习的人也会受到伤害。

这三篇之间联系紧密。若认知不够，则实践必然有偏差。建议在学习本书时也不要简单地以章节顺序为限制。最佳的学习方式是先从头到尾把书学完，对所有内容有正确的认知，这大约花费 1/3 的学时。然后设计一个完整的学习过程，从发现问题到设计方案、实施再到总结、讨论、展示、评估等，大约再花费 1/2 的时间。剩下 1/6 的时间用来反思、批判、优化整个过程和结果。最后完成研究性学习报告，或发表，或参加各种比赛，从而完成整个知识体系的构建与优化提升。

第一篇 • 认知

随着社会的发展，国人对教育的要求越来越高，对教育的期待越来越高。在教育改革的背景下，整个中国的教育都处于艰难而又坚定的转型阶段，坚决从应试教育转向全面的素质教育。

然而，随着教育改革的不断推进，一些问题解决了，同时也出现了一些新的问题。很多孩子因为学习出现了心理问题和厌学现象，家长也因不知如何教育孩子感到焦虑，教师也因为难以提升学生的成绩感到有些无奈。这些问题告诉我们：教育仍然处于发展阶段，我们的教育事业仍然任重而道远。

在诸多的问题当中，核心问题当属学习问题。学习的基本规律是什么？到底如何才能把学生的学习能力提上去？为什么有的学生学得好，有的学生学不好？学生学习成绩出现下滑到底该怎么办？

无论对于家长、教师还是学生，学习永远都是需要重视、需要重点解决的核心问题。但是，大部分人由于并不是教育的专业人员，往往使用了错误的方法和手段去应对学习中出现的问题，而这些错误的应对方式经常会导致无法预知的后果。例如孩子出现厌学现象，甚至抑郁；努力学习但是成绩平平；沉迷于游戏，破罐子破摔；等等。

这些问题主要是对教育、对学习的某些错误认知导致的。只有充分了解了学习的规律，在科学的指导下，才能做出正确的决定。希望家长、教师和学生能够通过对本篇的学习，充分理解和掌握学习的科学规律，避免在教育的道路上走弯路。

第一章　提升学习能力势在必行

“知识就是力量”，培根的这句经典名言无数次出现在我们的生活中。然而在信息爆炸的今天，对这句话的含义需要有不同的理解。

在知识匮乏的年代，谁掌握了知识，谁就掌握了价值和力量，就能够在社会中占据有利的地位。比如20世纪50年代毕业的大学生，只要掌握了一定的专业知识，就有机会在社会中发挥中流砥柱的作用，成为国家的栋梁。但是进入21世纪，随着互联网的发展，知识已不再稀缺，而且很多知识都是公开和共享的，知识本身的价值不断缩水。

在当今社会中，各种系统越来越复杂，解决问题的难度越来越大。在解决这些问题的过程中，知识占据的比重越来越小，而能力占据的比重越来越大，能否解决问题主要看能力。有能力的人可以快速获取新知识，而有知识的人并不一定有较高的能力，教育的重点也应该从知识的传授转变为能力的培养。

目前，我国的教育尤其是关键的基础教育，仍然是将知识传授作为重点。要想转变当前的教育重心，就要清楚教育最重要的目的是提升学生的学习能力，培养学生的自主学习意识。意识到这一点，我国的教育才能从应试教育转变为真正的素质教育。

学习能力培养的难度和复杂性远远大于知识的传授，需要对教育有更深层次的理解，并且需要更长的实践过程和更多的科学方法。我们必须实事求是、正视问题、认清规律、循序渐进，不断提升学生的学习能力。实践已经证明，学习能力的培养能够显著提升学生的学习效果，但在这个过程中需要投入更多的精力，需要更高水平的师资、更先进的教育理念、更高效的管理等，在实际执行的过程中，也会遇到各种困难。但随着社会需求的不断变化，面向学习能力提升的教学将会如雨后春笋般涌现，不断地改善现有的教育体系。

第一节　教育中的苦恼和焦虑

随着社会的发展，教育越来越成为人们关注的焦点，家长的“内卷”和学生的“躺平”越来越预示着当前教育中仍然存在很多问题。不论成绩高低，现在的学生群体中普遍存在厌学现象，一些学生即使没有达到厌学的程度，也无法对学习产生浓厚的兴趣，只是跟着教师机械地听讲、重复刷题。

我们先来看几个不同教育阶段的典型案例。

【案例一】

2016年第9期《高校招生》杂志刊载的《高中生为什么要关注生涯规划》一文中提供了这样一组数据:“两年前在四川高校调查,4000名学生参与问卷,在被问到对所学专业满意度时,44.3%的学生表示比较满意,33.2%的学生感觉一般,9.5%的学生不满意和很不满意,有13%的学生很满意。在被问到如果可以重新选择专业时,52%的学生选择换专业。”

前段时间,湖南某职业技术学院发布通告,决定对22名学生进行清退,另外,还有40名学生留级。原因不是违反校规校纪,也不是闯了大祸,而是考试成绩不合格。

《人民日报》曾报道,湖北某高校发布一则通告,决定把18名学生的本科学历转成专科,原因也是考试成绩不合格。考试成绩不合格的原因是沉迷网络游戏。这18名学生考入大学之后,完全沉迷于网络游戏,补课、休学、留级都没用,学校只好做出更严重的处罚。

《人民日报》曾刊登过一篇文章,标题很刺眼——《沉睡中的大学生:你不失业,天理难容》。上课时,清醒的没有发呆的多,发呆的没有睡觉的多,睡觉的没有玩手机的多;下课时,自修的没有吃零食的多,吃零食的没有看连续剧的多,看连续剧的没有玩游戏的多。下课后,通宵玩游戏、谈恋爱、上网成瘾、打架斗殴。考试时,不给范围就不会考试,给了范围也只是复印同学准备的答案。

长期以来,大学都被当成“学生乐园”,无论是教师还是家长,都会告诉你:“苦过高中,到了大学就轻松了。”真的是这样吗?不是。大学,是在经过12年的中、小学教育之后,进入社会以前,最后一次可以系统学习的地方。相对来说,大学更有包容性,更有自由性,教授的也不仅仅是知识,还有体系化的思考方式,还可以锻造价值观,培养良好的习惯及学习和解决问题的能力等。大学混日子的人,废掉的不只是这4年,很有可能是一生。

【案例二】

某高中班里有一个女生,她属于比较勤奋的那种学生,每天早晨五点半起床去教室,每天晚上也基本最后一个回到宿舍里。

她高中入学时的成绩不错,高一时的成绩也处于上游水平,但自从进入高二以后,成绩就不断下滑。平时看她每天学得特别累,整天唉声叹气的,气色也不好。

教师把她叫到办公室进行深入交流,刚说完一句话,她的眼泪就掉了下来。她每次回答教师的问题时,总是先犹豫一下,然后思考一会儿,要么不再说话,要么给出类似标准答案的回答。

她的家庭经济条件一般，可她自己非常懂事，一般对家人报喜不报忧。她一直想用最好的成绩回报家人，可是成绩就是提不上去。她很勤奋，不怕吃苦，起早贪黑，属于标准的勤奋但不出成绩的类型。

比如每天到教室之后，她往往要发一会儿愣，不知道干什么，等其他同学陆陆续续地来了，才如梦初醒，看到别人拿出英语课本也跟着拿出英语课本。每天早晨的晨读针对性不强。

教师讲题时，她能听懂，但是题的内容稍微一调整，就完全不会了。自习课上，由于做题的速度比较慢，她经常完不成作业，但又不想抄别人的答案，就只能加班加点来完成，最终导致休息不好。

【案例三】

某高校招收研究生，生源大部分来自比该高校水平低一些的其他学校。以研究生张某为例，自从一进入大学，他就开始准备考研，凡是和考研相关的学科都拼命地学习，和高中无异。和考研无关的大部分课程，甚至包括很重要的专业课，他很少花时间和精力学习。

尽管专业课学得不怎么样，他的考研分数却很高，在同学眼里，他是非常勤奋好学的学生。

考入研究生之后，导师对学生在自主学习方面的要求很高，往往给出一个题目之后，需要学生自行查阅资料、自行解决问题。张某接到题目之后，第一反应是查阅资料，看看是否有别人解决过该问题。但是经过多方查找，却发现这个问题在网上找不到任何答案，这让他有些无所适从了。因为以前所有的问题都有答案，没有答案的问题该怎么解决呢？

张某去找导师，问导师有没有参考的教材和资料先学习一下。导师就把前面师兄做过的部分内容和一大堆技术资料给了张某，张某开始按部就班地学习起来。由于技术资料过多，学习难度也非常大，一年之后，张某的学习进展非常有限，而且对于问题的解决一直一筹莫展，他开始怀疑自己是否有能力完成这个题目。

一年之后，张某找到导师，希望更换一个简单的题目。导师问张某想更换什么题目，张某就提出来在别人研究的基础上模仿着做一个类似的东西，他觉得别人能做出来的东西自己才能做出来，别人都没做过的东西自己是无论如何也做不出来的。导师尽管不太乐意，但考虑到如果坚持原来的题目，张某也有可能真的做不出来，于是同意更换题目。

到了毕业时，张某好不容易通过模仿做出“成果”，除性能不如别人外，其余都和别人一样。尽管没有任何原创性，但是也把张某累得够呛，勉强通过毕业答辩。

张某毕业之后，考取了公务员，再也不想从事科研类的工作了。

【案例四】

一位初一的学生，学习状态很被动，平时的家庭作业几乎不写，上课也很不积极，跟教师和同学们的互动不多，在家时除了玩游戏基本没有其他的活动。

通过跟家长交流，我们了解到孩子几乎是在溺爱和棍棒中长大的，家长事事都以孩子为中心。只要孩子学习好，家长会包办孩子的一切事务；而孩子的学习一旦达不到自己的期望，家长除了责骂就是打罚。教师对孩子的态度更恶劣，在整个小学期间，孩子经常因作业问题受到教师的恶言讽刺和频繁性的体罚。

孩子学习成绩不好怎么办？家长每当因孩子的学习问题被叫到学校时，不是先询问孩子的想法和关注孩子的感受，而是跟教师共同要求孩子达到他们所期望的标准，如果这时孩子表现出强烈的反抗意识，就会遭到惩罚。

随着年龄的增长，孩子对学习慢慢地产生强烈的抵触，所要学的东西就越落越多，最终失去学习的动力和信心，每天完成家庭作业对他来说就成为一件极为头疼的事。

当无法应对当下的学习时，孩子会感到失落和沮丧，也会因父母和教师的做法而感到难过和不安。出于本能的自我保护，他找到了自己的归宿——网络游戏，直到后来游戏成为孩子生活中任何一项活动都无法替代的依赖性工具。据家长描述，只要让孩子玩游戏他就高兴，不让玩就会闹情绪且不配合任何事情。因此，家长就下了结论：是游戏耽搁了孩子的学习。

上面的四个案例覆盖了小学、中学、本科、研究生教育的全过程，而且案例中讲述的并非个例，从案例中可以发现以下问题：

(1)当学生的学习出现问题时，问题背后的根本原因并不是一目了然的。如果不了解教育的本质和规律，往往会做出错误的决定。

(2)学生厌学的原因有很多，而简单粗暴的教育方式往往是导致厌学的重要原因。

(3)学习问题本身非常复杂，往往涉及很多因素，某一个单一因素的解决并不一定能解决整个问题。

(4)正确的学习方式往往能给人带来愉悦的感觉，然而这种感觉在学生群体中却很少见到，这表明大部分学生都没有依据科学规律正确地学习。

(5)很多人只会把成绩作为判定教育是否成功的唯一标准，然而这个单一标准既不准确，又容易让人产生误判。

从上面的问题中可以看出，大部分人(包括家长、教师和学生)都对如何科学地学习没有清晰、正确的认知。我们只知道“好好学习”，但并不知道如何科学地、理性地、智慧地学习。在成人社会中，能够自主学习、终生学习的人也不多，这种现象也是上学时错误的学习方式导致的。

问题出现之后解决不了,就会产生焦虑和苦恼,不同的人有不同的苦恼。

大部分家长对教育似懂非懂,每个家长都有自己的一套教育理念。在孩子学习没有问题时,部分家长会被其他家长带偏,报各种辅导班,导致孩子没有玩的时间,进而对学习产生了厌烦情绪。一旦孩子的学习出现问题后,家长往往又不知所措,一般采用简单粗暴的方式强制孩子努力学习,和孩子斗智斗勇,各种“手段”层出不穷。这些“手段”往往和正确的教育理念背道而驰,会导致孩子更加厌学,家长更加焦虑。

即使是从事教育行业的教师,在新的教育形势下有时候也感到力不从心。对学生的管理已经做到了极致,但是为什么原来有效的教学方法无效了?为什么猜不透出题人的思路了?为什么有心理问题的学生还是很多?为什么刷题越来越没有效果了?即使身处教学一线,某些教师对教育的理解也并不透彻,具体到教学的方式方法上,仍然会以既有经验为标准,而不是以科学为标准,遇到问题往往也无能为力。

作为被教育的主体,好多学生感觉学习越来越无趣,不明白为什么要学习,也不明白为什么别人都学得那么轻松,而自己却那么困难。

为了能够解决学习中的各种问题,为了能够使家长、教师和学生不再焦虑,为了能够使学习正确地进行,我们就必须对传统教育中存在的问题、人是如何学习的、应该如何提升学习能力等有充分、透彻的理解。

第二节　传统教育中存在的问题

传统的课堂教学模式是教育的基石,有利于知识的快速传递,也是目前非常有效的学习方式之一。但是传统的传授式教育总是围绕知识展开,而忽略学生学习能力的提升;课堂活动围绕知识的讲授、练习、记忆展开,频繁地刷题也主要以知识的记忆和复现为目标。而随着社会的不断发展,知识体量不断膨胀,无论教师如何努力,都无法把所有应学知识点快速地教授给学生,即使知识都讲得很清楚,学生也没有很多时间思考,无法完全理解吸收,更无法做到举一反三。

一、传统教育

传统教育强调以教师为中心,认为教师是太阳,学生是地球。在此基础上,传统教育形成了三个中心:教师中心、教材中心、课堂中心。传统教育的优势在于标准化教学,知识传授的效率高,但是面对以人为本的现代教育理念,也暴露出很多弊端。

下面我们先来看几个哲学家和教育家对传统教育存在问题的描述。

教师自己充满热情,他想与孩子们交流这种热情。他认为,通过孩子们关注他的感受(教师自己所受到的感动),他能感动孩子。这非常愚蠢……孩子们可以感知物体,但他无法感知物体之间的联系……因为这需要他们的亲身经历,不要给你的学生太多的口头传授,他们只能从自己的体验中接受知识。

——卢梭《爱弥儿:论教育》

自然的教育是直观认识先于概念知识的,概念来自我们对实物的直观认识,中间经过抽象这一过程。相比之下,人为的教育是在我们对直观世界还没有广泛认知之前,就通过提示、指点、阅读等让脑袋塞满了概念。

传统课堂首先获得概念,然后才获得直观认识,因为课堂不是致力于培养和发展孩子认知、判断和思考的能力,而是努力把别人的、现成的思想塞进小孩的脑袋。在以后的日子里,利用亲身经历去纠正那些由于概念运用错误所导致的判断。然而,这些纠正很少能够完全成功。

——叔本华《论教育》

传统的灌输式教学从长期来讲是不经济的,原因包括以下三个方面。

第一,这样的教学使学生很难对当前所学的知识和日后所学的知识进行归纳。

第二,这种学习毫无智力成就的快感。

第三,在没有相互关联的结构基础上,所获得的知识非常容易被遗忘。没有相互关联的知识,在记忆中的半衰期是非常短的。

——布鲁纳《教育过程》

从以上几位哲学家、教育家的观点中我们能够看出:这几百年来,人们对传统教育一直有着明确的认知,对传统教育的缺点也看得非常清楚,每一位教师、每一位学生对传统教育都感同身受。但是为什么经过这么多年,传统教育中的很多问题依然没有得到改善,而且依然深深地影响着我们现有的教育体系?尽管在教育教学研究的浪潮中,专家提出了大量的解决方案,但仍然无法消除传统教育中存在的问题。每年有数以万计的学生在传统教育体制下学习,很多学生一边学习,一边对学习产生厌恶的情绪,甚至还有一小部分学生对学习深恶痛绝。

传统教育是目前其他任何教育形式都无法替代的,它在知识的传授方面一直有着基础核心的作用。但是随着社会的发展,能力的培养逐渐替代知识的传授,成为人们最看重的教育目标,而传统教育却很少涉及能力的培养。在基础教育领域,很多教师也不太明白,为什么班里有的学生不教也学得很好,有的学生教了还是学不会。事实上,那些学习好的学生并不一定是从教师那里获得了更多的知识,而是他们的学习能力本来就很强,很多优秀的学生都是通过自学完成课业任务的。

传统教育往往是由教学管理、心理教育、知识传授、学习方法培养、不断练习解题、考试测试等多个过程组成的,每一个过程都有其不可替代的作用。传统教育的基础作用保证了整个教育的平均水平,比如教学管理抓得好的学校,一般平均成绩都要好一些。但是这并不代表这些学校的学生的学习能力都有大幅度的提升，比如有一些成绩好的学生也因为厌学选择休学甚至退学，这就说明，成绩好的学生其学习能力并不一定强。

传统教育既有不可替代的贡献，也有普遍存在的问题，我们想要充分地理解这些问题，就要深入地挖掘这些问题的特征及其产生原因。首先，我们来看一下传统教育中存在最多的问题：虚假学习。

二、传统课堂中的虚假学习和浅层学习

所谓虚假学习，就是“假装学习”，实际上是学生没有真正进入学习状态，而是采用各种“伪装”的方式来蒙蔽教师和家长，进而逃避真正的学习。

虚假学习的学生往往对学习的内容缺少兴趣，没有掌握学习的方法，跟不上教师教学的节奏，但是为了避免教师的惩罚，会采用“假装学习”的方式来逃避。虚假学习的学生往往表现得非常遵守纪律，比如坐姿非常端正，对教师察言观色、与教师高度配合、紧跟教师的步调，不对教师的教学进度造成任何干扰。但是如果仔细观察这些学生，会发现他们存在假装写字、假装读课文、不懂装懂等一系列“自我伪装”的行为表现。教师在上课的过程中会感到非常顺利，对学生的表现也比较满意，于是，教学进度越来越快。但是到了考试阶段，这种虚假学习的学生就会暴露出来。

虚假学习的学生会逐渐掉队。几乎所有这类学生都经历了这样的蜕变历程：开始学习→遇到困难→发出求救信号→无回应→未完成学习任务→受到负面评价→失去信心→放弃。

学生很难通过自身的力量打破这个死循环。在以教师讲授为主的课堂上，教师也很难发现学生所发出的“求救信号”。教师往往不了解学生的学习状态，没有办法回应学生的“求救信号”，学生和学生之间也不允许互动，所以，学生一直处在孤立无援的状态。他们完不成学习任务，每一节课又有大量的新任务压下来，使其越来越感到无能为力，越来越害怕上课、害怕学习。同时，学生还要承受来自教师、家长甚至同伴的批评或惩罚的压力，不堪重负之下，最后只能放弃。

心理学家卡尔·兰塞姆·罗杰斯(Carl Ransom Rogers)将这些学生称为“课堂上的观光者”，这些“观光者”很少被教师点名，也很少主动举手与大家分享信息。他们尽量坐在教室的角落，隐藏自己，逃避课堂活动。有些“观光者”常常受到教师的斥责，因为不能及时完成作业而很少参加课外活动，甚至在班级中被孤立。长此以往，在教师与“观光者”之间形成了一种“互不干扰”的默契。那些被冷落的“观光者”从不参与，从不兴奋，也从未被看重，仅仅待在课堂上而已。

现在这类学生的数量逐年增加，“隐性学困”不断转化为“显性学困”，在低年级时遗留下来的学习困难问题一直没有得到解决，导致学生到了高年级越来越跟不上教学进

度。特别是当小学阶段大量“隐性学困”的学生进入初中，学习任务的难度和要求提高以后，其真实的学习能力就会暴露出来。初中二、三年级的学生开始放弃“伪装”，不再掩饰，表现为对学业完全放弃。有的学生能够坚持到高考，但是考上大学之后，就不再伪装，每日沉迷于游戏之中。

另外，浅层学习的“伪学优生”也会逐渐掉队。浅层学习的情况在课堂中也非常普遍。浅层学习是一种以完成外在任务、避免惩罚为目的的学习行为，以机械记忆和反复操练为主，缺少深度思维加工，因此学习成果多以复制为主，难以迁移和深化。浅层学习的学生完全按照教师的指令行事，教师所讲的话都认认真真记录下来，即使教师讲错了，学生也不会质疑，如同一台不知疲倦的“复印机”。但是，如果教师提出比较有挑战性的问题，这些学生就不太愿意去思考，更多的是等待其他人或者教师给出现成的答案。在小学阶段甚至初中阶段，浅层学习的学生成绩一般是比较好的，也可能是教师眼中的学优生。但是，随着年级的不断提高，特别是到了初中以后，他们开始变得学习困难，成绩下降；到了高中阶段，学习难度进一步增加，这些学生的学习成绩可能会“断崖式下跌”，学生学习状态急转直下。

“伪学优生”的产生主要源于学习内容的挑战性不高和其自身学习方法不当。正是因为长期进行的以知识传递为目标的教育难以产生高品质的思维成果，所以“伪学优生”才会不断退步，最后甚至沦为“学困生”。

从教育的观点来看，“伪学优生”现象危害性更大。虚假学习的学生在早期就可以被发现，如果有针对性地调整学习方法，还是可以跟上教学步伐的。但是，“伪学优生”刚开始表现得非常出色，当问题显现时为时已晚，很多习惯已经养成并且固化，积重难返。而且很多学生显露出问题时往往已经进入青春期，难以再对其使用强制手段，同时家长又因为临近高考而大为焦虑，难以静下心来徐徐图之。

三、传统课堂困境的原因分析

我们可以看到随着学段的升高，“学困生”的比例不断增加，从小学到高中，有时会有近 3/4 的学生陷入“学困生”的境地。我们的基础教育制造了大量的“学业失败者”和“学校不适应者”，这是教育资源和人才资源的巨大浪费。这种学习问题可以从学习的内在复杂性、外部课堂环境、现有教育资源等方面进行分析。

（一）真实的学习缓慢而复杂

与虚假学习相比，真实的学习更加注重学生的内在思维过程，这种过程是真实发生的，但是并非显而易见。学习是对未知世界探索的过程，是从问题情境出发，去寻找答案的过程，是以问题解决为导向的复杂的思维和互动的过程。学习过程的核心是思维过程，思维过程由某个事件的一系列有序环节组成，该过程从反思开始，通过探究、批判性思维，最后得到具体的可以证实的结论。思维不是自然发生的，它是由“困难和疑问”引发的，然后由好奇心和“解决方案的需求”维持和引导，并进行反思性思维的整个过程。

学生的学习动机最初产生于“学习困境”。在不同学科情境下，“学习困境”会表现为“迷思概念”“场景冲突”或“两难困境”。这种难以解决、难以突破、难以澄清的状态就是所谓的“认知冲突”，这是一种强烈的心理矛盾状态，它引发了人们探究的冲动，从而不断地寻求解决方案。探究过程主要包括冲突、理解、分析、试错、验证、修正、重构等一系列思维活动。学生完成头脑中的思维活动以后还要通过社会互动，到他人那里去寻求验证或者寻求新的解决方案，并通过倾听，完善自己的方案，从而更好地解决认知冲突，并从中体会到学习的成就感和乐趣，这就产生了新的学习动机，从而使学习不断持续和深化。

要产生持续学习的动机，学生必须经历复杂的思维、心理和社会过程。这需要教师在课堂上对学生的学习历程给予专业的、细腻的回应，这是课堂教学真正的价值所在，也是课堂教学必须遵循的基本规律和原则。而这也恰恰是当前的传统课堂教学所欠缺的。

(二)高速而紧凑的课堂教学引发普遍性的学习困难

与学生学习过程的缓慢、复杂性形成鲜明对比的是，传统的课堂教学过程往往是高速的、紧凑的，具体表现在以下六个方面：

第一，从教学目标的角度看，传统课堂以知识体系的传授为逻辑起点，很少考虑学生的学习需求，对大量知识进行打包、压缩，在学生的自我学习需求几乎没有启动的情况下，直接“喂”给学生。这些知识被切分得很零碎，学生往往还没有消化前面的知识，后面的新内容已接踵而至。

第二，从教学内容的角度看，很多教材中的知识与学生的生活距离遥远，较少考虑学生的立场、视角，难以激发学生的学习兴趣。甚至教材里面规定的实验、体验、讨论和探究内容，也被紧张的课时排挤得不见踪影，只剩下所谓的“考试知识点”。

第三，由于教学内容非常庞杂、信息量很大，教师在专业能力不足的情况下，难以进行区分、筛选和归纳，因此会鼓励学生用大量的时间进行刷题。正是这种低效的刷题策略导致更多学生没有时间思考，从而难以提升自己的学习能力。

第四，从教学进度上来看，教师的教学进度与学生的学习进度之间有较大落差，教师的教学进度完成了，但是学生并没有跟上，学习进展缓慢，积压了很多难以解决的问题。学生几乎每天都在重复着这种循环：学习新知识→某些知识未掌握→努力赶上进度→又学习新知识。在这个循环的过程中，学生感受更多的是挫败感，极少有成就感。

第五，从教学设计的角度看，教师往往只是从如何教学的角度进行“教学设计”，而较少从促进学生学习的角度进行“学习设计”。教师的教学内容往往“多、杂、快”，很多时间被浪费在对已有知识的不断重复上，而对于真正核心的、有难度的、有挑战性的课题，教师和学生往往没有时间进行充分的思考和解决相关的问题，这就使学生在学习过程中产生了大量的“不懂、不理解”的“夹生饭”。但出于对进度的考虑，这些问题往往都被掩盖和忽略了。

第六，从教学方法上看，传统课堂教学以教师讲授为主，学生几乎不主动参与，所有过程都由教师支配，学生被动接受，因此，学生的学习能力不断衰退。自主的思考和探究过程对于很多学生来说是一件“苦差事”，他们宁可坐等教师或者“学优生”给出现成答案。思考的惰性使很多学生的学习无法深入，真正的学习能力得不到提升。

（三）现实教育资源的不足

现在越来越多的教育工作者，包括学校的校长和教师都越来越了解到传统课堂的各种问题和缺点，也提出了很多现实可行的解决方案，但在推行的过程中往往受制于现有教育资源的不足。

首先，根据国家出台的新课标，学习应该以提升学科素养和能力为目标。但由于师资的不足，大部分教师被排满了课程，这些教师每天忙于完成课程教学任务，无法真正静下心来进行教学研究。而没有经过改革的传统课堂教学非常低效，又反过来导致教师和学生的时间越来越不够用，从而形成恶性循环。

其次，即使学校采用强力手段促使各位教师进行教研活动，但新的教学方法在推进的过程中，往往因为部分教师难以理解甚至难以接受而举步维艰。如果一部分教师采用新的教学方式，而另外一部分教师采用老的教学方式，那么学生在学习的过程中就会感到非常困惑：到底哪一种学习思路才是正确的，哪一种才是我更应该遵从的？往往到最后又都回到了老路上。

最后，假如学校通过招聘更高水平的教师，完全落实了新的教学方式，也取得了很好的成果，但是学校为此付出了高昂的费用和极大的精力，那么这种方式是否具有可持续性，能不能在很多学校尤其是在经济不太发达的地区推广，都是必须面对的现实问题。

通过上面的分析，我们不难发现，传统课堂的问题并不是没有人了解。很多研究者提出了许多解决方案，并且很多解决方案也得到了验证。那么，我们是等着事情自然而然地得到解决，还是所有人不断地去努力推进，逐步解决这个问题呢？

所有的家长、教师和学生，都应该去了解什么是真正的学习，怎么去学习。即使我们脱离不了传统的课堂，即使我们还是以传统的方式来学习，我们也应该去了解真正的学习应该是什么样子的。唯有这样，我们才能明辨是非、分辨真伪，将各种虚假的学习转变为真正的学习。

希望通过我们共同的努力，能够推动课堂教学持续不断地改革和提升，促使教育向更高层次发展，使每个学生都努力快乐地学习，每位家长都轻松地和学生互动，每位教师都能够看到学生的进步！

本章思考题

1.从历史发展的角度,分析教育的发展路径与各阶段的特点,并完成分析报告。

2.分析当代一些大学生沉迷游戏甚至因此而辍学的本质原因,并完成分析报告。

3.分析为什么现在很多高中生出现了厌学情绪,还有的因为厌学而辍学,并完成分析报告。

4.对传统课堂的教学方式和教学效率进行分析,并完成分析报告。

备注:后面各章所有的题目都需要完成分析报告、研究报告、实践报告等。从第二章开始,省略此类文字,但保留其要求。

第二章　人是如何学习的

人的智商到底有没有差别？鲁迅曾经说过："其实即使天才，在生下来的时候的第一声啼哭，也和平常的儿童的一样，决不会就是一首好诗。"他认为人天生都是一样的，无非是后天的努力造就了不同的智商。

可是现实生活中，很多人并不这么认为。他们认为有的学生很聪明，老师讲一遍就明白了；有的学生无论老师怎么讲也不会。有的人反应力强，但记忆力差；有的人反应力差，但记忆力强。甚至有的人认为智商是携带在基因里的："你看为什么别人家里头那么多大学生、研究生，为什么我们家里头从来没几个考上高中的？"

很多人都将教育的失败归因于基因，从而逃避教育失败的责任。我们要想从根本上理解这个事情，必须要深入了解人到底是如何学习的。

第一节　大脑与学习

学习并非大脑的唯一功能，但却是重塑和优化大脑的主要途径。

一、大脑是学习的基础

人的学习涉及内部基础和外部环境两个方面。学界普遍认为，人的学习过程本质上是一种大脑活动。尽管到目前为止，人们对大脑的研究仍然不够彻底、充分，但随着脑神经科学和认知科学的发展，人们仍然获得了关于大脑的学习过程和影响因素的大量实验数据和结论。利用这些结论，我们可以充分理解为什么学习是一件非常困难的事情，为什么学习过程中会出现如此多的问题，为什么很多方法都无法解决学习问题。

从外部来讲，大脑时刻承担着外部信息的输入并对其进行响应。当大脑受到不良的环境影响时，往往会形成不好的反应；当大脑受到好的环境影响时，也会给出良好的反馈。因此，我们也要积极地塑造良好的学习环境，从而使学习更加顺畅地进行。

大脑是学习的生理基础，承担着学习的任务，但是其功能不仅限于支持学习活动。对大脑来说，学习既是重要的任务，又是一项极大的挑战。

大脑处理常规事务时主要依赖既有经验，这一过程通常不会引发大脑显著的结构性改变。相比之下,学习能够重塑大脑神经连接,但该过程需要消耗大量能量。研究表明,大脑更倾向于在适宜状态下开展更有效的学习活动。深入理解大脑的学习机制,有助于解释其为何时常出现效率波动及功能不稳定的现象。

随着脑神经科学和认知科学的飞速发展,很多教育方式和教育理念都被证明是不足的,甚至是错误的。因此,作为教育的相关方,我们必须先了解脑神经科学和认知科学的一些基本结论。

二、脑神经科学和认知科学中的重要结论

(一)可塑性

大脑可以根据学习内容进行调整。在感知或者做出动作之后,大脑神经突触间的连接强度会发生改变。在人的整个生命过程中,大脑神经元细胞都在不断延展新的树突,生长新的轴突,形成新的突触连接,修正或者剪切已经存在的神经连接。就像肌肉会随着不断的锻炼而得到增强一样,大脑的网络连接也会因为我们的不断使用而增强,尤其是在学习的过程中。在思考的过程中,大脑的网络连接会快速增强。正是由于这种可塑性,学习能力越强的学生,大脑的神经网络越发达,学生学习也会越轻松,进步也就越快。

(二)神经生成

大多数神经科学家曾经认为,人成年之后,大脑就不再产生新的细胞,只会重新建立新的连接。现在,这种观点已经发生了变化。研究发现,即使是人成年后,特定大脑区域中也存在新细胞的生成,这是我们理解人类大脑机制的巨大突破。此外,有研究发现,神经生成可以通过锻炼、加强营养、减少压力等方式得到增强。

(三)情绪和压力

关于大脑结构和功能的研究揭示了认知与情绪之间复杂的相互作用。曾经许多人认为,教学中理智与情感不应该混同,在课堂上更应该关注学生认知过程的发展,情绪情感必须让位于学习。但是,现在我们知道,将情绪和学习过程分开是不可能的,情绪严重影响着学生的学习进程和学习效果。

(四)注意力机制

集中注意力的能力几乎影响着学习过程的方方面面。当学生接受了特定的、集中注意力的训练任务后,注意力涉及的神经活动模式发生了明显的变化,注意力在行为表现上也得到了增强。

(五)运动和学习

运动在认知和学习中的重要性很早就被发现了。蒙台梭利指出:“我们这个时代最大的错误就是把运动当作运动本身,当作与其他高级功能分离的东西……心智的发展是与我们的运动紧密关联的,并且心智发展可能依赖着个体运动的发展。”运动和锻炼不仅能产生让人们心情愉悦的化学物质,而且深刻影响着个体认知发展的许多方面。身体的

运动能促进特定化学成分的产生从而巩固记忆，也能促进海马体中新神经元的发展。

（六）艺术和学习

尽管学校中艺术课程的数量在大量缩减，但是越来越多的研究表明，在教学环境中，艺术能够给学习带来重要的积极效应。艺术作为一种创造性活动，不仅能够丰富学生们的体验与经历，还能够通过多种方式给学习本身带来益处。

（七）青春期与学习

相较于青春期之前的学生，青春期少年在完成各项任务的过程中，其各个脑区之间出现了更多的关联互动，而脑内的灰质容积却显著减少。此外，边缘系统和前额叶执行功能系统的连接平衡也在青春期发生了较大改变。这充分说明，青春期的学生可塑性非常强，变化也非常大，教师和家长千万不要因为学生一时表现不佳而放弃对学生的教育和关注。

（八）创造性

尽管在过去的30年中，学生的整体智力分数提升了，但是创造力水平却在降低，而且创造力峰值的平均年龄从100年前的12岁降低到现在的10岁。大家普遍认为这种情况与高利害关联的标准化考试有关，而且考试难度的大幅度提升也在压榨学生们的创造力。

三、学习与大脑的协同发展

我们的大脑有一个非常强大的特点：超强的适应力。如果你在学习时经常注意力不集中，那就坚持去做集中注意力的练习，慢慢地，大脑就会学会专注这个状态，到后面不需要下多大的功夫，在学习时便会自动集中注意力。由于超强的适应力，大脑的内部产生了一个原则：用进废退。

有专家为了验证这个原则，做过一个实验。实验对象是一只猴子，因为猴子手臂上的三条主神经和人类一样，分别是桡神经、中正神经和尺神经，这些神经分别支配手臂不同区域的运动和感觉功能。研究人员将猴子手臂的正中神经切断，过了一段时间再去观察其手臂的情况。在神经系统中，大脑通过神经通路与肢体相连，当用电流刺激大脑的特定区域时，对应神经所支配的手臂位置便会产生反应。研究人员用电流去刺激猴子大脑中正中神经对应的部位，结果发现该猴子手臂上的桡神经和尺神经出现了反应。这是因为正中神经断裂后，随着时间的流逝，其他神经会去抢占原先正中神经所占据的资源。

也许我们不会出现神经断裂的状况，但资源抢占的情况一直在我们的身体里发生。如果我们喜欢懒散，那么大脑就会逐渐适应这种情况，和“懒散”相关的神经元就会不断壮大。相对的，与“勤勉”相关的神经元就会不断地萎缩，时间长了，这些没有被使用的神经元会被大脑判定为无用的部分，从而被无情地遗忘。

然而，即使有人“懒到了骨子里”，也还是有救的。治愈方法就是开始让自己变得勤奋，哪怕是“假装”的也行，让大脑以为需要产生“勤勉”的神经元才能维持正常运转。就这样，即使你头几次尝试改变都没成功，但这几次经历让大脑做出了适应性的改变。这时，大脑会慢慢减弱对“懒惰”的扶持，开始给“勤勉”更多的资源。所以在改变自己的过程中千万不要放弃，因为你已经做好了一大半的工作，只要坚持，不久之后便会成功蜕变。

也许一开始我们不能立刻做出改变，这里有一个建议：使用微习惯。微习惯，就是每天给自己定一些极其微小、能轻松完成的任务。比如每天认真读一页书。当你开始阅读时，往往会不自觉地沉浸其中，最后的阅读量也许会远远超出任务要求。这样每天坚持会很容易，再结合大脑的用进废退原则，你的大脑已经做出了改变，这个改变会随着时间的延长越来越大，到后期阶段，你的阅读能力会变得出类拔萃。

不得不说，微习惯和我们的大脑配合得真的很默契。本来改变大脑就是需要时间的，且人们往往难以长期坚持做自己不太喜欢的事情，但是微习惯将这个过程改变了。只需要每天做一些轻轻松松就能完成的事情，人们就能改变自己的大脑，让学习与生活变得更加高效。通过这个方法，我们可以养成一系列的好习惯，比如健身、读书、写文章等。只要你想，你就能做到。

除了与相关领域的专业人士交流，对于我们大多数人来说，看书是提升自己最好的方法，如果在看书的时候能对书中的内容进行总结或有所感悟，那就更好了。因为在这个时候我们的大脑会飞速地改变，不断地调整资源，曾经学到的概念在脑海中出现的次数越多，那么停留的时间就越长，与学习有关的神经会变得越来越粗壮，自身的学习能力也会变得越来越强。

四、以大脑的开发为导向的课堂

既然大脑是学习的主体，那么大脑的学习方式和行为方式也应该被用来指导教学设计，否则就会产生很多违背科学和规律的事情。以大脑的开发为导向的教学模式是一种完整的教学指导框架，并不是一种课程设置，它是将大部分有效的教学项目和实践相结合，这些实践都指向对大脑的训练。

依据脑神经科学与认知科学中的重要结论，新的课堂应该被设计为以大脑的开发为导向的课堂。这种课堂的根本教学目标不仅是让学生掌握知识，更重要的是使学生能够创造性地运用知识解决问题，而这种创造性正是当代社会所需的必备技能与核心素质。以大脑的开发为导向的教学设计，目的是使学生拥有综合化、全局化的思维，即通过持续的学习评估，运用艺术训练来使学生增强记忆，巩固知识，理解核心概念而不仅仅是表层的知识，培养学生的高阶思维。

以大脑的开发为导向的教学，应该遵循以下六个原则：

(1)为学习营造情绪氛围。各种积极或者消极情绪的产生与唤起，对学习过程中学生的注意力、记忆力、高阶思维过程都具有非常显著的影响。研究表明，压力对学习的消极影响会伴随我们一生，而与之相对应的积极的情绪也同样被证明能提升我们的学习成绩。教学指导原则就是营造积极的、快乐的、有目的的学习氛围，同时提出一些可以直接用于学习实践的方法，使学生产生与课程目标的情感联结，从而使学习变得更富有意义。

(2)为学习创造良好的物理环境。物理环境可以影响学生的注意力以及其对各种学习任务的参与程度。课堂上的新异刺激，例如改变座位安排和教室摆设等，能够吸引学生们的注意。此外，我们也鼓励把秩序感和美感带到教室中去。

(3)设计更好的学习体验。学习科学以信息加工理论为基础，深入剖析人类的认知过程，即探索个体如何在各种感知中创造意义和发现关联。我们利用先前的知识将感知归类，并将旧知识与新知识结合起来，从而进行思考和学习。同样，认知科学也告诉我们：知识是通过整体的理解和宏观的概念去组织的。因此，我们设计的学习体验应该以视觉表征的方式展现给学生一个整体图景，并建立起新旧知识的联系。

(4)掌握知识、技能和概念。教育学生的基础就是希望学生能够掌握知识、技能和概念，拥有充实而丰富的人生，养成终身学习的习惯。

(5)知识的扩展和应用。课堂教学一定不能仅仅停留在让学生掌握知识、技能与概念的阶段，而是应当努力提升学生在真实世界中运用知识解决问题的能力。

(6)评估学习。持续性评估能明显增强学生的学习能力和记忆效果，包括学生档案的利用、学生的作品以及学业成绩。不要单纯以考试成绩评价学生，而是要考察学生学习的每一个环节和每一次活动，从而能够得到更准确的评价和动态的评价。

第二节　情绪与学习

情绪对学习会产生重大的影响，甚至很多情况下直接决定了学习结果的好坏。很多家长和教师在教育孩子的时候，根本不在乎孩子的情绪，认为孩子的情绪都是暂时的，过一会儿就会恢复正常。殊不知正是这些情绪逐渐使孩子养成了不同的习惯，进而形成了不同的性格。

受情绪影响的不只是学习。在学习过程中，情绪的影响是基础性的，没有好的情绪环境，学习习惯和学习方法就无从谈起。对于孩子来说，情绪是更直接的体验，也是更能够影响学习的因素。

一、理解情绪对学习的影响

请回忆一下自己的求学经历，回想当你被一位教师无意中当众羞辱时的感受。在接下来几天甚至几个月，这件事是否会影响你在这位教师课堂上的表现呢？此次经历，你最记忆犹新的部分是什么？例如，有人至今仍清晰地记得，上小学时，由于每天无法背诵课文，而被教师当众羞辱，并罚站在讲台旁边的角落里听课。虽然这件事情过去许久，但直到现在，他仍然对语文学科有一种很强的仇视感。

记得笔者有一年到一个高中学习交流，在听完课之后，出门正好遇到了几位教师围着一个学生进行“群批”。在人来人往的走廊里，几个教师阴着脸，轮流批评这个学生。学生也好似习惯了这种场景，一动不动。但是笔者能够体会到在学生的心里，必定认为自己已是一个教育的失败品，无论如何都不会再对学习产生丝毫的兴趣。

每一个类似的经历都清楚地表明情绪在学习中的重要性。当置于上面描述的情景中时，我们大部分人都会感受到负面情绪或者压力，我们的注意力也从学习中偏离了。生活中，特别是在学习的时候，理解并阻止压力情景下的注意力转移非常重要。

积极情绪能提升学习效果。营造良好的学习情绪氛围应该成为每一位教师日常工作的核心任务。教师应该通过两个层面来考虑情绪氛围：第一，营造班级的基本氛围，追求一种快乐的、充满创造性并且安全的学习环境；第二，有目的地设计活动，让学生与要学习的内容之间建立起情感联结，使学习内容与学生自身具有更多的联系。

（一）大脑如何感知恐惧与威胁

我们的大脑会加工威胁信息，从而对它们进行思考和应对。大脑工作的细节是：大脑通过感官接收信息，将感觉信号投射到丘脑，然后丘脑将信号发送到大脑不同的系统，包括皮层（思考中心）进行处理。同时，丘脑将信号发送到杏仁核，由其来评估感知的信息中是否包含危险或者威胁成分。然而，丘脑将信号传递到杏仁核的速度远远超过传递到皮层的速度，这条传递路径被称为“低级通路”，是一条快速而且下行的通路，让大脑对潜在的危险做出快速反应。相反，信号从丘脑投射到皮层，即“高级通路”，信号传递速度较慢但是被分析得更加透彻。“高级通路”中的信号被皮层加工之后也会传送到杏仁核，使人做出进一步的情绪反应。

到达杏仁核的“低级通路”能让我们在确认危险之前就能对潜在的危险做出快速反应。从进化的角度来看，快速但是不准确的反应系统是生存的必需，然而这一系统并不是为精确评估而设计的。情绪加工系统大部分存在于杏仁核，它对皮层的影响更显著，这就让情绪唤醒占据优势并且会控制思维。

当我们感受到危险和恐惧时，并不是只有情绪和思维受到影响，一连串的生理反应随之而来。杏仁核加工的信息触发下丘脑，它可以激活应激激素的分泌，让身体做出战斗或者逃跑的反应，促进身体的改变，包括血压升高、心率增加、肌肉收缩等。

这种应激反应能够帮助我们逃离危险，但是在现实生活中，压力经常是一种持续性的事件。持续性应激激素会对我们的身体造成极其恶劣的影响，它会严重损害我们的身体系统，比如心血管、消化和免疫系统，而且会损害海马体和前额叶皮层，影响大脑记忆和信息加工。例如很多学生一遇到大型考试就会浑身难受，甚至呕吐，而一旦考试结束，身体就会很快恢复正常。

有实验研究发现，在学习新单词时，如果处于压力情境之下，受试者的成绩至少下降30%。尽管在特定情境中的轻微压力能够提高成绩，增强记忆，但是持续的压力肯定会减少对信息的获取。

（二）压力和学校环境

教师和家长都希望学生愉快地待在学校里，对学习过程充满期待。然而，有研究发现，当学生描述他们在学校一天的情绪体验时，出现频率最高的词是“焦虑”，在所有情绪报告中占25%以上。研究表明，当焦虑导致的行为问题出现时，个体的压力和激素水平显著增高。如果持续相当长的一段时间后，压力和激素水平又显著降低，这是身体试图进行自我保护，尽量减轻负面影响。对持续性压力的反应模式导致学生不担心或者不在意他们的学习成绩，那么成绩下滑就成为必然的结果。

我们应该考虑如何营造一种促进学生积极学习的氛围。教师应该认真利用“情绪量表”，检测是什么触发了学生的压力，学生压力的来源是什么，再通过不断调整，减轻学生的压力。

（三）积极情绪的影响

积极情绪会对学习产生有利的影响。积极情绪能够拓宽认知联结的广度，建设创造性思维，引发更好的技能体验，如创造力、探索性和知识整合程度等。最新研究发现，让受试者观看影片，分别诱发积极、负面和中性的情绪，积极情绪能提高受试者的注意力、整体性思维和反应速度，负面情绪则相反。

另外一个很重要的情绪因素是学习动机，这因人而异。研究表明，具有成就动机的人在完成挑战性任务时成绩更好，而不具有成就动机的人在完成娱乐性任务时成绩更好。对那些学习成绩不好的学生来说，设计学习活动，比如一种学习游戏或者艺术活动，让他们感到愉快，可能有利于激发他们的学习动机，培育情绪与内容间的联结。

尽管处于青春期的学生因为情绪而给学习带来很多负面影响，但强烈的情感也同时会带来很多益处。振奋人心的学习活动，比如艺术中的自我表达、体育领域中的团结合作、特殊兴趣俱乐部以及社会服务计划等可以激发其良好的学习热情。

二、营造良好的情绪氛围的教学策略

教育工作者需要意识到，他们是创建和保持积极的、创造性氛围的重要角色。即使最好的教师也可能在不经意间，在教学或者惩戒实践中诱发学生的压力并抑制学生的学习。如果大家都能对压力影响学习的情况有所了解，便可以更好地避免产生导致压力应激反应的活动。教育工作者可以通过有意识地设计活动，在班级中创设积极的情绪氛围，以利于学生学习。

（一）积极的语言：具体的表扬和含蓄的命令

教师总是很自然地表扬学生好的行为，但是所有的赞扬对学习产生的效果是一样的吗？研究表明，对具体行为的表扬比起笼统性的表扬更为有效。比如，简单地说“同学们，大家今天做得不错”，这句话往往被大家忽略，但如果说“你们每一个人都在你们的合作学习小组中竭尽了全力”，这就能有效地引起学生的关注。

对努力的积极评价比对能力的赞美更有效。称赞学生努力，会使学生在面对更难的题目时更有信心，更有动力继续努力；而夸奖学生的智力，会让学生在遭遇困难时信心减弱。

我们应该致力于发展这样一种教学文化：教师和学生之间，以及学生和学生之间，积极的语言应该是无处不在的。同时需要时刻注意的是，夸奖和称赞应该是真诚的，毫不吝啬的，公开的；相反，对学生的批评和责备必须是保密的，谨慎的，互相尊重的。

（二）交朋友，做朋友

对学生来说，同学间充满关爱的友谊可以使班级充满健康的情绪氛围。有的学生能够很自然地交到朋友，有的学生则不能，那些不擅长交朋友的学生更应该受到重视。每个人在学习的过程中，都会不时地遇到各种问题，而且每个人都有情绪的高峰期和低谷期。如果一个人单打独斗，当遇到无法解决的问题时会一筹莫展，时间长了甚至会导致抑郁；如果有很多朋友在身边，遇到问题时就比较容易解决。

在培养学生的社交能力时，“展示”往往比“说教”有效得多。课堂内设置“交流中心”，是让学生最能感受到友谊的良好方式。应该多增加教师与学生之间的沟通，这些沟通不仅仅是关于学习。比如作为班主任，可以利用晚自习的时间，与每一位学生面对面谈心、聊天，了解学生的学习、家庭、心理等各种情况。或者在隐蔽位置设置班级邮箱，当不善于表达的学生希望沟通交流时，可以通过班级邮箱来交流。

当感到被忽略时，学生有时会采取一种很有破坏性的方式表现出来，这个时候很多教师往往会将学生归入“调皮捣蛋”一类，这会将学生“逼”入绝境。无论如何，一定要在尊重的基础上及时帮助学生，让他们感受到安全与被接纳，这与提升智力同样重要。

（三）快速处理情绪事件

很多学生在进入班级时，有时候是带着情绪来的，有可能是因为家庭原因或者其他原因，这时教师一定要重视，尽快找到问题的根源并解决问题。

教师在发现问题时，可以先让学生参与到学习中，暂时缓解和平复学生的情绪。然后找一个合适的时间，比如晚上，单独与学生沟通，尽量让学生把内心的想法都表达出来。教师此时应该注重倾听，而不能只是简单地安慰。比如同学之间的矛盾，可以直接让两个同学面对面交流，教师不要偏袒任何一方，也不要轻易地做出“仲裁”，而是要更多地让同学之间通过沟通解决问题。如果遇到难以调解的矛盾，教师也要快速地做出决定，千万不要“和稀泥”。在某些情境下，需要教师和家长的及时干预。

（四）学生的自主控制与选择

给学生部分权利，让他们选择学习的内容和学习的进程。这种做法的好处是让学生感觉到自己对结果有一种决定权，自然就会提高他们的动机水平。教师可以进行适当的引导，通过让学生选择学习的内容、方法和评估方式来提升他们的表现。

内容的选择主要体现在以下三个方面：第一，学生可以到活动中心，选择多种内容来强化技能；第二，针对当前的教学目标提供一组材料，让学生自主选择；第三，针对某一科目，让小组自主选择一个主题进行探究，并在课堂上展示自己的研究和发现。

方法的选择主要体现在两个方面：其一，设定一种特别的作业（比如评论一个故事或者阅读一篇历史文献），让学生从几种方式中选择一种来阐明自己的观点。比如：写一个摘要，把作业的要点标识出来；写一个分析报告，与其他类似的题材进行对比；写一个申请书，基于内容设计某种行动计划。其二，给定一种作业（比如总结），让学生将其与其他的表现形式相结合，比如使用艺术的形式，像音乐、视觉艺术、角色扮演、诗歌等来展示自己的设计。

评估方式的选择也体现在两个方面：第一，教师可以用学习成绩之外的其他方式来评估学生的表现，比如让学生选择艺术的形式或者技能来表现他们对内容、技术或概念的理解；第二，评估学生是否能够真正应用知识而不仅仅是获取知识，这种评估方式会使学生进行更深入的思考，并给学生提供机会去确认问题、分析策略并设计行动计划。

三、如何克服负面情绪

人在一些情况下非常容易被情绪控制，做出失去理智的事情，尤其是学生。我们的积极的正面情绪通常不持久，但是消极的负面情绪往往持续很长时间，甚至会反复爆发。因此，压制负面情绪并不是最好的选择，而有效地管理负面情绪，逐渐克服负面情绪，甚至将负面情绪逐步转化为正面情绪才是最佳的选择。

（一）感受意识与潜意识

意识是大脑在接收到外部信息之后做出的反应。但意识并不是对所有的外部信息都会做出反应，只会对一些自己感兴趣的事情做出反应。当我们的意识比较活跃时，往往只注意了信息的一小部分，还有很多信息是通过我们的潜意识来进行评估以及处理的。比如学生在上某一门课的时候，假如学生对任课教师不太感兴趣，那么可能会对这门课比较排斥。虽然意识告诉学生应该好好地上课，但在潜意识里，学生却不断地给自己找理由。当在潜意识里找到足够的理由时，学生便放弃听课了，因为其已经说服了自己。

我们每天利用大脑进行反馈、处理问题、做出决策的时候，总是存在有意识和潜意识两种方式，二者同时存在，但又不尽相同。意识和潜意识相比较而言，意识起作用的时间只占我们生活中的很少一部分，而潜意识却替我们做出了大多数的决定。意识是显性的，而潜意识是隐性的；意识决策需要思考一段时间才能够做出，而潜意识决策则依托长期形成的经验、习惯等迅速完成；意识往往是针对非常规的事情，也就是不常遇见的事情，而很多常见事情的处理都是由潜意识主导完成。在潜意识面前，意识显得非常弱小，而且决策过程缓慢，这就是很多“鸡汤文”无效的原因之一，同时也可以让我们理解为什么家长和教师苦口婆心的说教几乎不起什么作用。当意识和潜意识发生冲突时，意识几乎没有胜利的可能性，它总是在一瞬间被潜意识打败，并被潜意识控制。

（二）捕获情绪

人的情绪往往由潜意识控制。遇到不顺心的事情，有的人就在瞬间发火；压力大的时候，有的人也会在瞬间产生抗拒心理，甚至退缩。其实这些负面情绪并不是由人们通过理性地思考，即意识所做出的正常的判断，而是潜意识直接替人们做出了决策。潜意识做出决策之后，会快速地找各种各样的理由告诉人们，这样做是合理的。

如果一个人已经为负面情绪所控制，那么他的理智就无从谈起了，也就是说他无法再使用正常的意识来进行思考，这对问题的处理是没有任何好处的。尤其是在长期的压力下，如果人已经为负面情绪所控制，学习也就无从谈起。很多人在负面情绪爆发之后，冷静下来都会发现自己的愤怒是非常没有必要的，而且是非常有害的。

因此，我们一定要在负面情绪即将爆发的一瞬间，捕捉到这种情绪，也就是要练习大脑的感知力。这种感知力能够快速地抓住负面情绪产生的苗头。这种感知力并不是一种意识，因为意识的速度太慢，无法控制负面情绪的爆发。所以这种感知力应该属于潜意识的一部分。但是如果原来的潜意识中并没有这一部分，那么就得改变原来的潜意识，使其转变为能够捕捉到负面情绪的潜意识。改变潜意识是非常困难的。往往刚有这个想法，就被潜意识立刻俘获了，此时潜意识会以各种理由阻碍人们做出改变。

（三）清空大脑

为了避免在改变潜意识的过程中被潜意识的抵抗打败，我们首先要做的就是清空大脑，也就是进入什么都不想的状态。这个状态需要反复不断地练习，直到我们的大脑与外界所有感知的关联都被切断，由向外的感知转入向内的感知。在这一过程中，所有的念头都要被一一清空，包括对外部温度的感觉、触觉等，逐渐地只能感觉到自己的呼吸和心跳。但此时不是一种睡着的状态，而是一种非常清醒的状态。如果能保持5分钟以上，我们就获得了很大的成功。

（四）反思与正念

当我们能够做到清空大脑之后，马上进入第二阶段的练习，也就是注入正念。正念有很多种，不同的人需要不同的正念。当然也有一些常用的正念，适合几乎所有的人，比如“爱”与“讲和”。此处的“爱”指的是博爱，是人与人之间相互的关爱，爱自己、爱同学、爱父母、爱老师，如果每个人心中充满爱，大家就会从内心获得足够的安全感。“讲和”是指对任何事情都能够理解和释然。遇到自己想不开的事情，要和自己讲和，不要太计较；遇到别人对自己的不公平对待，要设身处地为别人着想。在清空大脑后，要不断重复并注入这些正念。

正念训练类似冥想类型的放松训练，即安静地坐着观察自己的想法和感受，同时不断地注入正向的、积极的念头。研究发现，学生在经历过正念训练后都表现出主观注意力提高、焦虑和抑郁减少等积极的状态。研究还发现，这样的训练能减少青少年对压力负面的生理和认知反应，并提高自我控制能力，特别是能使其负面情绪产生频率显著下降。

同时研究也发现，正念训练能够让大脑结构发生改变。参与正念训练的受试者的大脑区域的密度增加，而这些区域密切参与了认知加工，对学习的记忆和情绪管理都非常重要。越来越多的证据表明，正念训练能够让人提高注意力，加强自我觉察和自我反思。这种积极干预的效果比仅仅关注特定的负面行为好得多。

(五)形成习惯

当注入正念之后，我们就逐步地拉开了与念头的距离。当人们的念头，尤其是一些负面情绪突然产生的时候，人们能够第一时间捕捉到这种念头。此时，在人们的大脑中会立刻出现“讲和”的潜意识，从而避免负面情绪的爆发。长此以往，人们就不会为一些事情而烦恼，也不会为一些压力而感到苦闷。

经过不断练习，人们之前的那些不良习惯会逐渐改变。良好的行为每天重复，就逐渐深入我们的潜意识。当潜意识改变之后，也就打破了原来的思维惯性，逐渐形成新的习惯，从而形成了新的思维惯性。

通过以上的步骤可以发现，原来每个人都可以通过练习克服自己的负面情绪，并且通过不断地改变潜意识产生积极的情绪，这对学习有非常重要的作用。

第三节　知识的构建

鱼就是鱼

有一条鱼，它很想了解陆地上发生的事，却因为只能在水中呼吸而无法实现。它与一个小蝌蚪交上了朋友，小蝌蚪长成青蛙之后，便跳上陆地。几周后青蛙回到池塘，向鱼汇报它所看到的事物。青蛙描述了陆地上的各种东西：鸟、奶牛和人。鱼根据青蛙对每一样东西的描述创作了图画：每一样东西都带有鱼的形状。人被想象为用鱼尾巴走路的鱼、鸟是长着翅膀的鱼、奶牛是长着乳房的鱼。

这个故事说明：在人们基于自己的已有知识建构新知识的过程中，机遇和风险是并存的。

一、前概念

每个学生总是带着自有的前概念进入课堂的。新知识的建构必须以已有知识为基础。学生在学习时，伴随着很多知识不完整的理解、错误的观念和对概念的天真解释，教师需要依据这些表现来帮助每个学生形成更成熟的理解。如果忽视学生的初始概念和观点，那么他们获得的理解可能与教师的预期大相径庭。

如果刚开始学生认为地球是平面的，而教师要试图帮助他们理解地球是圆的；当教师告诉学生地球是圆的时候，学生会把地球描绘成一个煎饼，而不是一个球体；如果教师再告诉他们地球是圆的，像一个球体，学生会从自己的平面地球的观念出发来理解，把地球描绘成一个里面或顶部像煎饼一样的平面球体，人们都站在"煎饼"的上面。学生对地球所建构的新理解与他们大脑中构建的地球模型相一致，这个地球模型帮助他们解释人是怎样站在其表面上或在上面行走。而真实的地球与学生想象中的地球模型是不一致的。正像《鱼就是鱼》的故事一样，学生听到的每一件事都与他们已有的观念融合在一起。

大学生也经常依据他们的经验而不是科学论述来建立有关物理学、生物学现象的观念。教师必须让学生意识到自己的前概念，才能让他们改变自己的观念。

既然知识都是需要在学生已有的知识基础上进行建构，是不是教师就不需要教授任何知识了呢？这是一个误解，这一观点混淆了教育理论与认知理论。不管如何教一个人，所有的知识都是基于已有知识而建构起来的。前面的案例表明了简单的讲授常常不起作用。但是，在人们按照他们的想法理解问题之后，有时"讲授式教学"还是很有效的。教师需要特别关注学生的理解是否正确，并在必要时给予指导和纠正。

有证据表明，如果教师关注学生带到学习任务中的已有知识和观念，将这些知识当作新教学的起点，并在教学过程中监控学生大脑中概念的转化，那么就可以大幅度促进学生的学习。例如，一个接受物理研究性学习的 6 年级学生，比起在同一个学校体系中接受常规方法教学的 11 年级的学生，在回答物理的概念性问题时完成得更好，这表明接受研究性学习的低年级学生更好地掌握了基本物理原理。

二、知识记忆与理解

人们一直很难从科学的角度来研究"理解"的概念。事实上，学生很少有机会沉下心来理解学习的内容，因为许多课程总是强调记忆，而不是理解。我们的教材中充满了要求学生记住的事实，而且大多数的测验也只是评估学生记忆事实的能力而已。

不可否认，知识对于思维和问题解决也是很重要的。在很多领域，专家思考和解决问题的能力也依赖于有关学科领域的大量知识。但是"有用的知识"不同于一连串无联系的事实，专家的知识是围绕重要概念联系和组织起来的，它"有条件地"指明了知识可用于的情境；它支持理解，支持向其他情境的迁移，而不仅仅是记忆。

例如，熟悉动脉和静脉的人不仅知道动脉比静脉更粗、更有弹性，还能够理解动脉和静脉各自的特性。他们知道从心脏流出的血是喷射而出的，动脉的良好弹性有助于适应压力的变化；他们知道从心脏泵出的血既需要向上流动，也需要向下流动，动脉的良好弹性使它能够担当一个单向通道的角色，每一次血喷射完后动脉瓣就关闭，防止血的回流。由于他们能够理解动脉、静脉的结构与功能之间的关系，因此他们可以充分利用已学习的内容来解决新问题，从而完成知识的迁移。看这样一个问题：假如让你来设计一个人造动脉，它必须要有弹性吗？为什么？通过对动脉特征的理解和分析我们可以看出，动脉的弹性不是必须的。或许问题解决方法是这样的：我们可以建立一个足够坚固的管道，来承受从心脏喷射出来的血压，它也可以被设计成一个单向的通道。理解了动脉和静脉的特征并不一定能保证人们对这个设计问题做出解答，但它有利于促进人们思考问题的各种解决方案，而仅凭记忆是很难做到这一点的。

三、教育的三个重要发现

现在大家普遍接受的教学发展趋势是从简单的知识传授过渡到学习能力的提升，希望每个人通过学习都可以显著地提升自己的学习能力，成为一个主动学习的学生。学生可以探寻对复杂学科知识的理解，并且把这些所学的知识迁移到新问题、新场景中去。

到目前为止，对教育方面的研究仍然不是特别完整，能够反映学习能力的关键特征也不是对人类学习的完整总结；人们对学习方式的这些研究，也不能覆盖现有的全部内容。因此，人们对教育的完整认知仍然存在着巨大的挑战。

尽管如此，经过长期的数据分析与科学研究，关于教学，我们已经总结出来了很多规律性的内容。其中有三个非常重要的发现能够揭示学习的基本过程，这对今后的教学具有非常重要的指导意义。

第一，学生是带着有关世界如何运作的前概念来到课堂的。如果他们的已有基础没被考虑到，那么他们也许不能掌握教师所教的新概念和新知识，只会为了考试的目的而学习，最终仍会回到课堂之外的前概念。

原有的理解对新概念和信息的整合具有强大的影响。有时候这些理解是正确的，提供了建构新知识的基础，但有时候它们是不正确的。理科学生常常对不容易观察的物理特征有错误概念；文科学生的前概念常常会刻板或简单化，例如将历史仅仅理解为好人与坏人之间的争斗。有效教学的主要特征就是从学生的思想中抽取出前概念和提供正确建构新概念的机会。

比如，学生头脑中的有关力学的初期观念像一根根纱线一样，有些毫不相关，有些松散混杂。教学行为就是帮助学生拆开一根根独立的线，标记它们，然后把它们编织到一个更完整的结构中。教师帮助学生了解原有概念，并把它们整合，这种教学方式更好，更强调概念的相关性。

很多学生都坚持季节的变化是由地球与太阳的距离引起的，而不是地球的倾斜引起的。还有很多学生认为一个已抛到空中的物体同时具有重力和抛掷力，尽管他们已经学过类似的原理。为了让科学理解替换幼稚理解，学生必须把自己的幼稚理解呈现出来，并有机会了解这些谬误。当然，在呈现自己幼稚理解的时候，也要克服内心的障碍，不要把展现前概念中的谬误当作令人感到羞耻的行为，而是应该看作一次珍贵的学习机会。这很难做到，需要不断地练习。

第二，为了发展研究性学习能力，学生必须具有基本的专业知识，在概念框架内理解事实和观念，以促进知识的提取和应用。

不管在哪个领域中，专家总是会充分利用自己极其丰富的结构化知识。他们不仅仅是“优秀的思考者”或者“聪明人”，其有些能力，如规划任务、注意模式、生成论点并解释以及与其他问题进行类比，都与其专业知识基础具有紧密的联系。但是拥有大量不相关的专业知识远远不够。为了发展研究性学习能力，学生必须要有理解性学习的机会。对学科知识的深入理解可以使人把知识点转换成有用的知识网络。专家与新手之间一个明显的差异就是专家充分理解了概念，他们能够看清很多不明显的模式、关联或差异。专家不一定拥有很好的记忆力，但是他们的概念性理解使他们可以从不明显的信息中抽取出意义，这有助于他们筛选和记住相关的信息。专家也能够顺畅地获得相关的知识，这是因为他们对学科知识的理解使他们可以快速地辨识什么是相关的知识。因此，他们的注意力不会因复杂事件而超负荷运转。而学生一般都是从新手开始，通常只具有所学学科的非正规观念，并且他们所获得的大量信息经常会发生改变。

教育可以促进学生对知识的理解，这就需要发展学科知识的概念框架。例如在地理知识的学习中，学生可以通过记忆省、市位置，学会在地图中填空，并能高度精确地完成这一任务，但是如果地图上省、市的边界被移除，这个问题就变得困难得多。而理解了边界形成原因的专家此时会很容易地完成这个任务，比如自然特征（像大山或水体）、交通枢纽等，都是重要的边界标志。越是从概念上理解了城市的内在需求，理解了吸引人们去那里的资源基础，地图就变得越有意义。如果所教的地理知识被置于适当的概念框架内，学生也会变得更有经验。

学习和迁移就是把知识组织成概念框架，学生利用这些概念框架就可以将知识应用于新情境中。当强化了概念理解之后，学生还可以把学习迁移至课堂外，例如观察和探究一个参观过的城市的地理特征，从而进一步理解它的位置、大小、人口、文化等。

将标枪投掷到水中

有一项著名的早期研究——两组儿童练习将标枪投掷到水中的一个目标。其中一组儿童学习了有关光的折射原理，知道了光的折射会导致目标看起来的位置与实际位置明显偏离；另一组只是练习投掷标枪，没有学习原理。两组儿童在进行水下浅目标的投掷练习任务中做得同样好。但是当目标的深度改变之后，已学过折射原理的小组做得更好，因为他们理解了自己正在做的事情，所以能够根据新任务调节他们的行为。

第三，“元认知”方法可以帮助学生通过定义学习目标和监控学习过程，从而学会控制自己的学习。

在一项针对专家工作方式的研究中，要求专家描述他们工作时的思考方式和过程。研究结果表明，专家知道何时需要补充新知识、新知识是否与已有知识保持一致，以及做什么样的类比可以促进他们的理解。这些“元认知”活动就是适应性学习的重要组成部分。

我们可以把这些策略教给学生，包括预测结果的能力、向自己解释并改进理解的能力、记录理解失败的能力、激活背景知识的能力、预先规划的能力以及分配时间和记忆的能力。“元认知”策略模型刚开始是由教师提供的，学生在学习了这些策略后不断练习，最终能够在没有教师支持的情况下监控自己的理解和学习过程。

四、三个发现对教学的启示

以上所描述的三个发现，也可以认为是三个核心原则，虽然看上去简单，但是对教学事业和教师培养具有深刻的意义。

(1)教师必须抽取前概念并将其与学生原有的前概念理解“打交道”。这就需要教师不能把学生看成一个空容器直接灌输知识。相反，教师必须积极地探究学生的思维方式，创建相应的课堂任务。这样，学生的初始概念才能被展示出来，作为教学的基础。

要用评价代替简单的测试。使用经常性的过程评价有助于学生把他们的思维展示给自己、同学和教师，提供优化概念和思维的有效反馈。评价的内容也必须是对理解的评价而不仅仅是对知识的评价。

(2)教师必须深度地教授一些学科知识，提供更多的范例分析和知识基础。这就需要用少量主题的深度覆盖替代所有主题的表面覆盖，这些少量主题使得学科中的关键概念得以被学生深入理解。知识覆盖是必要的，但是也必须有足够数量的深度研究案例让学生掌握学科中的核心概念。

教师必须带着他们自己对本学科领域深度研究的经验来教学。教师必须熟悉研究的过程和学科中的术语，理解知识与概念之间的内在关系。同样重要的是，教师必须把握学生对概念的学习过程，这不仅需要专业知识，还需要深入学习教育方法。

(3)“元认知”教学应该整合到各种学科领域的课程中。由于“元认知”采取内部对话的形式，许多学生没有意识到其重要性，这便要求教师能够明确强调并且不断强化这些方法。对“元认知”的强调需要深入各个学科的教学中。

将“元认知”教学与基于学科的学习进行整合。这可以提高学生的学业成绩并发展学生独立学习的能力，“元认知”教学应该被有意识地结合各种学科的教学。

研究表明，将这三个核心原则融合到教学中，能够显著提高学生的成绩。

第四节 以学生为中心的课堂

在自由环境中活动的孩子应该在他的外在环境中找到一种组织形式，这种组织形式与他的按自然规律发展的内部组织有直接关联。

——蒙台梭利

一、为学习创建良好的物理环境

学校的物理环境是一个无声而有力的课堂。从马路到教室，从大厅到卫生间，从办公室到餐厅，物理环境不仅影响学生对学校的感受，而且会影响他们的学习。

(一)注意力和新异性

注意力是对感觉、想法或事件的认知选择。注意系统是在众多的感觉刺激中挑选哪些刺激应被滤除、哪些刺激可以进入意识的响应系统。

注意系统的重要特征是对新异物体或事件表现出关注。环境的新异性会触发觉醒和定向系统。教师每天都能看到这个系统在工作，如即使教室环境中的细微变化也会在学生中引发讨论。但是新异性可以持续多久呢？遗憾的是，尽管新异性可以吸引人的注意，但它并不能使人保持注意力。例如，教室墙上挂的新海报也许能引起学生的兴趣，但是如果海报挂在那儿时间长了，它就变成了一张壁纸，融入了环境的背景中，可能使环境变得更加混乱拥挤，而不是改善环境。

研究发现，新异性对信息的记忆有积极作用，改变学习的场所会增进记忆。当外界环境改变时，信息变得丰富了，学生对内容的记忆也得以增强。在乏味的环境中，学生会失去对刺激的敏感性，转而寻求对他们来说更新异的刺激，这通常会导致各种不良行为的发生。研究发现，相比于具有新异性的环境，学生在乏味的环境中通常会更多地脱离任务和离开座位。

学习环境的经常性变化是吸引注意和提供视觉刺激的有效工具。这可以由几种方式实现，如调换座位、增加与教学内容主题相关的物品等。通常，在教师的日常任务列表中，有目的地改变物理环境可能被作为优先级最低的任务，但是，如果我们考虑新异性对抓住学生注意的重要性，为帮助学生更加专注而花一些时间也是值得的。但是，尽管新异性是有力而重要的教学工具，教师还是应该在营造可预测的氛围和提供具有新异性的体验、改变环境之间寻求平衡，并且应该基于学生的需要来做出决定。

(二)学习环境中的声音

背景音乐，甚至是轻松的音乐在需要高级认知处理时也会成为一种干扰。

多数教师都认为他们对教室的视觉环境比对听觉环境有更好的控制能力。教室经常被大量的噪声包围，比如灯、空调系统、试听设备及电脑产生的噪声，当然也可能来自室外，如交通、警笛和操场中发出的噪声。

在吵闹教室中的学生的表现明显不如在安静教室中的学生。暴露于噪声中，学生在记忆和完成任务中的表现明显不佳。

教室里的声音是能够根据情况不断变化的：从合作学习或项目任务中的有目的讨论到学生专注于学习新知识时的鸦雀无声，从完成例行任务时的轻松时刻到引发思考时的安静时间。

（三）运动对注意力的作用

运动能够使肌肉产生一种有益于学习的蛋白质，体育锻炼也有利于提高警觉性、注意力甚至成为一种学习动机。然而，让学生在学校环境中运动变得越来越难。学校一直在减少体育课程和体育项目，以便为需要考试的课程提供更多的时间，这是很不幸的现实。尽管如此，教师仍然可以在教室中和课堂上为学生提供活动的机会。有目的的活动可以利用教室空间来实现，如活动中心、研究空间、图书角、阅读角及其他的小组和个人活动。

（四）教室中的秩序和美

学生在整洁而不杂乱、充满美感的环境中会达到最佳的学习状态。教室里的每件东西都是经过精心设计的，没有成堆的纸张、过期的展示或者沾满灰尘的书堆，这种感官的“饱和”让学生可以从多个角度融入学习过程中。超越了视觉和听觉感官的课堂能有力地抓住学生的兴趣并且帮助其建立神经连接。

总之，学习的物理环境中的一些特征能吸引学生对课堂产生兴趣，为他们提供舒适感和归属感，最终会提高他们在学习中的注意力和参与度。作为一种帮助教学和学习过程的工具，教师在设计每个学习单元的目标时，应该有意识地规划相应的物理环境。

二、设计良好的学习环境

除了在物理环境上给予保障，更重要的还是学习环境的建设，也就是课堂应该怎样设计才更有利于学习，以及在课程设计中教师应该承担什么样的责任和义务。

（一）学校和课堂必须以学生为中心

教师必须密切关注学生带入课堂的知识、技能和态度。不仅包括前概念，也包括对学生的全面了解，例如文化差异会影响学生合作学习的舒适度、学生对能力的理解会影响他们的表现。研究表明，某些学生认为能力是不变的，这些学生更可能以表现而不是学习为导向，在学习中他们想要看上去更成功，而不是冒险犯错。当任务逐渐变得困难时，这些学生很可能选择放弃，以避免暴露自己的“愚蠢”和“低能”。相反，那些认为能力是可变的学生，更愿意接受困难任务的挑战，他们会更从容地与风险相处，从而不断提升自己的能力。

在以学生为中心的课堂中,教师要密切关注每个学生的个体发展,并设计适当的任务。教师要向学生呈现"刚好能处理的难题",即设计的问题要具有足够的挑战性但也不至于太难而使学生气馁。因此,教师必须了解学生的知识、技能水平和兴趣。

(二)塑造以能力为目标的课堂环境

为了塑造以能力为目标的课堂环境,教师必须关注教什么(学科知识)、为什么教(理解)和掌握什么能力。教师应精心组织专业知识概念网络,并且精心设计理解性学习课堂。理解性学习往往比简单记忆式学习更难取得成功,而且更费时间。许多理解性学习无法成功的原因就在于,其在很短的时间内呈现了太多彼此不相联系的知识点,即"一里宽一寸深"的问题。而且日常的测验也经常强调记忆而不是理解。

以能力为目标的课堂环境提供了研究的必要深度,重点评估学生的理解而不是知识记忆,它需要与促进自主学习的"元认知"教学结合起来。

(三)形成性评价

将学生的思维过程呈现出来的持续性评价是很重要的。通过评价,教师可以把握学生的前概念,理解学生思维发展的进度,并以此为依据设计教学内容。

在课堂中,形成性评价的一个重要特征是这种评价对学生特别友好:它不是那种所学知识的例行测验,也不是那种给学生评分并排名的考试,而是给学生提供了改进的机会,帮助学生看到他们自己的不足和进步,也帮助教师识别需要补救的问题。

(四)课堂规范和情境

课堂规范和情境会极大地影响学习,需要谨慎地制定课堂或学校的规范以支持核心的学习价值观。例如,学校的规范应该支持并鼓励学生展现他们的前概念、提出他们的疑问以及分享他们对概念不断深入理解的每一步。

教师必须参与设计课堂活动,并帮助学生组织这些活动以促进彼此的友谊和积极态度。在这样的学习共同体中,学生会相互帮助解决问题,一起建构各自的知识体系,提出各种问题一起讨论,并且不断提出建议以推动团队的进步。这种不断解决问题和在争论中明晰概念的合作学习方式可以大幅度促进学生认知的发展。这些学习共同体可以建立一种轻松质疑而不是寻求答案的舒适感,而且能够逐渐发展起一个依靠每个个体成员的贡献创建新观念的模式。通过学习,他们能够产生一种兴奋感,并将这种兴奋感迁移到课堂。当他们把新观念应用于新的理论和实践时会产生极大的成就感。

本章思考题

1.试着将学习和减肥做深入的对比,找到其中的相同点和不同点,尤其是在本质上是否有相同的地方。

2.结合自身的情况，选择一个合适的例子，分析自己的前概念从错误认知到正确认知的构建过程。

3.你认为，在学习的过程中，教师应该是什么样子的？你认为什么样的教师才是完美的教师？

4.想想看，最近在学习的过程中有没有出现烦躁、迷茫等负面情绪？如果有，试着分析一下出现负面情绪的原因，并结合其对学习的影响，提出解决的方案。

5.试着改变周围的学习环境，比如整理桌面、远离电脑等，体会物理环境对学习的影响。

6.找一个周末，强迫自己坐在桌子前连续学习两个小时以上，之后立刻回顾学习过程中心理的变化，体会潜意识对自己的影响。

第三章　从知识到能力

在教育的过程中，知识的传授和能力的培养一直是并存的。知识是显性的，比较容易评估；而能力是隐性的，评估比较困难。正是因为评估困难，导致大家对能力评估的准确性一直持怀疑态度。社会要求教育向能力培养转变，而现在的教育工作者却又因为能力培养难以标准化，难以对工作量进行评价，实施的周期又过于漫长，故而不愿意真正地实施和推广。

但是能力的高低的确是客观存在的，也是可以通过学习的深度、快慢表现出来的，将能力虚无化是非常错误的，影响也是非常恶劣的。尤其是在学生进入社会中时，能力的高低而非单纯知识的多少，才是实现个人成就的决定性因素。

现实的需求不断推动教育从重知识转向重能力，与现行的教育体系已经产生了强烈的碰撞，某些先行的探索者已经通过改革体会到能力培养带来的好处，但是大部分学校和教师仍然保留着传统的教学方式，不愿意改变。历史的车轮滚滚向前，改革的步伐坚定而稳健，在立德树人的根本要求下，我们必须不断适应这种人才培养的新模式，即面向能力的培养方式。

第一节　知识与能力

在教学过程中，知识和能力一直都像是如影随形的两兄弟，但是知识是站在台前，我们能够看得清楚，能力则像影子一样，尽管是客观存在的，但难以捉摸、难以评估。为了使教育真正地从知识的传授转向能力的培养，能力也必须走向台前，让大家清楚地知道，自己并不是虚无缥缈的。

一、知识和能力是两个不同的维度

有不少人对能力存在误解，认为知识是基础，能力是相对于知识来说更高层次的东西。

基于这种认识，会出现很多错误的结论。比如，很多教师认为，知识传授到一定程度，能力就会以知识为基础自然而然地产生，这也是当前很多教育方法仍然以知识传授为核心的根本原因。如果这个理论正确的话，那么以此推论，班里所有的学生学习到的知识都是相同的，那么大家的表现和能力应该也是相同的。事实上，在知识相同的情况下，每个人的表现是不同的，即体现为能力的不同。

当学生有不同的表现时，教师通常会把这种表现的不同归为努力程度的不同。因此教师就会拼命地让学生完成练习，试图通过练习来提升能力。如果大家的能力没有得到提升，那教师的结论就是："你还是没努力。"可事实并不是这样，很多学生练习得多，做得也很认真，但并不能取得好的成绩；相反，另外一部分学生做题并不是很多，但是成绩非常好。这时候，教师又将原因归为智商。而这些解释均没有触及事情的本质。

其实分析不同学生的表现产生差异的原因，其本质就在于，每个学生在学习过程中，知识和能力都是同时存在的。每个学生的表现都是基于知识与能力两个方面，而这两个方面是同时发生作用的，没有先后顺序。知识代表了人的记忆的存量，是静态的；能力代表了人对知识的迁移和抽象的水平，是动态的。这两个方面分属于两个不同的维度，我们把知识和能力构建成一个坐标系，如图 3-1 所示。

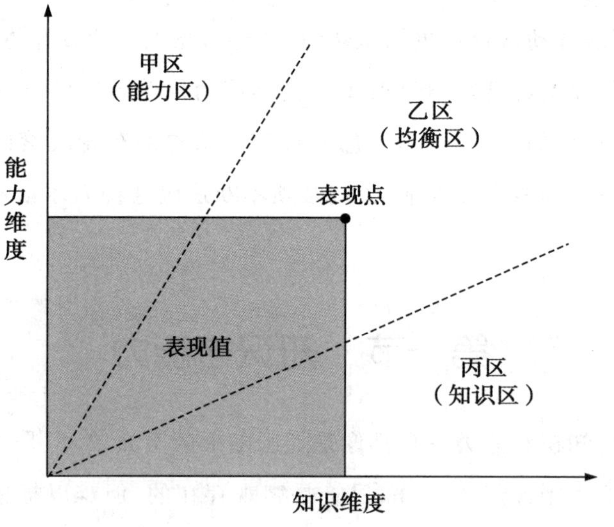

图 3-1　知识与能力的关系

从图 3-1 中可以看出，知识和能力分属于两个不同的维度，知识维度从左到右代表着知识的从少到多，能力维度从下到上代表着能力的从低到高。知识和能力构成了一个坐标系，而每个人的知识和能力在这个坐标系上就成为一个点，也就是图中的表现点，表现点代表了一个人当前知识和能力的状态。

图中的表现值代表了学生的成绩和表现，是知识与能力的乘积，也就是图中灰色区域的面积。从图中可以明显地看出，一个学生的成绩不仅取决于他对知识的积累，还取决于其能力的高低。

在坐标系中，我们可以把整个区域划分成甲、乙、丙三个分区。其中甲区是能力区，也就是能力强而知识不足；丙区是知识区，表示知识丰富但能力不足；乙区是均衡区，表示知识和能力同时发展，相对均衡。甲区和丙区都属于非均衡发展区，相对而言，处于乙区的学生更容易获得高的表现值，也就是成绩。

我们曾经说的“高分低能”，主要指的是丙区。长期以来，我们的考试往往以知识的考核为重心，所以考试的成绩也往往代表了知识的储备程度。所谓的高分低能，也就是知识记忆得很多，但是能力很低。在以往的考试当中，这些学生可能获得了较高的分数，但是随着社会需求的变化，像中考、高考、研究生招生，这些重要的考试都不再仅仅局限于对知识的考核，而是增加了对能力的考核。在这些考试当中，大量能力低的学生的成绩会断崖式下跌，很多人把该现象归为考试失常或者发挥不好，其实这是误解。考试真正发挥失常的人非常少，只是因为这些考试改变了考核目标和内容，不仅考核知识而且考核能力，他们的表现就会和平时的考试完全不同。

还有一个实际案例可以说明这个问题。有个学生在高一、高二的时候一直在学习奥数，而对于其他的学科没有时间学习，导致他的知识基础相对较差，但是通过奥数的学习，他的能力得到了大幅度的提升。进入高三后，第一轮摸底考试，他只考了 400 多分，此时他的表现点处于甲区的范围之内，尽管能力强，但表现值并不高。但是经过短短两个月的时间，第二轮摸底考试的时候，他的成绩提高到了 500 多分。又经过一个月的时间，成绩提高到了 600 多分。在这个过程中，我们可以很明显地看到他的表现点从甲区移动到了乙区，也就是说他在很短的时间内，快速提升知识水平，从而大幅度提升了表现值。

通过上面的分析可以看出：知识和能力分属于两个不同的维度，能力体现了知识结构的质量与知识积累的速度，所以处于甲区的高能力的学生，往往通过自身的努力就可以很快地进入乙区，从而获得很高的成绩。但是对于丙区的同学，由于他的能力比较低，他的知识往往是通过简单记忆、重复练习获得的，知识的结构质量低，知识量的提升非常缓慢，同时能力又很难通过自己的努力得到提升，因而很难发展到乙区。大部分学习困难的学生都是处于丙区，这些学生无法通过自身的努力进入乙区。看上去，丙区就像一个沼泽地一样，如果没有教师的帮助，大部分学生只能越陷越深，沦为永远的“学困生”，有的甚至因为厌学而辍学。

有了这张图，学生在学习中出现的很多问题都得到了合理的解释。有的学生学得很轻松，且成绩很好；有的学生学得很累，但是成绩很差。这就是因为他们的能力值不同。为什么有的学生学习知识忘得快，有的学生知识量却快速增加？究其原因，还是因为能力值不同。为什么有的学生学历不高，却成就了大事业；有的学生学历很高，却一事无成；甚至有的学生已经考上了好的大学，却因生活无法自理而直接辍学回家？还是因为能力值不同。

很少有人能够解释得清楚这一切问题，原因就是忽略了能力这一最重要的因素。能力和知识是两个不同的维度，很多人却把它们统一成一个维度考虑，这样，问题永远无法得到合理的解释。

很多人在考虑问题的时候为什么不考虑能力这一因素呢？从根本上来说是因为能力太笼统、太综合。如果要想把能力可视化、量化，那么我们首先要搞清楚能力的本质到底是什么，能力的高低到底如何度量，如何为能力划分等级。下面我们就重点通过能力的培养过程来分析能力的本质，并且通过思维深度的不同将能力划分为几个通用的等级，方便大家进行准确的评估。

二、能力的定义与等级模型

能力是学生将知识记忆、理解，并能够灵活运用的体现。能力和知识密切相关，脱离知识的能力是不存在的，但是知识又不能代表能力。我们通常理解的知识，其实是随着社会的发展，人类不断积累下来的各种事实。这些事实本来是互相联系的，但是为方便记载和传播，往往被切分成很多孤立的点。学习时要划分不同的学科、不同的专业，而且越分越细，导致知识的数量巨大，而且是静态的、缺少灵魂的。

能力是知识组织结构在其建构过程中的速度和质量的体现，这是一个动态的过程。简单地说，能力就是大脑中知识建构效率的体现。能力强的人，知识建构效率高；效率高意味着速度快、质量好，这又可以更快速地促进知识体系的建构。所以，能力既依附于知识，又不同于知识而独立存在。就像灵魂无法脱离肉体而独立存在一样，能力也无法脱离知识而独立存在。

知识建构的过程也分为不同的形式和不同的深度，这就体现了能力的等级。大脑对知识的处理可以分为对知识的记忆、对知识的关联、对知识的抽象、对知识的应用，这些过程代表了能力的等级。

根据学生学习的规律，并结合教学实际，将能力的定义与形成过程整理为如图 3-2 所示的形式。

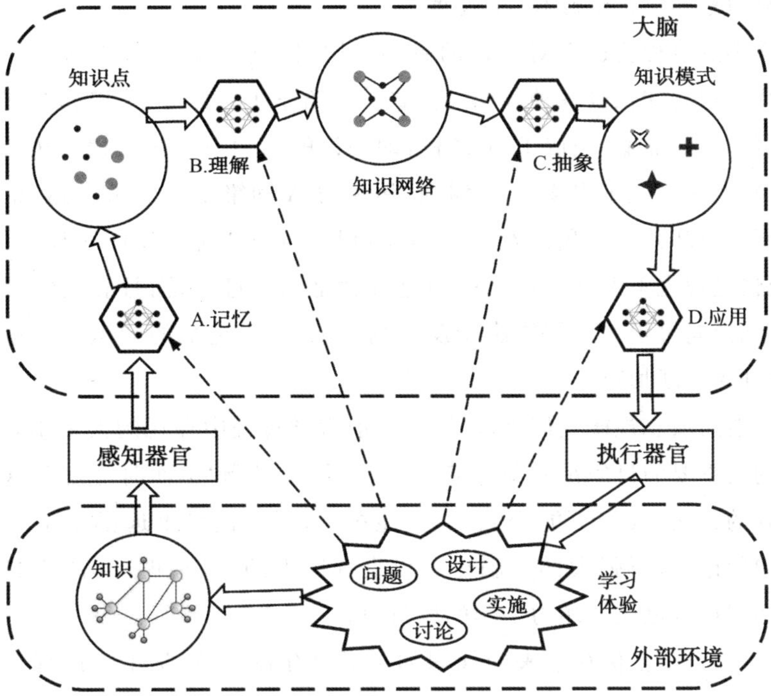

图 3-2 能力的定义与形成过程

从图 3-2 中可以看出，学习的主体是大脑，但是学习必须和外部环境进行交互才能够进行。整个学习过程形成一个闭环。图中的圆圈表示知识的存储，六边形代表人类大脑的神经网络，知识存储的结构和神经网络的结构代表了能力的高低，整个过程循环的速度代表了学习的效率。所有的环节密切配合，才完成了整个能力培养的过程。能力培养的难点在于教师往往对于学生大脑内部的知识建构过程难以评估，甚至难以感知和发现，导致能力培养失败。这就要求教师能够在教和学的过程中培养自己观察和评估的能力，通过学生的表现评估其大脑内部知识建构的过程，从而实现对学生能力的综合培养与个性化培养。

（一）能力的层级

从图 3-2 可以看出，A 过程到 D 过程是不断深入的，代表了能力的不同层级。A 过程是记忆的过程，只要经过一般的训练都能够具备，属于初级能力，具备了该能力就能够满足学习的基本要求，经过刻苦努力就能够达到中等水平；B 过程是理解的过程，需要对知识有所理解，将所学的相关知识点进行关联，属于较高一点的能力，具备了理解力就能够达到上游水平；C 过程是抽象过程，D 过程是抽象之后的推广应用过程，这两个过程互相配合，如果学生通过这两个过程能够将知识活学活用，举一反三，用已知推测未知，创造性地解决新问题，具备了抽象能力和应用能力，就达到了出类拔萃的水平。

大部分学生每天都是在重复训练 A 过程。有些学生自己能够悟出一些道理，能够进入 B 过程的训练。但通过自我学习，达到 C 过程的，寥寥无几，如果真的有，通常被称为天才。

（二）知识的感知与记忆过程（A 过程）

我们最熟悉的过程莫过于对知识的感知和记忆过程。传统授课方式的主要目标之一就是将教师了解的知识以各种各样的方式传授给学生。此时，大脑作为接受信息流的器官接受大量知识的灌输，完成了 A 过程，即知识的感知与记忆过程。执行记忆功能的神经网络是 A 网络，经过长年累月的训练，学生的 A 网络变得非常发达，记忆的过程非常迅速。然而事情却并不像我们希望得那样顺利，因为和化学反应一样，所有的过程都有逆过程，记忆过程也不例外。记忆的逆过程就是遗忘过程，而且和化学反应的规律类似，正向过程和逆向过程的比例取决于反应物的浓度，当记忆的知识点数量不断增多的时候，遗忘也开始不断加速。

根据艾宾浩斯遗忘规律我们可以发现，当前教学过程中存在的大量刷题、复习、重复训练等行为的最重要的目的是避免遗忘，中国古代也强调“学而时习之”，这些方法都是应对遗忘很好的方法，我们不能否认，更不能抛弃，因为记忆永远都是学习的第一道门槛。没有知识的记忆，再强大的大脑也难以发挥巨大的作用，正所谓“巧妇难为无米之炊”，记忆的知识点正是我们能力培养的原材料。

然而，通过强行记忆保存下来的知识如果孤立存在的话，学生难以理解它们之间的本质联系，随着时间的流逝，这些知识早晚会被遗忘。仅仅依赖于复习，难以保障海量知识的记忆，因此必须经过 B 过程理解这些知识。

（三）知识的理解过程（B 过程）

知识的理解过程就是将相关的知识点建立联系的过程。

小贴士

最强大脑联想记忆法

图像联想法，就是有意识地培养自己的想象能力，让一切记忆的对象在我们大脑里显现出生动的图像，随即把这些图像犹如电影一般连接起来，成为有故事、有情节的桥段。

比如数字编码，就是以数字的外形、谐音等方式将知识转变成图像，《最强大脑》选手普遍采用的就是数字编码＋记忆宫殿的方法去进行项目挑战！掌握了这种方法之后，你也可以做到倒背如流、过目不忘。

当你看到数字时，你的脑海里能以快速反应的方式，将数字的编码图像想象出来，例如看到 00，脑海里形成了望远镜的图像，而不是望远镜的文字；看到 11，脑海里立刻形成了筷子的图像。如果看到 0011 时，就构建成一幅图像：用望远镜看到了一双筷子。这样的图像连接很夸张，但是很生动，让人印象深刻，记忆效果非常好，让人历久而不忘，甚至倒背如流。

联想记忆法就是将没有任何意义的数字或者符号与现实中已有深刻感受的直观事物相关联的方法，其本质就是将孤立的知识点进行关联，找到它们之间的各种联系。上面介绍的《最强大脑》选手的记忆方法只是最浅层次的联想记忆，仅仅是为了记忆，并没有实现对事物本质的关联，如果要对知识进行更深层次的记忆，必须完成知识的理解过程(B过程)。

知识的理解过程是通过B网络完成的，该网络也被称为"理性分析网络"，是将记忆库中孤立的知识点通过类比、对比、本质探究、外延探究、因果分析等各种不同的方法建立联系的过程。

(1)类比。类比是通过比较相似的两个知识点，发现其相似之处，将新知识点和已有的知识点进行绑定，从而形成快速记忆的方法。

例如英语的词根教学。英语单词一般由三部分组成：词根、前缀、后缀。词根决定了单词的意思，前缀改变单词的词义，后缀决定单词的词性。虽然英语单词数量庞大，但是常见的词根也就三百多个，常见的前缀、后缀各有一百多个。通过这些组合，我们很快就能够记住成千上万个英语单词，而且通过词根记住的英语单词很难忘记，这就是理解吸收的过程。

(2)对比。对比是将两个相反的知识点进行比较，发现两个知识点之间的不同点，从而实现快速记忆的方法。

例如历史课中，旧民主主义革命与新民主主义革命之间的对比，其核心在于是资产阶级领导还是无产阶级领导，指导思想是民主共和还是马克思主义。理解了这两点，就会对抗日战争时期为什么国民党反动派抗日的同时还要积极反共、解放战争时期为什么国民政府无法解决通货膨胀等这些问题有充分的理解。

(3)本质探究。本质探究是在学习新知识点时，深挖这个知识点的本质，并在这个过程中，不断理解知识点的方法。

例如学习物理时，牛顿第二定律的表达式为 $F=ma$，很多教师讲解这个公式时，首先要求大家记住，然后不断练习。虽然这个公式非常容易记忆，很多学生也没有想过这个公式还需要探究，但是他们对这个公式的本质却很难说清楚。比如，从这个公式表述来看，好像力来自质量和加速度。然而仔细分析一下，那万有引力为什么和加速度没有关系呢？原子核内的质子和中子之间的力又来自哪里呢？这几种力本质上到底是不是相同的呢？通过对这些本质问题的探究，虽然有的问题并没有得到解决，但是学生对知识点的理解却更加透彻，记忆也更加深刻。

(4)外延探究。外延探究是指在学习一个知识点时，将该知识点应用的领域不断拓展，从而更加深入地理解知识点，并将知识深入记忆的方法。例如数学课上学到导数的概念时，很多学生很快就能记住导数的公式，但是在应用时，却难以深刻把握。如果想尽可能理解导数和使用好导数，可以进行更多的外延探究。比如将数学中的导数和物理中的速度进行关联，速度是导数的应用，但是更加直观。进一步通过数形结合，将曲线和过山车相关联，将速度和坐过山车时的感受相结合，看到数学中的曲线，脑海中形成坐过山车的感受，很快就能够将知识点记住，而且能对此深刻理解。

(5)因果分析。因果分析是通过探究多个知识点之间的因果关系来理解记忆知识点的方法。例如生物课上的一个问题：蝉这种动物有一个漫长的幼虫期，会在地下生活很多年，然后在某个年份破土而出，经过一个夏天，产卵、死去。科学家观察发现，蝉在地下生存的年限是 7 或 11 或 13 或 17，全都是质数！难道蝉会数学吗？

现在我们分析一下：假设自然界中有两种蝉，一种蝉在地下生活 6 年就破土而出，另外一种蝉生活 7 年破土而出。再假设蝉有一种天敌，这种天敌出现的周期可能有很多种，有 2 年一现、3 年一现或者 5 年一现等。我们会发现，7 年破土的蝉因为 7 的因子只有 1 和 7，所以只会被 7 年一现或者 7 的倍数一现的天敌吃掉；而 6 年破土的知了，很容易碰上 2 年一现、3 年一现、6 年一现以及 2、3、6 的倍数一现的天敌，被吃光的可能性比 7 年破土而出的蝉就大得多。按照达尔文的物竞天择论，随着时间的推移，自然那种以质数为周期破土而出的蝉比那些不是以质数为周期破土而出的蝉要有生存优势，最终世界上就只剩下以质数为周期破土而出的蝉了！通过对因果分析的研究，我们对自然界物竞天择的思想有了深入的理解。

由以上几种分析方法可以看出，当我们对所学的知识点进行理解之后，可以对知识点之间的关联关系有更加深入的认知。这些知识点通过内在的逻辑关联在一起，形成若干个知识网络，每一个知识网络包含了若干个相互关联的知识点，需要记忆的由知识点变成了知识网络，数量大大减少。

熟悉了知识网络能够大幅度提升掌握的知识的质量，提升知识应用的水平。但是如果要完成知识的迁移，做到举一反三，则还需要经过 C 过程，即知识的抽象过程。

(四)知识的抽象过程(C 过程)

知识的抽象过程是将多个知识网络中的本质共同点抽象出来，忽略不同点，从而形成更加普适的知识模式，实现知识在不同学科、不同应用领域之内随时迁移。

数学新课标中明确写明的一个核心素养是"数学抽象"，很多学生大体理解数学抽象的思想，但是却没有真正理解数学抽象的含义。总的来说，抽象就是抛开差异性，提取一般性；抛开个体特征，提取共同特征。

例如数学中最基本的计数概念。比如左边有 5 只鸡，右边有 3 只鸭子，总共有多少只？这是一个简单的小学问题，但是里面蕴含着抽象的概念。鸡和鸭子是不同的物种，在菜市场上，5 只鸡和 3 只鸭子是不能直接相加的，但是如果去掉它们的不同点，而保留相同点，抽象成动物，这样就能够相加了。

抽象程度最高的是哲学，比如“世界是物质的，物质是运动的，运动是有规律的”。这里面的物质是抽象了自然界中所有的物体甚至包括经济、社会等各个方面，只要是客观存在的都是物质。这种抽象程度是将看上去千姿百态的个性化都抛开，看透事物的本质，是目前最抽象的概念之一。

然而，能够看透事物的本质，提取出不同个体之间的共同点并不容易。知识的抽象过程是由C网络完成的，C网络属于深度思考的神经网络，整个过程必须经过长时间的思考才能完成。可以说，没有深度思考就没有抽象能力，也就不能训练自己的抽象思维，深度思考是抽象能力的必要条件。

很多时候，学生往往被各种各样的任务推着往前走，很难有长时间思考的机会，更别说这种非常耗费脑力和体力的深度思考了，没有极强的自律性和上进心，是很难进入深度思考状态的。因此，需要采用一些手段帮助自己进入深度思考状态。首先，每天保留固定时间进行思考，并且形成习惯；其次，利用假期或者周末时间，安排长时间与外界隔离，中断所有通信，进行几个小时甚至几天的深度思考；最后，聚焦在最重要、最核心的问题上。

通过深度思考，知识网络演化为知识模式，知识模式数量更少，不需要刻意记忆就能够长时间记住。知识模式可以在多个应用领域内任意迁移，可以说是“举一反百”。

一旦形成了自己的知识模式库，这些知识模式就可以被应用在多个应用领域，进入D过程。

(五)知识的应用过程(D过程)

知识模式在不同的应用场合会展现出不同的形式，即使用统一知识模式指导各种应用实践。

知识的应用过程(D过程)既是知识抽象过程(C过程)的逆过程，也是C过程的后续过程。C过程是从具体到一般的过程，是归纳和抽象的过程；D过程是从一般到具体的过程，是演绎和迁移的过程。

要注意此处的知识应用过程与传统的做练习题有本质的区别。传统的做练习题是依赖知识的记忆来解题，并没有使用到知识模式的演绎过程。单纯的知识存储和知识提取并没有知识的理解和抽象过程，不能称为知识的应用过程。

知识的应用过程的核心能力是用简单的模式解决复杂的问题，用通用的模式解决差异性问题，用不变的模式解决变化的问题。简单来说，就是遇到任何类型的问题都可以通过自主分析来解决，而并非简单地寻找答案。

小贴士

数学中的化归问题

有人提出了这样一个问题:“假设在你面前有煤气灶、水龙头、水壶和火柴,你想烧开水应该怎么去做?”对此,某人回答说:“在壶中灌上水,点燃煤气,再把壶放到煤气灶上。”提问者肯定了这一回答,但是他又追问:“如果其他的条件都没有变化,只是水壶中已经有了足够多的水,那你应该怎么去做?”这时被提问者一定会大声而有把握地回答说:“点燃煤气,再把水壶放上去。”但是更为完善的回答应该是这样的:“只有物理学家才按照刚才所说的办法去做,数学家就会回答,只需把水壶中的水倒掉,问题就化归为前面所说的问题了。”

D过程是由D网络负责根据外部环境做出决策,然后直接指挥执行器官参与学习体验的过程。

三、基于能力培养的体验式学习

基于能力培养的学习体验不同于传统的知识点传授的课堂,这是一种体验式学习的方式,具体包括五个环节:构思、设计、实现、运行、讨论。

(1)构思是提出问题和分析问题的阶段。该阶段需要学生发挥自己的创新思维,发现问题和分析问题,找出问题出现的关键原因。

(2)设计是分析问题之后给出解决方案的阶段。该阶段重点考察学生解决问题的能力,即能不能利用自己已有的知识模式解决从未遇到过的新问题,并提出各种可行的解决方案。

(3)实现是将解决方案应用的阶段。该阶段重点考察学生的动手实践能力,也考察学生的心理素质,即是否有勇气面对困难。

(4)运行是评估实际执行效果的阶段。该阶段重点考察学生在真实环境中是否具有实事求是、因地制宜、灵活变通的能力,也考察学生团结协作和表达的能力。

(5)讨论是整个过程的总结阶段。该阶段重点考察学生分析总结、讨论交流、深度思考的能力。

学生在学习体验活动中,在构思、设计、实现、运行、讨论的全过程活动中,不断使用自己已经获得的知识模式解决各种问题,但同时也会不断遇到新的问题、新的知识、新的方法和过程。这些内容通过感知器官被学生感知,通过记忆神经网络保存到知识库中,通过实践过程不断被理解并构建成相互关联的知识网络。经过深度思考,将知识网络抽象成一般性的知识模式，再应用到实践中，从而形成完整的闭环操作。在这个过程中，如图 3-2 所示的虚线，实践活动会对所有的神经网络产生作用，但是这种作用很难被捕捉，往往稍纵即逝，很难定性和定量分析。

第二节　专家与新手

某个专业领域的专家与新手之间，主要体现为思维方式的不同，本质上就是能力的差异。通过分析专家和新手之间的知识体系和思维方式，可以对能力有更直观的理解。

一、什么是专家

专家就是在特定领域中具有专业知识的人，他们能够有效地思考该领域的问题，可以洞察思维和问题的本质。

专家获得了丰富的知识，这些知识不仅会影响他们在环境中如何组织、再现和理解信息，还会影响他们记忆、推理和解决问题的能力。

专家通常具有以下特质：

(1)专家能识别新手注意不到的信息模式与意义。

(2)专家对知识的组织方式反映出专家对学科的理解深度。

(3)专家的知识不能简化为一些孤立的事实或者命题，而是反映应用的情境，这些知识受到一系列环境因素的制约。

(4)专家能够很容易地从知识中提取重要内容。

(5)专家应对新情境的方法灵活多样。

比如一位象棋大师和一位象棋新手，象棋大师对日常事务的记忆可能不如新手，但是对棋局的记忆胜过新手。这是由于象棋大师脑中记忆的模式更多，专业知识更多，这些专业知识能够提升其对信息模式的敏感度。

再如电子领域，资深电子技术员只要观看几秒钟就能够再现大部分复杂的电路图。这并不是因为电子领域的这些专家的记忆力好，而是因为他们能够将这些零散的元器件组成的模块看成一个整体，这样只需要记住这个模块的名字或者核心功能，就可以直接复原电路图，而不需要记住其中的每一个元器件和彼此之间的连接。

在做数学题时，专家比新手更倾向于首先去理解题目，而非仅仅把数字代入公式中。在解决问题时，专家也是首先抽取题目的本质，然后建立模型，而且很容易判断题目的条件是否足够，题目是否有解，是否可以通过多种情况求解，分析之后才开始求解模型。

专家的知识体系是围绕重要观点或概念来组织的。相应的，在教学过程中课程也应该按照概念理解的方式组织。许多课程在设计时并没有围绕核心概念进行有意义的组织，往往在每一个主题中只讲述了一些表面性的事实知识，就匆忙地转入下一个主题，而没有时间形成重要的、相关联的知识群。

专家具备与其研究相关的巨大知识库，但是只有一部分知识与需要解决的具体问题相关。专家在寻找相关知识时，并不是把所有的知识都搜寻一遍（因为这样的搜寻效率很低，会超出记忆的负荷），而是能够熟练地提取与具体任务相关的知识。为了随时提取知识，我们必须将知识条件化，以便知道在何时、何地以及为什么运用这些知识。

在学习教材、观看课件、解答题目的时候，专家能够识别新手没有注意到的特征和模式，新手往往只能注意到表面的信息，因此在进行教学设计时，应该刻意锻炼学生从信息中提取模式的能力，也就是抽象能力。

二、专家与新手对知识的不同理解和运用

我们用物理专家和物理新手的思维方式的对比来更好地展示二者对知识组织的不同。物理专家首先想到的是能够用来解决问题的主要原理与定律及其使用依据。初学者极少用到物理学上的主要原理和定律，而是非常典型地描述他们所应用的公式和公式运用的方法。

下面看一道常见的物理试题，如图 3-3 所示。

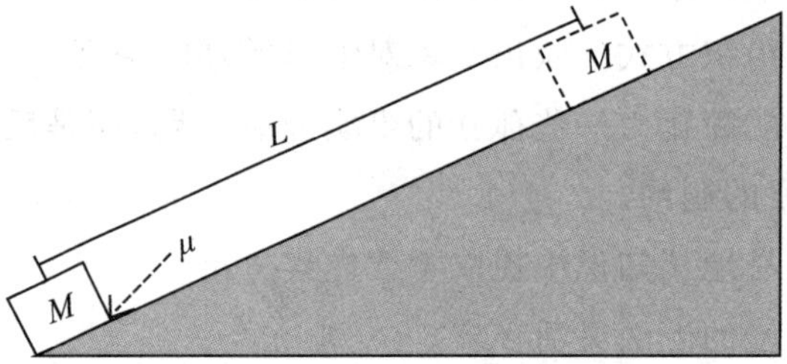

图 3-3　斜面上滑块的受力分析

图 3-3 中描述一个滑块在一个斜面上向下方滑动。专家通常围绕着物理学上的核心概念进行思考，比如本题中，专家首先想到的会是牛顿第二定律和能量守恒定律；新手解题时，会把物理问题的解决转换为回忆公式和代入公式的过程。专家解题时，往往先画出简明的定性图表，而不是着急代入公式。

物理专家在回忆公式的时候，一个核心的公式的回忆能够立即激活其他需要用到的一系列公式；新手会用大致相同的时间从记忆库中提取每一个公式。专家在加工和组织知识时，采用有意义的方式将相关的知识组成知识群，而这些知识群为基本概念和基本原理所主导。知识群越多、知识群之间的关联越多、提取信息的方法越多，说明越专业。

新手和专家解决这个问题的知识组织结构和思维过程是不同的，如图 3-4 和图 3-5 所示。

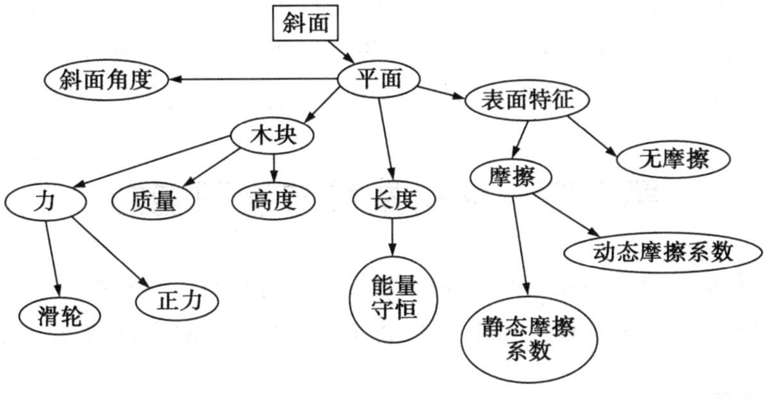

图 3-4　新手的知识体系主要涵盖斜面的表面特征

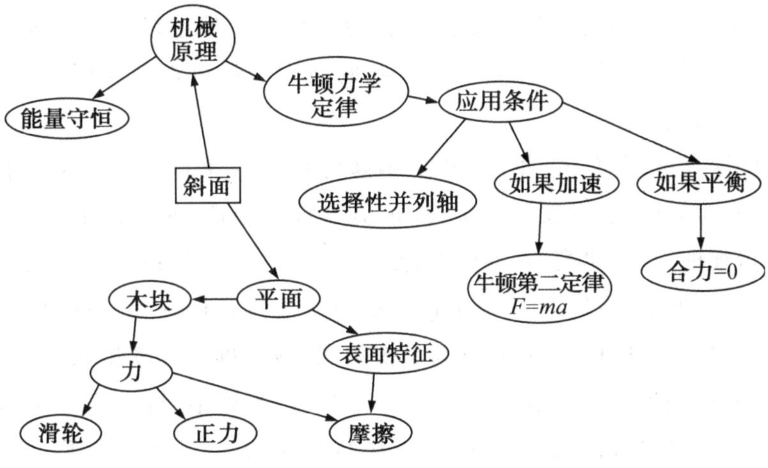

图 3-5　专家的知识体系把斜面与物理法则和应用条件联系起来

从图 3-4 和图 3-5 之间的对比，我们可以看出新手和专家在具体思维方式上存在本质的不同。主要包括以下三个方面：

(1)新手首先想到的是和题目表面有关的最直接的内容，比如从斜面想到平面，然后立刻想到摩擦力；专家首先想到的是基本原理，如牛顿第二定律和能量守恒定律。

(2)新手往往缺少条件思维，在记忆公式的时候，并不太在意公式使用的条件；专家却从基本公式出发，限定不同的条件，基本公式就立刻关联到相关的推导公式，而在专家的记忆中，基本公式和推导公式本质上是相同的，不同的仅仅是使用条件而已。

(3)新手组织知识主要是通过表面的关联，知识的组织松散；专家组织知识主要是通过本质的关联，知识的组织由核心向边缘的扩散，使用较少的核心概念就可以组织大量的知识点。

综上所述，专家的推理和解决问题能力取决于组织良好的知识网络，这些知识影响着他们所关注的事物和问题再现的方式。如果仅仅强调知识的广度，往往会妨碍知识的有效组织，好的教学就是要让学生能够了解和体验专家组织知识和解决问题的模式。

第三节　学科素养与学习能力

不包含学科的教育是不完整的，脱离了学科的教育也是不存在的。学习能力在不同的学科中会展现出不同的具体内容和特征，将这些特征汇总起来，就构成了学科素养。

一、学科素养

在中小学的基础教育中，所谓的“学科”指的是每一门课程，而大学中的“学科”指的是一个专业。无论是课程还是专业，学科素养的内涵都是相同的，都指的是学习这门课程或者学习这个专业所必须具有的核心能力，也是培养的核心目标。大学中的学科素养还没有形成统一的体系，我们就以目前最成熟的高中的学科素养为例，研究和体会学科素养和学习能力的关系。

《普通高中课程标准(2017 年版 2020 年修订)》对各学科核心素养的摘要如下：语文——语言建构与运用、思维发展与提升、审美鉴赏与创造、文化传承与理解；数学——数学抽象、逻辑推理、数学建模、直观想象、数学运算、数据分析；英语——语言能力、文化意识、思维品质、学习能力；物理——物理观念、科学思维、科学探究、科学态度与责任；化学——宏观辨识与微观探析、变化观念与平衡思想、证据推理与模型认知、科学探究与创新意识、科学态度与社会责任；生物——生命观念、科学思维、科学研究、社会责任；思想政治——政治认同、科学精神、法治意识、公共参与；历史——唯物史观、时空观念、史料实证、历史解释、家国情怀；地理——人的协调观、综合思维、区域认知、地理实践力；艺术——艺术感知、创意表达、审美情趣、文化理解；体育与健康——运动能力、健康行为、体育品德；信息技术——信息意识、计算思维、数字化学习与创新、信息社会责任。

从学科素养的具体内容我们可以看出，学科素养绝不是知识点的堆砌，而是能力和具体学科知识结合后呈现出来的综合表现形式。从二者的关系看，能力是抽象的，学科素养是具体的，然而对于具体的讲课内容来说，学科素养又变成了抽象的，这是一个不断递进的关系。

既然学科素的培养成为教学目标，也就意味着能力的培养是教学目标，这是摆脱应试教育的核心关键点。

二、如何基于学科素养设计教学

如何正确理解学科素养是设计和开展教学活动必须提前确定的方向和本质问题，而这直接影响育人目标的达成度和效率。

要站在育人的高度，结合课程性质和基本理念理解学科的核心素养。站在育人的高度即抓住了教育的本质（也是学习的本质），课程性质则围绕该课程要把学生培养成什么样的人、该课程侧重于培养学生的哪些方面、该课程的特点、学习该课程应采取什么样的策略、针对该课程实施教育和学习的目标和理念等考虑，如此，核心素养也就变得鲜活起来。

要立足探究学科学习意图的目的，把学科核心素养和课程目标作对照理解。学科核心素养即学科学习目标的高度凝练，学科学习目标即学科核心素养的分解和阐述。学习一个学科，学生必须明白应该掌握哪些知识、获得哪些能力、锤炼哪些品格、形成哪些核心价值观念等。把核心素养和课程目标统一起来，课程目标的方向性就得到明确，核心素养就变得可实现，落实课程目标的路径就显露出来，学习的过程性和方法性就得到很好的引领。例如，高中语文的第一项核心素养为“语言建构与运用”，可将其分解为“积累与整合”“语感与语理”“语境与交流”。教师的教学重点在于引领、帮助学生在丰富的语言实践中，通过主动的积累、梳理、整合，逐步掌握语言文字的特点及其运用规律，使学生逐步建立自己的言语经验，在具体的语言情境中正确有效地运用语言文字进行表达和交流。

要借助课程结构和内容将每一条核心素养具象化。课程目标是距离核心素养最近、结合课程内容对核心素养最直接的解读；课程结构和内容是对课程目标的具象化，是完成学习过程、实现课程目标的主要载体，也是教师和学生、学习和考试、理论和生活相关联的共同载体。从社会传承和学习成长的意义上来说，课程记录了人类以往生活生产所积累的经验，并且按照学生方便学习接受的逻辑有选择地编撰出来，按照经验的特点被划分成一系列课程，如数学、物理、语文等。例如，以高中语文的学科核心素养为纲，突出学生的语文实践主线，形成语文教材的编写结构——“阅读与鉴赏、表达与交流、梳理与探究”，进而依此设计学习任务（项目），引领学生实现自主学习、合作学习、探究学习的学习方式。

将核心素养作为确定教材某部分（分册、章、节）内容学习侧重点的理论依据，实现逐层教学目标分解、落实。在学生经历学习过程之前，教师要有意识地引导学生认识课程目标、章节目标、某知识点或实践点的目标。引导学生明晰某一部分要侧重于获得哪些成长，核心素养是主要的理论依据。例如，语文的核心素养是在学习语文的过程中逐步达成的，对语文学习过程的设计就是将核心素养分层、分级的过程，要对教材和一切其他学习材料授予具体的学习（侧重点）目标。以《语文》（必修一）第一单元为例，该单元有三项学习侧重——朗读的能力提升、诗歌意象和情感的分析体会、诗歌形式上的特征和惯用手法。

借助课标中的“学业质量内涵和质量标准”“实施建议”和教材中的分层练习题印证

对核心素养的理解，从核心素养“闭环应用”的角度，将素质教育和考查考试统一起来，进而正确理解和利用考试。例如，《普通高中语文课程标准(2017 年版 2020 年修订)》中如此描述学业质量和标准：学业质量是学生在完成本学科课程学习后的学业成就表现。学业质量标准是以本学科核心素养及其表现水平为主要维度，结合课程内容，对学生学业成就表现的总体刻画。依据不同水平学业成就表现的关键特征，学业质量标准明确将学业质量划分为不同水平，并描述了不同水平学习结果的具体表现。《普通高中化学课程标准(2017 年版 2020 年修订)》中表述了“命题框架”，即核心素养、学科内容与考试的关系，同样说明了以核心素养为目标的素质教育和考试考查的关系，如图 3-6 所示。

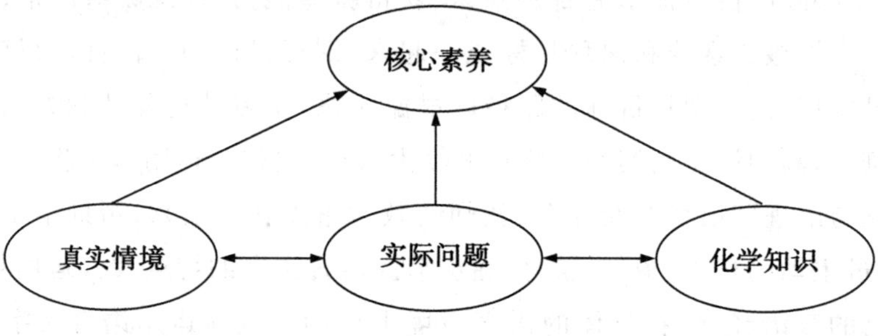

图 3-6　核心素养与真实情境、实际问题、化学知识间的关系

总之，正确理解核心素养是正确设计、执行教和学的理论前提，是在教和学的过程中合理利用多种资源实现高效成长的意识性、方向性保障，是探寻执行主动学习、理性学习、探究学习的有效路径。

本章思考题

1.知识能解决什么问题？能力能解决什么问题？如何认识知识和能力的辩证关系？

2.锁定某一门课程，尝试分析自己大脑中的知识网络，看是否能够提炼出概念的网络框架图。

3.分析一下自己学习的过程，根据学习能力的等级，评估一下自己目前学习能力的等级。

4.找一本学过的教材，反复研究，找出教材中最核心的三个概念，然后看一下有多少概念和公式是从这三个概念中延伸和推导出来的。最后统计一下，这三个概念能够覆盖的知识点数量占全书知识点数量的比例。

5.找一本学过的教材，分析这本教材中哪些概念是其特有的概念。这些概念有何特殊之处？

第四章　学习能力的培养

知识是显性的，而能力是隐性的；知识是具体的，而能力是抽象的；知识是静态的，而能力是动态的；知识是标准的，而能力是多样的。

将知识传授给学生时，知识从教师流向学生；而培养学生的能力，是激发学生从内向外的表现力。知识的传授简单，但是从长远来看，效率很低；能力的培养困难，但是从长远来看，效率很高。

总的来说，知识的传授容易，但容易标准化，对教师的水平要求并不高，这也是传统教育普遍采用的方式；能力的培养困难，不容易标准化，对教师的水平要求较高。

第一节　能力培养的特点

能力的培养并不是排斥知识的学习，而是二者均衡发展。我们要充分体会能力培养与单纯的知识培养的区别，能够区分什么是真正的能力培养，什么是虚假的能力培养。

一、能力培养的特点

能力的培养本身是一个非常复杂的过程，涉及多个方面。在这个过程中，每一个学生都是独立的个体，大脑中的知识结构和神经网络结构都不相同，难以采用统一的标准和过程进行培养，体现出综合素质培养与传统的知识点传授教学的不同特点。

（一）培养的长期性

知识是容易在短期内记忆的，现在社会上很多人将记忆等同于智力，混淆概念，开展记忆力提升的培训，却不知道虽然单纯的记忆在短期内是有效的，但从长期来看，过量记忆不仅会损伤学生的记忆能力，还会导致学生厌学。有的记忆训练只开发了大脑中的小部分浅层功能，而忽视甚至掩盖了深层思考的功能。因此，系统的能力培养才是长久之计。能力的培养必须长期坚持，原因包括以下两个方面：

(1)能力培养必须保证足够的知识量。从图 3-2 的训练过程中我们可以看出，依靠记忆能够保留下来的孤立的知识点如果不能及时转换成相互关联的知识网络，很快就会被遗忘。而大量知识点关联在一起才能够形成知识网络，才能够形成稳定的知识记忆。同时，这些孤立的知识点并不是同时被记住的，而是通过积累不断进入大脑中的。在对知识进行理解之前，必须保证有足够的知识点作为“原料”，因此，知识点的学习是能力提升的必要基础。单纯反对知识点的传授和灌输也是片面的，因为这些知识点进入大脑最有效的方法就是传授和灌输。我们只是反对单纯地进行知识的传授和灌输，而不对其进行理解和抽象。

几十个知识点关联形成一个知识网络，几十个知识网络抽象形成一个知识模式。如果形成一个通用的知识模式，可能需要上千个知识点的积累，而积累这些知识点一定是一个长期的过程，不可能速成。

(2)神经网络的构建是需要通过不断训练进行强化和固化的。从图 3-2 中可以看出，无论是对知识的记忆，还是对知识的理解和抽象，完成功能的主体都是大脑中的神经网络。神经网络需要不断地训练才能够构建出来。但是大脑除了学习，还有很多其他的事情要处理，哪一方面用到的多，哪一方面的神经网络就发达。学生每天的实际有效学习时间是有限的，因此，用于学习的神经网络每天得到训练的时间并不是一整天，可能只有几个小时。

用于学习的神经网络可分为四个部分：记忆、理解、抽象、应用。平时的课堂学习主要是在训练记忆部分的神经网络，这一部分神经网络相对来说比较发达，但是其他三部分的神经网络就相对较弱，因为很多学生根本没有对这三部分神经网络进行过任何有针对性的训练。有个别学生出于自发或者良好的家庭教育可以主动进行思考，但是大部分学生并不清楚学习的复杂过程，最典型的一种表现就是“寻找答案”。因为记忆的特点就是知识点的存取过程，经过无数次的记忆训练，很多学生习惯了从自己的知识库中寻找答案，一旦找不到现成的答案，就会一筹莫展，直接说“我不会”。

除了训练记忆部分的神经网络，通过实践性学习可以训练理解部分的神经网络，但是实践性学习的机会要比记忆学习的机会少很多，负责抽象的神经网络需要长时间的深度思考，现在的学生在这方面的时间很稀缺，即使时间充足，也要经过长期训练才能够产生效果。

通过以上分析可以看出，学习所需的大量知识不可能一蹴而就，神经网络的构建也需要大量的训练。因此，能力的培养一定是一个长期的过程。

(二)学生的主体性

学生是能力培养的主体。从图 3-2 中可以看出，学习的整个过程需要经过记忆、理解、抽象、应用四个步骤，但与外部环境直接相关联的主要是记忆和应用两个部分，教师主要通过传授知识点训练学生的记忆，通过作业和考试评估学生的知识应用。

作为能力培养的最重要的目标是提升大脑思考的层次，即提升理解和抽象的能力。而对于这两种能力，教师都很难直接触及，如果脱离了学生的主动思考，单纯依赖教师的教学传授，无法对学生的能力进行培养。

即使是知识的传授和评估过程，教师往往也只是通过外在的表现进行，尤其是一个教师面对很多学生的时候，很难对学生的思考方式和思考效率进行评估。

因此，如果脱离了学生的主体性，不以此为基础设计教学，就很难期望所有的学生都能够进入理解知识的状态。

（三）知识本身的复杂性与关联性

多个知识点之间是关联的，多个学科之间的联系和差异会增强学生对知识的理解，而且学生了解的知识点越多，知识点之间的联系也就越多，就越容易形成知识网络。

例如诗歌本来是语文课程中的一个主题单元，但是诗歌涉及很多学科：涉及历史，因为诗歌的内容反映了当时的历史背景；涉及政治，诗歌的内容体现了诗人的政治倾向；涉及音乐，诗歌本来就是为歌唱准备的。若诗歌这个主题只在语文学科里面学习，那么教师会让学生有感情地朗读、背诵，解释词和句子的意思，理解中心思想等。这种学习只能使学生了解诗歌的表层意思，对于每一句为什么要这么写，针对什么人、什么事，并不能完全了解。

比如毛泽东的诗词，很多都脍炙人口，很多学生都能背诵，但是如果将诗词和中国近现代革命史相互关联，就能够达到事半功倍的理解效果。每一首诗词都有一定的历史背景，包括历史事件、历史人物等；同时诗词里面还表达了毛泽东的政治思想和军事理论，深入研究又能够和毛泽东思想的学习结合在一起。这么多的知识点融合在诗歌中，学习起来就会更容易形成关联性，更容易理解吸收，形成学生自己的知识网络。

因此，能力的培养一定不要将知识点完全局限在某一学科，而要尽可能跨学科理解和应用，这样才能够更加深入地理解。比如热力学第二定律：热量不能自发地从低温物体转移到高温物体（在自然状态下）。很多学生觉得这只是个定律，记住就可以了，考试的时候无非就是做个判断题。其实热力学第二定律是一种群体的统计理论，如果迁移到人群中，你会发现热力学第二定律也非常适用。那么，热力学第二定律推导出来的公式是不是也适合于人群或者蚁群或者其他任何的群呢？了解了之后你会发现，一个人不被外界管理，在自然状态下，总是向着懒散的方向发展；一个社会不被管理，在自然状态下，总是向着混乱的方向发展；凡此种种，不一而足。

一旦你将知识点扩展到多个学科、多个领域，这些知识点更容易活起来，更容易形成知识网络，也就更容易被理解吸收。

（四）个体的差异性

每一个学生的知识背景和神经网络结构都不相同，在学习新知识的时候，知识建构的过程也不相同。

很多教师通过学生的外在表现很难判断个体的内在差异性。比如有的学生很活跃，上课的时候表现得非常积极，但很多时候没有往脑子里输入知识；有的学生上课没有任何反应，但是学会了很多知识。因此，教师在教学过程中通常很难掌握个性化的差异。

但是个体的差异性是客观存在的，有的学生知识记忆神经网络比较发达，很容易就记住了教师讲的知识；有的学生很容易忘记知识点，但是知识理解神经网络比较发达，理解力很强；有的学生善于思考，能够看透问题的本质，知识抽象神经网络比较发达；有的学生动手能力很强，知识应用神经网络比较发达。这种差异性在统一的知识传授过程中表现得并不明显，因此通过传统课堂也很难发现这种差异性。体现差异性最好的学习方式就是研究性学习，在后面的章节中，我们会详细介绍。

除了神经网络方面的差异，每个人的知识背景差异也很大。对知识点的考核比较容易，但是对深层的知识就比较难考察。比如知识模式，很多学生已经在潜移默化地使用自己的知识模式，但是自己并没有意识到，或者说并不是主动地使用知识模式去解决问题。同时，这种深层知识应用往往也伴随着知识点的浅层应用，教师根据课堂作业和考试结果是很难做出判断和评估的。

因此，教师对个性化要有正确的认知。每个学生的知识背景不尽相同，神经网络结构和层次不尽相同，如果要有针对性地进行培养，就必须对每个学生的现有基础做出比较准确的评估。这就要求学生尽可能多地展示过程，要在尽可能复杂的环境中进行全方位展示，从而使教师发现学生各方面能力的特点。

（五）过程的完整性

从图 3-2 中可以看出，能力培养过程分为多个步骤，而且每一个步骤都是不可或缺的，最后会形成一个闭环。当学生能够从头到尾地完成整个过程时，他的能力就会得到提升；反之，如果学生总是停留在某一个节点上，无法继续推进，那么他的能力培养就难以实现。要想完成能力培养，就必须完成整个闭环，形成自主学习习惯。

例如，“填鸭式”教学只强调知识点的记忆和训练，学生负责记忆的神经网络非常发达，然而这么多知识点都是孤立的。为了防止忘记这些知识点，学生会不断地复习。时间长了，负责知识理解的神经网络并没有被培养出来，形成的知识网络也非常少，即使考试的时候依靠知识点的记忆仍然得了不太差的分数，但是一旦遇到难题，依靠知识点无法解决时，就会手足无措。

很多大学生甚至研究生也存在同样的问题，除知识点的记忆外，完全不知道如何理解这些知识，很多学科考查时又将重点放在知识点的记忆上，导致很多学生认为自己学得还不错。但是工作之后，很多人才发现自己学的知识很多都用不上，需要用的技能一种也不会，这就是典型的没有理解知识的后果。

因此，综合能力的培养过程一定要完成闭环，重视每一个环节。尽管刚开始效果并不明显，很多学生非常不适应，但是一旦坚持下来，完成几个循环之后，学生就会爱上这种学习方式，再也不会觉得学习是一件枯燥的事情了，对自己的认知逐渐理性起来，信心也逐渐被建立了起来。

二、知识与能力的交替式发展

在现在的教育中，很多人认为知识越学越多，但是忘得也越来越快。而且不间断的知识记忆和练习，往往并没有达到理想的效果，不仅学生和家长犯愁，教师也不知道怎么教更好。其中最大的问题就是没有做好知识传授和能力提升两个维度的均衡发展。

从前文介绍的能力和知识两个维度的形式来看，大部分人一直坚持在知识维度上不断地练习，教与学的方式是知识性的。在学习知识的过程中，能力当然也会得到逐步提升，但是能力的提升往往是线性的、缓慢的。而如果想大幅度提升能力，一定要把知识通过深度的思考进行重构。此时的知识并不是体现在量上的增加，而是体现在结构上的巨大变化。知识与能力交替式均衡发展的过程如图 4-1 所示。

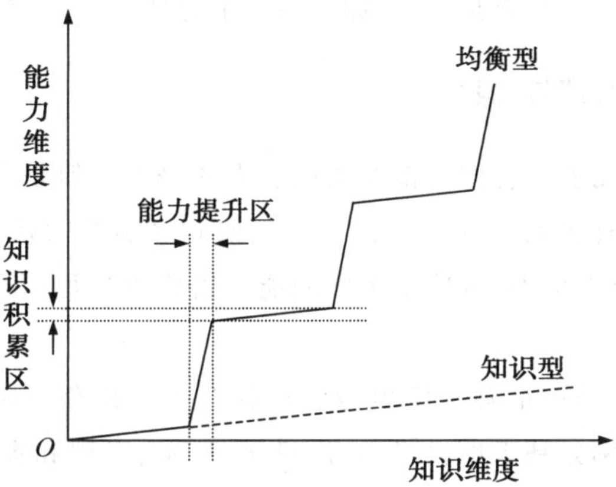

图 4-1　知识与能力的交替式均衡发展

因此，我们提出来一个均衡型的能力培养方式，就是当知识积累一段时间之后，我们要静下心来，花足够多的时间来进行知识的组织、关联、抽象，形成各种模式。这种能力培养方式的特点是知识积累和能力提升交替进行，从而实现知识和能力的均衡发展。知识积累区是以知识的积累为主要目的。当我们学习一个新的内容或者新的主题时，往往要尽可能快地把相关的知识学会。在这个过程中，我们学的知识并不一定完整，也并不一定能够关联起来形成知识群。而当我们学到一定程度的时候，通常是一个单元的新知识积聚到一定程度的时候，我们就要静下心来，进入能力提升区。能力的提升就是以知识的重构为主要目的。我们通过深度的思考过程将学到的很多知识点构建成一些有意义的知识群。每一个知识群中包含了很多相关联的知识点，我们要反复地思考：新学到的这个知识群和以往的知识群有什么关联？是不是和以往的某一个知识群中的模式有相似之处？是否存在一些共性？哪些地方是有区别的？这些知识满足的条件是什么？它们可以用在哪些地方？等等。经过深度思考后，在我们的大脑中便逐渐构建了知识网络，而不再是一个个孤立的知识点。

知识积累区的特点是学习过程可以切分得比较零碎，我们可以利用各种零碎的时间片段来学习各种各样的知识，并且通过反复的练习来增强记忆。当我们的能力达到较高水平时，可以大幅度提升知识积累的速度，而且在此阶段，我们应该采用“奔跑”的方式尽快地学习知识。这是平时课堂中最常用到的方式，也是学生非常适应的一种学习方式，但是在学习速度上往往不够快。

能力提升区的特点是必须有大段的、整块的时间进行思考，而且要思考得足够深，思考的过程不能被经常打断，也不能被负面情绪干扰。比如，在思考的过程中我们需要克服内心的畏难情绪，甚至焦虑情绪，要以一种平和、积极的心态来完成这个过程，不能急于求成。通常情况下，我们一次思考或者讨论的过程往往要持续两个小时以上。如果时间太短，我们可能还没有探索到问题的本质时间就已经到了，这样往往达不到很好的效果。因此，能力提升区的核心就是思考，如果没有了思考，几乎不会得到任何的提升。

三、能力培养中的“真”与“假”

现在的教育领域，几乎所有的人都在谈论能力的培养。但是在这么多种形式的能力培养中，其实很多都是有名无实的。那么在面对如此多的能力培养形式时，我们该如何来区分哪些是真正的能力培养，哪些是虚假的能力培养呢？我们可以从以下两个方面来判断。

(1)从形式上来讲，是不是有深度思考的过程。当前教育领域涌现出诸多以能力培养为导向的教学模式，例如基于项目式学习，科学、技术、工程和数学(STEM)教育，编程思维，学科思维培养，创造力培养，小组学习，翻转课堂等。这些教学形式都号称要培养学生的思维和能力，例如数学思维、科学思维、编程思维等，但其中很多都是将所谓的“技能学习”等价为“能力培养”，这是典型的“假冒伪劣”。

当然能力的培养并不是否认技能学习的存在，技能学习的本质仍然是知识的传授和练习，在能力培养过程中一定要有知识性的传授，但是二者必须是均衡的，而不是只有知识的传授和技能的学习。例如学习编程，如果仅仅学会了编程语言，练习了几个小的例子，并且也按照实验要求完成了几个实验，在这个过程中，学生并没有深度思考的过程，也没有围绕核心概念组织自己的知识体系，一旦需要学生自己去设计一个新的程序时，他们往往是无能为力的。那么这个学习过程就是一个虚假的能力培养的过程。

真正的能力培养过程并不局限于某一种形式，而是要看在这种学习的过程中，是不是真的有深度思考的过程。举一个更好理解的例子，比如在劳动学习中，有一个学生在学习完木工的各种加工知识之后，通过查阅资料，自己设计创作出来一些新型的家具，然后克服各种困难去努力优化产品结构。在这个学习过程中，这个学生会遇到很多问题，只有通过深度思考，将前面学习过的知识深入理解之后，才能够解决这些问题，这个过程我们就认为是能力培养的过程。

(2)从内容上来讲,是否存在知识的重构和模式的提取。深度思考的目的就是知识的重构和模式的提取。如果学生只学会了一些知识,但是并没有把这些知识以思考的方式在大脑中构建成知识网络,那么他就没有达到知识重构的目的,也就不存在能力的提升。

如果光看形式上是否取得了实际的结果,比如完成了一张试卷、一个作品或者设计了一个创意、一个方案等,从结果上很难确认在这个过程中学生有没有真正获得能力的提升,因此我们还要从过程上去把握。这就需要教师去跟踪学生的思维过程,去判断学生有没有对核心的概念进行更深入的理解,有没有将这些知识凝练在一起,有没有提炼出来这个专业需要的核心概念和模式。

能力的培养是隐性的,通过一张试卷或者几个问题也不能轻易判断是否存在能力的培养过程。这个过程虽然是客观存在的,但是需要教师通过专业的手段和充分的沟通才能够做出准确的判断。这就要求教师达到一定的专业水平才能够进行能力的评估。

第二节 能力的外在表现与评估

能力是隐性的,那么对能力的观察就非常困难,只能通过学生的外在表现来洞察其内在的能力水平。这并不像平时的考试和测验一样,通过对错就能够简单地判断出结果。能力的高低虽然客观存在,但是目前并没有很好的方案可以简单地评估出能力的等级,一般要通过专家或教师对学生的各种外在表现来进行评判。下面我们就来看看如何通过外在表现来评估能力的层次,并检验学生大脑中知识的组织是否完整,学生对知识的消化、吸收情况如何,知识构建的程度如何,有没有抽象出合理的模式和意义。

一、专家的洞察力

如果学生能够讲授、使用、证明、联想、解释、辨析所学内容,并领会其言外之意,那么可以认为他们至少达到了对知识的理解层次。这种表现性评估应该成为必需品,而不是奢侈品。虽然学生通过小测验和简答题已经证明他们获得了相关知识,但他们还必须能够有效地运用知识,这样我们才能相信他们真正理解了所获得的知识。

作为学生学习能力的评估者,教师应该具有专家般的洞察力,应该能够通过学生的外在表现去洞察学生大脑中知识的组织情况。这就需要教师既要具备较高的专业水平,又要不断地练习才能够使评估尽可能接近真相。因此,教师的专业水平一定要比学生的水平高得多,同时还要不断地学习,提升自己的评估能力。

能力尽管看不见、摸不着,但仍然是有迹可循的。为了能够更方便地对学生的表现进行评估,我们将其拆分成六种不同的形式。

(1)能解释。通过归纳或推理,系统合理地解释现象、事实和数据;洞察事物间的联系并提供例证。

(2)能阐明。叙述有深度的故事;能合理地转述;从客观角度或个人角度揭示观点和事件的含义;通过图片、隐喻、类比和模型等方式对事物的本质进行精准的表达。

(3)能应用。在各种不同的真实情境中有效地使用知识,并在适当的时候调整学到的知识。

(4)能洞察。能批判性地看待、聆听观点;能够从全局看问题。

(5)能体悟。能从古怪的、奇特的或难以置信的事物中发现价值;在先前直接经验的基础上进行敏锐的个人感知。

(6)能自知。显示元认知意识:察觉诸如个人风格、偏见、心理投射和思维习惯等促成或阻碍理解的因素;能意识到自己不理解的内容;反思学习和经验的意义。

这六种表现形式充分体现了知识迁移的能力,我们将这些有关联的表现形式作为指标来评估能力。这几个指标表现形式不同,但都同时指向能力这个目标物。对某一个公式,学生可能知道如何解释但不会应用,可能会批判性地看待事物但缺乏体悟能力。从评估的角度来看,这六种表现形式为能力评估提供了多元化的指标,能够引导评估的选择和设计,但彼此之间并无先后顺序,理想情况下能力培养要求这六个方面应该全面发展。

小贴士

福尔摩斯的洞察力

福尔摩斯与华生初见时,

“……我俩刚见面时,我对您说您从阿富汗回来,您好像显得很惊讶。”

“当然,是有人告诉您的。”

“没这回事。我是凭推理,知道您是从阿富汗回来的。出于长期的习惯,我脑子里的念头来得飞一样快,往往还没来得及等我意识到中间有哪些步骤,结论就已经出来了。不过,这些步骤还是存在的。推理过程是这样的:‘这位先生看上去像个医生,但又有几分军人气质。那就显然是个军医了。他刚从热带地区回来,因为他脸色黧黑,而这又不是他的天然肤色,因为他的腕部很白。他吃过苦,生过病,这从他憔悴的脸色可以看得很清楚。他的左臂受过伤。他这条胳臂的动作有些僵硬,不是很自然。一个英国军医,在哪个热带地区会历尽磨难,手臂受伤呢?显然是在阿富汗。’整个思考过程,总共不到一秒钟。我然后就说,您从阿富汗回来,您当时很惊讶。”

二、解释

解释，即恰如其分地运用理论和图示，有见地地、合理地说明事件、行为和观点。

解释用来揭示事物的内涵，说明那些令人困惑的、孤立的或含糊的现象、数据、情感或者观点的含义。比如事物是如何运作的，它们反映了什么，它们在什么地方相互联系，它们为什么会发生。

解释不仅仅是了解事实本身，还包括运用具体的证据和逻辑来推断事实发生的原因和过程。例如：

(1)我们可能知道如何给吉他装弦，知道如何用吉他准确弹奏一首歌曲，但我们并不理解谐波原理和其中蕴含的物理学知识。

(2)我们可能知道不同的物体以均匀加速度落地，但是不知道为什么会这样，为什么所有物体的加速度没有差别。

从这种意义上讲，解释就是将事实和观点相联系，从而形成一种能有效解释问题的阐述。

如果一个中学生能够解释为什么水蒸气、水和冰从表面上看似不同，实际上却相同，那么他对化学式 H_2O 的理解比那些不能解释原因的学生要好。如果一个大学生能够解释鞋子价格波动与市场运行的关系，那么他对成本的理解要比那些不能解释原因的学生更深刻。当学生能够将抽象的知识转化为合理的解释，并提供有用的框架、逻辑和证据支持自己的观点时，他们就揭示了对事物的理解。这些事物或许是一次经历，或许是教师讲的一堂课、一个概念，又或者是他们自身的表现。

在进行评估时，必须让学生面对新的事实、现象或者问题，观察他们是否能够独立将信息归入正确的类别，并且解释明显的悖论和反例。

能力强的学生能够理解当前工作中不易察觉的例子、含义和假设；没能达到这种理解的学生解释时通常没有大错，然而答案往往不完整或是过于简单。例如，“天气取决于风”“所有的三角形都是相同的”“不吃糖可以减肥”等。以上说法固然没有错，然而确切地说，这些说法内容都过少或者过于简单。

三、阐明

阐明，即演绎、解说和转述，将事物中的意义和价值展示出来。

阐明旨在说明这意味着什么，为什么会发生这样的事情，它暗含了什么意思，它在人类经验中的启示是什么，它和“我”有什么联系，对“我”有什么意义。

例如：

(1)祖父给我们讲粮食危机时的故事，以说明未雨绸缪的重要性。

(2)一个大一新生说明了为什么《格列佛游记》不只是一个童话，还讽刺了英国知识分子的生活。

阐明的对象是意义，而不仅仅是合理的解释。阐明是通过强有力的故事传递自己的见解，而非抽象的理论说明。当一个人能有趣地阐明一些意义重大的见解时，说明他达到了理解的程度。一个好的故事既能吸引人，又可以给人启示，它有助于人们记忆和沟通。一个逻辑清晰、引人入胜的故事可以帮助我们理解先前看似抽象的事情的意义所在。故事不是用来消遣的，好的故事可以让我们对生活拥有更多的理解和关注。

正如布鲁纳所提到的，有趣的阐明总是充满争议、多种多样的。在阐明时，学生在文本和自己的经验之间不断对接，以便找到合理但不同的内容。阐明不同于科学解释，它不仅是可接受的，更有可能对同一“文本”(课文、事件、经验)产生不同的理解。事实上，每个人的诠释都要受到各自社会、文化和历史背景的影响。

解释和阐明相互联系又有所不同。理论解释是普遍适用的，而阐明要依托具体情境。由于阐明者思考问题的角度不同，同一个事实就会存在多种意义。一种理论要起作用，它必须是正确的；一个故事只需要具有真实性，能够提供启发就可以了。

当我们希望学生有自己的见解时，如果直接向学生讲述预先准备好的、标准化的“解释”或“意义”，而不让他们自己来理解并阐述相关意义，对于能力提升来说，那将是徒劳无益的。以说教的方式阐明事实的意义将误导学生，使他们认识不到任何事物本质上都具有可讨论的多种意义。

由于许多主题、数据和经历本身具有不确定性，因此就需要设计一些活动和评估来让学生阐明这种不确定性，培养学生阐明的能力，这与典型的有“正确答案”的测试完全不同。为了让学生像成年人一样自主思考，应教会学生如何从内部构建对学科的理解。比如，阅读不同的采访记录，然后完成一份口述历史；从大量数据中得出数学结论；通过仔细阅读某个作品，创建一份用于同行评审的艺术评论；等等。总之，学生如果想要在知识中发现意义，就必须掌握知识创建和提炼过程的一手信息，而不是直接拿到答案。

四、应用

应用，即在新的、不同的、现实的情境中有效地使用已学知识。

> 一个人能够将概念、原理或技能应用于解决新的问题和情境中，这说明他充分地掌握了这些内容。这种标准判定了一个人具有多少能力才算够用，以及在何种情况下，人们可能需要新技能或新知识。
>
> ——霍华德·加德纳《未经教育的头脑》(1991)

“纸上得来终觉浅，绝知此事要躬行。”应用就是指如何使用知识、技巧或过程，又在哪些地方使用它们，以及应该如何调整思维与行动来满足特殊情况的需要。例如：

(1)一对年轻人利用他们的经济学知识(如复合利息指数、信用卡的高成本)制订了一个有效的投资理财计划。

(2)七年级的学生利用他们的统计学知识为小卖部准确预算了下一年度的运营成本与需求。

(3)反面案例:灯泡坏了,物理学教授找不出原因,也不会修理。

应用要求我们将自己的想法、知识和行动同具体情境相匹配。这对教学和评估有很明确的启示作用。我们设计题目,让学生通过应用、改编或定制来展示其对某个事物的理解。当面对不同的约束条件、社会背景、目标意图和受众群体时,如果我们理解了所学的知识,就会表现为知道怎么做,能够在压力下从容机智地完成任务。人们经常期望成熟的工作者具有综合的能力,学生越早有机会提升综合能力,也越有助于他们在更广阔的社会中生存。

教师为学生设计的问题应该尽可能地接近学者、艺术家、工程师或其他专业人员将要面对的真实的问题情境。要检验学生对知识的应用能力,不是让学生复述所学内容,也不是简单地看其实践行为。确切地说,要看其是否能够将相应的概念或原理应用到新的问题情境之中。提出新问题、进行开放式对话或者细致观察,都是非常好的检验方式。

五、洞察

洞察,即批判性地、富有洞见地发表观点。

> 教育的益处就在于它给予人们透过表象看本质的能力……我们知道声音和感觉是有区别的,所强调的和有特色的并不相同,显而易见的不等同于重要的。
>
> ——约翰·杜威《约翰·杜威的智慧》

洞察有别于观察,是观察之后将信息内化为自身理解并形成观点的行为,这在前面福尔摩斯的案例中有很好的体现。洞察通常会提出这样的问题:这是谁的观点?该观点的优势是什么?观点成立的条件是什么?哪些条件是正当的、有保障的?证据充分合理吗?该观点的劣势是什么?它的局限是什么?对于它的局限,我们该如何改进?

这些问题都不是对事情本身的解释,而是通过自身的观察和思考,给出自己对事件本质的认知和结论。例如:

(1)一个10岁的女孩意识到,电视广告中利用大众明星做促销,可能会误导消费者。

(2)一个学生能够解释在俄乌战争中,为什么有的人赞成和谈,而有些人则反对。

(3)反面案例:一个聪明的学生拒绝考虑用另一种方式为同一种现象进行数学建模,她只"知道"一种方法,即教师教的方法。

洞察就是将隐性的假设和含义外显化。它往往通过问"它究竟是什么?"来揭示事物的本质,参考答案仅仅是其中的一种观点而已。这体现了一种极具力度的深刻见识,因为通过转换视角重新审视熟悉的问题,人们能够创建新的理论。

从批判性思考的角度看，具有洞察力的学生有能力揭示各种似是而非的、未经检验的假设或结论。当学生具备洞察力时，他们就会站在一定的距离之外，批判地审视那些早已习惯的或本能的信念、感觉、理论和诉求；而不具备洞察力的学生，则会认为书本上的知识都是正确的、权威的，我们只需要接受就可以了，从来没有考虑过为什么。

每个人都能从新闻报道中察觉到各种观点和立场，那么为什么在面对教材时就做不到呢？古代的思想家如孔子、老子、韩非子等人到底想表达什么？他们的理论是基于什么样的假设？又有什么样的盲点？为了简化这些理论或满足教学的需求，教材在多大程度上扭曲了他们的观点？

对于重要的观念，教学应使学生有机会涉猎各种相关的理论与观点，通过课程和教学材料的设计，尽可能展示出专家在同一观点上的不同见解，从而培养学生养成批判、洞见的能力。

六、体悟

体悟，即感受到别人的情感和世界观的能力。

“为什么这么简单的东西竟然学不会?”“你能不能别老想着玩?”教师的这些挂在嘴边的话也是学生耳熟能详的，尽管许多时候学生并没有负面的反应，但是教师如果能够真正地感受到学习困难的学生的那种压力、无助、焦虑，也许就不会将这些话说出口了。

体悟不同于以批判的眼光看待事物，不是为了更客观地看待事物而将自己脱离情境，而是以当事人的立场看待事物的发展，将自己带入当事人的处境，通过自身参与而得出见解。与洞察这种冷酷的、以旁观者的角度解析事物的方式相比，体悟这种换位思考的方式更让人感到温暖。

人与人之间的交流并不仅仅是智力上的互动，更有心灵上的沟通。体悟要求我们尊重与自己不同的人，这种尊重使我们思想开明，在与他人的观点不同时，能慎重考虑他人的观点。教师在教学过程中应当有意识地使学生接触一些与众不同的文章、经历或观点，从而考察他们是否能够超越自身的偏见，培养学生体悟的能力。

七、自知

自知，即知道自己的思维模式与行为方式是如何促进或妨碍认知的。

准确的自我评估、自我调节是一个人能力的体现。不成熟的思维不仅表现为无知无能，还表现为不知反思。

我们的智力盲区使我们比较容易受合理化作用的影响：不停地为自己所相信的东西提供经验支持，不断地把模棱两可的观点变成客观性的真理。我们很容易持续地验证那些我们喜欢的、但未经仔细推敲的模式、理论、观点和看法。

“非此即彼”是这种习惯思维的常见例子，在教育中这种思维随处可见，教师和学生常以二分法方式来思考，却不知道这种方法的狭隘：他是一个“学霸”，而他是一个“学渣”；教师喜欢我，讨厌你；数学不适合女孩；物理非常难；这是事实，那是错误的；等等。二分法导致我们很难客观公正地思考问题，比如学生认为如果成不了“学霸”，就一定是“学渣”，也就会丧失对学习的追求。

作为教育工作者，我们常不假思索地依赖和满足于明确的分类与鲜明的隐喻，但很长时间后，我们会看到它们的局限性和主观性。大脑真的像一台电脑吗？学生真的像动植物一样，能够通过标准化的测试进行评价吗？这些问题都值得思考。

自知是能力的一个关键表现，我们如果想要更深入地提升能力，那么就要自觉地质疑自己看待世界的方式。这要求我们能够自律，能够寻找自己思维中的盲点或疏忽之处，能够勇敢面对我们世界观中的不确定性和不一致性。自律需要勇气和坚持，因为理性要求我们质疑，甚至有时会解除我们原来的信念。

八、对教学的启示

能力的培养方式和知识的传授方式并不相同，因此对二者的教学设计和评估方式也不相同，它们既相互关联，也有本质的区别。比如，教师可能有这样一种错误想法：“因为我已经懂了，所以我直接告诉你我的理解，这样会使教与学更有效。”这是将“理解学习”等同于“信息传递”。教师的评估也普遍采用记忆与回忆的方式。学生逐渐相信他们要做的就是熟记要理解的内容以便日后记得起来，好像它们只是事实而已。然而，这是不对的，如果教学目标是对能力的培养和对知识的理解，那么教师必须积极根除学生这种对学习的误解，帮助学生领悟到学习不仅仅是接受知识，还要在有问题的、隐性的地方发现意义。

这就需要有好的教学设计，使学生对能力有清晰的需求。换句话说，如果能力是目标，那么教学设计必须以能力为目标，使得特定的知识和技能在解决问题时有意义，而不是通过复述事实来掩盖能力的不足。

让我们来看看下面几个简单的例子，它们清楚地说明了如何对学生提出“能力的需求”：在阅读文本时，学生认识其中所有的文字，却不一定知道其所代表的含义，这在阅读哲学或诗词时更为常见；学生做实验时得到指导，却对实验中意想不到的结果感到困惑；学生手里有一个数据集合，但所学的数学公式都不能解释数据的意义；学生看到两篇文献，对相同事件的前因后果有不同的意见；足球教练告诉我们，即使是防守运动员也要主动进攻。

因此，任何追求能力的课程设计必须帮助学生意识到他们要做的不仅仅是接受“灌输”的内容，还要主动“揭示”隐藏在事实背后的内容，并思考它们的意义。知识不能简单地通过教师传授获得，而只能通过巧妙设计和有效指导，然后由学生自我建构而来。从某种意义上说，开发提升学生能力的课程要做的就是“教”学生不仅仅要学习事实和技能，还应当探究它们的意义。

第三节　综合素质培养

综合素质培养与能力培养是一致的。当前中考、高考、研究生考试中对综合素质的考核就是对能力的考核。

美国21世纪技能合作组织曾提出21世纪学习的主题：全球意识、创业精神、公民素养、健康意识；学习和思维能力，如批判性思维能力、问题解决能力、沟通能力、创造能力、协作能力以及信息和媒介素养等；信息和通信技术素养，如在教学和学习中能高效应用科技手段；生活能力，包括领导能力、自主能力、责任心和适应能力。从这些主题中可以看出，21世纪所需要的综合素质和能力是一致的。

一、无效的综合素质培养

为了方便直观了解综合素质培养，我们先来看一个案例。

山东省一位高中生张某，学习成绩中等，预计高考成绩在600分左右，高一选科的时候选择了化学、生物、地理三科，相对来说比较偏理科，但是觉得物理比较难学，就没有选择物理。

高二刚开学，张某和家长在有关高考的宣讲会上一起了解了综合评价招生可能是未来的发展趋势，原来除裸分高考外，还有这么一条能够上名校的途径，家长顿时感觉有些焦虑："孩子是不是可以通过综合评价招生增加一条升学途径呢？"

听说班里有几个同学准备冲击清华、北大，正在学习数学奥赛的相关知识，一家人商量之后，张某也开始尝试学习数学奥赛的相关内容。但是和同班同学相比，张某起步晚，学起来很吃力，一个月之后，感觉难以坚持，就退出了。

张某从小就喜欢唱歌，他希望自己能走艺术生途径。但是家长觉得其自身条件一般，艺术生路径又太窄，坚决反对，张某就没有走这条路。

当学校组织研学，去曲阜体验中国传统文化时，张某和家长毫不犹豫地报了名，据说可以完成一份研学报告，综合评价招生时可能用得上。假期里，张某又听说一些机构组织去北京研学，可以参观高校实验室、故宫博物院等，既可以长见识，又可以了解高校，因此整个假期都不停地穿梭在各个高校、景点甚至游乐场之间。张某感觉很放松，也记录了大量的研学日记，只是课程学习的时间被压缩得很厉害。

听说社会实践能加分，家长联系了博物馆，让张某去做义务讲解员。张某觉得能学到很多知识，一举两得，但是去了几次之后，发现每天讲解的内容完全一样，实在无聊，又放弃了。

家长听说综合评价招生面试主要看口才，又领着张某一起参加了演讲与口才培训班。张某也参加了几次比赛，拿了个小奖，但是因其比较内向，对这个项目不感兴趣，每次都是在家长劝说下去的，很快又放弃了。

家长又听说综合评价招生看科研能力，就利用自身的专业优势帮张某写了一篇论文，但是由于水平有限，虽然论文发表了，却言之无物。

综合评价招生开始后，张某凭借各种活动证书，通过了985重点院校的资格审查，信心满满。但是在笔试的时候，张某却发现题目非常难，基本上交了白卷，而且在面试的时候，没有办法拿出有代表性的作品和能力证明，之前的那些奖项证书很难证明自身的能力有多强，最终没有通过综合评价招生录取。

从以上的案例，我们可以看出家长倾尽全力，学生也密切配合，但是最终以失败告终，浪费了大量的时间和金钱却没有取得预期的效果。其根本原因是家长没有真正理解如何正确培养学生的综合素质，学生不知道如何做才能够使自己不断地接近高校的要求。

二、正确看待素质教育

(一)素质教育不是要放弃考试，应试教育也不是只有考试

素质教育与应试教育并不是对立的，素质教育并不是抛弃考试，而是要打破仅仅围绕考试而教育的应试教育模式。在应试教育下，教师完全按照考试大纲安排课程，是考试内容的就讲，不考的内容就不讲，学生的音乐、美术、技术、实验等课程的时间被大大压缩，而不断地刷题与考试使很多学生对学习产生了厌烦情绪。很多教师和家长认为，推广素质教育会压缩文化课的时间，必然会造成文化课程学习成绩的下降。但事实证明，单纯靠延长文化课时间并不能使学生的学习成绩提升，很多学校高二已经把高中的课程全部学完，高三一年都在复习，但是大部分情况下学习成绩并不会比高二提升多少。

素质教育就是要剔除应试教育下不合理的部分，除文化课外，增加更加人性化、符合教育规律的培养内容，增加更多培养综合素质的内容。但是增加的这些内容同样有考核、有水平高低之分，只是考核的内容更加多样化、个性化，使每一个同学都有展示自己特长和选择自己兴趣的机会，从而实现全面培养的目的。而综合素质的提升，也会给学生带来更多的自信，从而激发学生的学习兴趣，帮助其提升文化课成绩。

素质教育是对应试教育的改革，而不是彻底否定。因此，素质教育的推广实施，并不会减少练习和考试，而是要全方位考查学生各方面的素质，不再仅仅局限于考察几个学科的考试水平。

(二)素质教育并不是降低了对学生的要求，而是提升了对学生的要求

有时候学校和家长反对素质教育是因为他们认为贯彻素质教育是单纯降低文化课比例，增加思政、创新、实践、艺术、体育等各个方面的时间，这样就是降低了对学生的要求，学生“玩”的时间多了，自然会对高考成绩产生影响。

有这种想法的人仍然是将文化课作为高考的唯一考核标准去衡量综合素质教育。事实上,国家的改革方向是加强对综合素质的考核评估,而不是将综合素质培养与高考分割开。高考要考核学生的综合素质,而不再仅仅是对传统文化课本身的考核。这不仅表现在综合素质评价招生时,综合素质要计算在录取分数之内,还表现在文化课考试中大量的试题也考查综合素质的水平。

因此,素质教育是要求学生除学习好传统文化课外,还要各种素质全面发展,这样才能在高考中胜出。这是对学生提出了更高的要求,而不是降低了要求。

(三)素质教育对选拔人才更公平,要反对的是"一刀切"的标准和弄虚作假

很多人一提起素质教育就认为素质教育评价不够客观,易导致腐败和不公平现象,因此就反对素质教育。

事实上,部分的主观评价并不是不公平,而是更加公平。因为有很多学生的能力和素质并不能够通过试卷完全表现出来。虽然完全通过分数对学生进行评价更加客观,但也带来事实上的不公平。人们反对主观评价,往往是在反对主观评价过程中的腐败现象和弄虚作假现象,但也不能因为存在这种现象就否定主观评价,毕竟学生的综合素质不可能像考试一样有标准答案。如果针对综合素质制定客观标准进行考核,那就永远无法摆脱应试教育的思路,只会不断将应试教育推向极致。

在选拔的过程中,如果公开透明,专家的主观评价往往更加准确。综合能力强的人,往往能够在专家面前表现得更好,获得更高的分数。这对于人才的选拔将更加公平。

三、正确理解应试教育与素质教育的区别

(一)教育对象不同

应试教育主要面向少数优秀学生,忽视大多数学生;素质教育面向所有学生。

(二)教育目的不同

应试教育偏重知识传授,忽视德育、体育、美育和劳动实践教育;素质教育注重智育、德育、体育、美育和劳动实践教育全面进行。

(三)能力培养不同

应试教育注重技能训练,忽视能力培养;素质教育则注重各种能力的培养。

(四)教学方法不同

应试教育以死记硬背和机械重复训练为主要方法,学生课业负担过重;素质教育是启发式、探究式教学,学生能够生动、活泼、主动地学习,课业负担相对较轻。

(五)评价方式不同

应试教育是筛选性评价,以考试成绩作为评价学生的主要标准甚至唯一标准;素质教育则是发展性评价,评价方式多元,评价主体多元。

(六)教学内容不同

应试教育教学内容难,过于偏重学科体系,忽视综合性及应用性内容,不同程度地存

在着脱离学生生活实际、忽视实践等问题;素质教育则降低了教学内容的深度和难度,弱化了学科体系,重视综合,教学内容结合学生经验,联系实际。

四、全面培养和个性化培养的辩证关系

从学校角度来讲,不但要在德智体美劳各个方面对学生进行培养,而且要针对不同的学生设置尽可能多的选修课,服务有不同兴趣的学生。但是从学生个人角度来讲,每个人都有不同的个性,只有按照每个学生的个性采用不同的培养方案,才能够真正实现个性化培养。全面培养与个性化培养在整体上是统一的。

全面培养是针对所有的学生,都要坚持立德树人的理念,即使某一项内容对考试分数没有任何帮助,但是出于人才培养的需求,也一定要重视;个性化培养是指如果学生在某一个方面有特长,要单独培养。全面培养和个性化培养在每一个学生身上也是统一的。

第四节　综合素质展示与评价

随着教育理念的提升,综合素质越来越受重视。在各种升学考试中,综合素质的评价也占据了越来越重要的地位。除了考试分数,学校还希望可以招收到那些综合素质比较高的学生。

一、几个综合评价招生案例

【高考中的综合评价招生】

2014 年 12 月 10 日,教育部出台了《关于普通高中学业水平考试的实施意见》《关于加强和改进普通高中学生综合素质评价的意见》,对高中综合素质评价的内容和程序进行规范指导。综合素质评价主要反映学生德智体美劳全面发展情况,是学生毕业和升学的重要参考。通过综合素质评价,能够建立规范的学生综合素质档案,客观记录学生成长过程中的突出表现。综合素质评价注重对学生社会责任感、创新精神和实践能力的培养,内容主要包括学生思想品德、学业水平、身心健康、社会实践等。

综合评价招生从浙江、上海、北京开始,逐渐推广至全国。综合素质评价主要体现在"三位一体"招生中,具体实施方案包括高校依据考生统一高考、高中学考和综合素质评价成绩按比例合成综合成绩,择优录取。高校确定报考条件、综合素质测试内容和实施办法、综合成绩合成比例、录取规则等,在招生章程中公布。

考试分数不再是招生录取的唯一依据,"高分低能"的学生不一定能进入好的大学,分数相对较低、综合素质评价成绩优秀的学生也可能进入自己理想的大学和

专业。

【中考中的综合评价招生】

从2022年起,上海高中招生录取工作增加了综合评价招生的自主招生渠道,面向全市范围内招收有创新潜质、学科专长、体育或艺术特长的初中毕业生。基于"探索建立拔尖创新人才培养基地"项目,对于市实验性示范性高中招生计划中的50%~65%,采用分配名额的方式纳入综合评价招生。总成绩包含初中学业水平考试计分科目总成绩加上高中学校综合考查成绩。

除了上海市开始统一在中考中增加综合评价招生的自主招生渠道,很多省份的优秀高中都自行设置了各种"创新实验班",自主招生选拔有创新潜质和学科特长的学生。目前这种选拔已经开始从优秀高中向所有的高中普及。

【研究生复试】

研究生复试是研究生考试的重要组成部分,在统一的初试之后,由报考院校组织进行第二次考试,通常分为笔试和面试。从2006年起,大部分高校将复试的权重提高到50%,这就要求学生除初试成绩外,还要在本专业具有真才实学,并且具备较高的综合素质和应变能力。

复试面试主要考查学生的综合素质,包括考生本科期间的能力结构、知识结构、计算机能力、外语能力和应变能力等。

从前面内容中我们可以看出,从中考到高考,再到研究生复试,综合素质评价招生已经成为一种不可阻挡的趋势。我们应该顺应这个潮流,认清这种形式的本质,尽早入手,尽早准备。

二、从专家角度看人才的标准

以高校选拔人才为例,高校选拔人才具体的落地实施是由高校专家来决定的。专家通常都是业内的佼佼者和成功人士,通常具有很强的自信心,对自己能力非常认可。因此,从专家的角度来说,专家希望挑选一些和自己具有相同素质的学生:好学,学习能力强,对自己的专业感兴趣、有创造力,遇到困难和挫折的时候能够积极地面对,不断地解决问题,同时具有良好的精神品质和沟通能力。

专家在选拔学生时对学生通常有以下要求:第一,对专业非常感兴趣,并且能够证明自己对专业感兴趣;第二,有较强的学习能力和良好的学习态度,主要体现在解决问题的能力上;第三,在本专业有创新的能力或者创新的潜质;第四,有良好的展示能力和沟通能力。

(1)学科学习能力。学科学习能力本身就是创新思维的外在表现,核心的表现是越是难题得分相对越高、越是没见过的题得分相对越高。难题对所有的人来讲都是难题,但对于有创新思维的人来说,他们能够将抽象的概念进行推广应用,能够理解抽象概念的核心内容;在做难题的时候,能够看透题目的表象,发现题目的本质,而本质的知识点通常是通用的,因此难题和简单题对其来说区别并不大,他们的得分也相对较高。而每天刷题、单纯通过记忆学习的学生,在面对难题时,往往无法抽象出难题的本质,其记忆库中也没有任何现成的解决方案,因此也就无所适从。

(2)科技创新能力。科技创新分为发明创造和科学研究两项工作,要求大家具备创新思维,因此这两项工作完成得好坏,也反映了工作人员是否具备创新思维以及创新能力的高低。发明创造需要大家创造一个未有之物品,没有创新思维,显然不可能做到;科学研究需要大家发现一个未见之规律,没有创新思维,显然也不可能完成。因此,科技创新本身就是创新思维应用的过程,创新成果也是创新思维的必然结果,只要是真实的结果,就能够体现创新思维的水平。

(3)深度专业实践能力。深度专业实践指的是在真实的专业环境中,体验专业与行业的真实过程,解决专业与行业中的专业问题。真实的专业环境往往比较复杂,而且非常综合,并不是掌握一两个知识点便能够应对的,因此需要学生具备知识迁移能力,而知识迁移能力又是由学生的理解能力和抽象思维能力决定的。所以,深度专业实践能力能够体现出学生的创新思维。

三、自荐信

自荐信和推荐信都非常重要。尤其是目前的综合评价,往往是要求自己证明自己的能力,因此自荐信的内容尤为重要,内容要写实,要避免官话、套话,关键还要体现差异化,要遵守"二八"原则。

推荐信是由专家来证明你经历过的学习过程,其内容要真实具体。目前推荐信的要求是,推荐者和被推荐者一定要有长时间的接触,有一段共同的实践经历。因此,推荐信一定要写得非常真实,如果推荐者和被推荐者不熟悉,写出来的内容一定是空洞的;推荐信也要写得非常具体,要把工作的过程详细地写出来,在这个过程中体现学生的能力和热情。绝不能套用现有的模板,这样虽然看上去言辞精美,实际上却没有实质性的内容。

【自荐信示例与点评】

我来自泉城济南一个温暖的书香之家,爸爸是环保科研所的研究员,妈妈是一家一线房地产企业的设计总监,爷爷毕业于浙江大学,姥爷毕业于山东大学。(自荐信从自己的出身开始,目的是体现自己出身于书香之家,但是这也让人感觉自荐人自身的不自信,希望用出身证明自己的能力。因此,一定要将读者向正确的方向引导,切忌"说者无心,听者有意")

从济南市历下实验小学、历下甸柳一中、山东省实验中学一路顺风走来,阳光明媚,春暖花艳。(好像阳光明媚没有任何作用)从我记事起每天就在弹钢琴,小学五年级取得了钢琴十级证书(钢琴证书对于大学很多专业都没有作用,而且也难以体现太大的差异性)；每个假期，爸爸、妈妈会带我游历祖国的大好河山和世界各地，我已经去过美国、加拿大、澳大利亚、法国、德国等近十个国家，每到一个国家，我都会去看看那些闻名遐迩的世界名校，这令我眼界大开。(这个经历非常好，能够体现出差异性，但是没有写清楚这种经历带来的是哪一种能力的提高)我喜欢中国古诗词，爸爸说我一岁多就能流利地背诵“月落乌啼霜满天”了。在中华文化的浸润里，我慢慢成长为一个内敛、文静的女生，老师、同学们眼里的好学生，爸爸妈妈眼里的乖乖女。(此处，乖乖女好像和前面的文化浸润没有太多因果关系，也很难体现自己的能力大小)

我应该是比较晚熟的女孩，小学期间，无忧无虑很贪玩，成绩当然平平；进入初中，我开始变了，世界各国和名校的游历让我开始思考人生和未来，懂得美好的未来需要自己的踏实奋斗，我通过不断地自我加压和努力，从刚进初中时的班级二十多名进步到班级前五名，从而蜕变成一个以前自己都认为不可能的“学霸”，如愿考上省重点高中山东省实验中学。来到这所济南最好的高中，同学个个出类拔萃，这激励我更加努力学习。我成为语文课代表，还被评为“优秀团员”，最后以所有科目全A的优异成绩高中毕业。在学校期间，我加入了泉城志愿者，课余参加了各种社团活动，是汉服社的主力成员，积极参加各种社会实践和社区服务活动。(这一段描述了自己的学习，总体不错，但是应该再增加一些典型的案例来证明自己能力的提高)

高中期间，我利用课余时间积极参加各种科技创新活动，在爸爸的指导下，设计开发了“城市污泥除臭处理设备”，2018 年获得国家实用新型专利。(内容不错，但是需要增加长期研究的证据和描述)

我喜欢自己动手制作中国古典小工艺品，妈妈在生日时总会收到我精心制作的古香古韵的簪子等首饰，每款还会配上一首古诗，这是妈妈的骄傲，她的朋友们都想要定制我的手工作品呢。(这一段好像和主题没有关系，这就是“二八”原则中需要去掉的内容)

我相信“一分耕耘一分收获”，所有的付出都会有所收获，只是有时会来得不那么及时，或是以一种你不怎么察觉的方式到来。我喜欢中华文化和动手创新，我希望用我的智慧和双手，努力创造我的精彩人生，为社会进步贡献我的价值。(最后一点没有写清楚)

(这个自荐信虽然写得很认真，语言也很好，但是总的来说没有太多展示能力的地方，无法引导别人看到自己的能力水平)

四、如何体现出较高的综合素质

综合素质评价和考试并不完全一样，采用的是赋分制。如果你在某方面的能力超过别人，那么你就可以在这方面得分；如果大家在某一个方面没有体现出来差别，即使每个人都做得很好，也相当于不得分。

综合素质评价的方面非常多，而且每个学校都不一样，这也给了学生很多机会。要表现出来差异化，最核心的本质就是扬长避短。

要注意扬长避短不是取长补短。在高考时，要注意取长补短，因为学生们的分数都要统一记录在总成绩里面，所以不能偏科太严重；但是在进行综合评价时，学生们重点展示优势领域和特长，同时规避弱势项目的负面影响。

差异化展示的核心在于突出重点，避免负面效应；不能弄虚作假。突出重点就是能够体现与别人不一样的地方，尤其要体现自己的学习能力、创新能力和实践能力。要优先排列最重要、最难获得也最能体现能力的材料。

要避免材料的负面效应，就是要将那些价值较低的材料剔除。比如有的专利证书过于专业，这样的证书有时反而起到了负面作用。即使到了面试环节，专家也会先入为主，认为你弄虚作假。还有一些材料只是一些简单的经历，根本没法证明自己的任何能力，那么也尽可能地放弃。比如植树节的时候去种了一棵树，班里的元旦晚会表演了一个节目，去看望低保户老人等，这些内容并不能体现能力，而且许多人都可以做到，如果大张旗鼓地把这些内容写得分量比较重，就说明真正能体现自己能力的内容非常少，这样就会起到很大的负面作用。

最后要强调的是不能弄虚作假。面试的一个环节是专家要看你擅长什么，然后针对你擅长的内容进行提问。如果你提交的内容专家问到了，你却什么都不知道，这时候专家就会怀疑内容的真实性，不仅不得分，还有可能产生负面效应；如果是你真正做过的东西，专家问到了，你就能表现得非常好。比如在面试的过程中，有的学生拿出了一篇论文，专家感觉论文的内容非常好，就开始问论文的内容，学生却一问三不知。如果出现弄虚作假的现象，即使其他的事情做得再好，也很难获得通过。

五、面试是综合能力的集中体现

面试时间虽然非常短，却是综合能力的集中体现，一定要做好充分的准备。在准备的过程中一定要注意尽可能拓宽自己的知识面，尤其是要多关注时事政治和新闻。目前面试中的问题，很多是有关时政的，如果某一个问题不会回答，也可以从相关的方面来进行回答，这时候知识面就是一个很重要的支撑。

面试的得分取决于专家最后的整体感受，因此不要太过于纠结具体的问题，要注意自己的临场表现，如果感觉自己的临场表现能力不太好，就一定要提前不断地练习。很多学生由于紧张，在第一个问题没有回答上来时，大脑一片空白，本来准备得很充分，却因此表现得不好。其实大家需要了解，专家提出的每一个问题可能都是不容易回答的，但一定要积极地去应对问题，而不是单纯地解答问题。

由于面试的时间非常短，因此一定要在最短的时间内体现出自己的精神面貌、特长、最重要的贡献和价值，要避免“假大空”。有的学生对面试的时间没有清晰的认知，准备了很多内容，结果时间到了还没有进入正题，白白浪费了时间。因此，面试时一定要直接切入正题，把自己最重要的东西放在最前面，最重要的贡献和价值放在最前面，讲完重要的内容，如果还有时间就接着讲其他的，这样也能够显得比较从容。

要表现得谦虚而自信。虽然专家是考核方，学生是被考核方，但专家和学生是处于一个平等的地位。因此，学生要表现得谦虚，但不要过度谦虚，表现出自己的长处即可；学生要表现得自信，但决不能和教师过分争辩。

要注意面试过程中的思维习惯。面试考核的是学生的综合能力，而不只是对知识的记忆，可很多学生已经习惯于对知识的记忆和复述。学生在听到一个他从没有接触过的问题，在自己的记忆库里没有找到答案的时候，很容易脱口而出：“我不会。”其实专家在问这个问题时，不是仅仅想听到答案，而是要考核学生的思维方式和理解能力。学生如果仅仅回答“我不会”，就丧失了一次表现自己的机会，而且有可能产生负面效应。要想克服此类问题，需要长时间训练。

六、稀奇古怪的面试题

很多介绍各种面试技巧的书中会利用一些偏题怪题来吸引眼球。但是具体到面试现场，这些偏题怪题几乎不会出现。

真正的面试过程一般是这样的：面试专家首先会浏览一下学生的资料，看看哪些是最能够体现学生能力的，希望学生把最擅长的方面充分表现出来。随着问题内容的不断深入，最后可能会把学生问住，因为这样才能够探知到学生学习的深度，其目的并不是故意为难。因此，很多古怪的面试题都是在不断的追问过程中随机出现、因人而异的，并不是针对所有学生。

本章思考题

1.找出平时最熟悉的知识内容，使用能力的六个外在表现对其进行重新解释、阐述或应用，考查自己是否对知识真正理解了。

2.锁定某一个学科的核心知识，和同学们一起组织一场针对核心知识的展示和讨论会，充分使用各种阐述方法，表达各自对核心概念的理解。讨论之后，共同构建概念和知识图谱。

3.挖掘一下大家平时接触到的几种学习方式，分析其中哪几种是以能力培养为主，哪几种是以知识传授为主，哪几种是两者兼备，并详细说明判断依据。

4.分组模拟入学时的面试，主要从学科特长、创新思维、实践能力、知识运用等方面彼此考核、打分并提出存在的问题与改进建议。

第二篇·实践

实事求是，将能力的培养进行到底。

通过“认知篇”的介绍，我们了解了关于能力培养的本质和特征，那么能力培养和目前传统的知识传授之间到底有什么样的区别和联系？

能力培养和现有的传统课堂不会完全相同，它有自己独特的需求、内容与特征。本篇重点介绍能力培养需要什么样的组织形式、什么样的学习形式、什么样的评估形式。这一系列的实践都与能力培养这一目标相对应，既需要兼顾传统课堂的教学，又要与传统的教学严格区别。

研究性学习是能力培养的主要学习形式，是由一系列相互关联的实践环节组成的，可以准确快速地提升学习能力。

大家在落实研究性学习的过程中，一定注意本质大于形式。看似随意的探讨可能胜过教室内“认真”的假装研究，吃饭时对饭菜营养的争论有可能引发深入的思考，睡觉前对当天学习的反思则有助于能力的提升。因此，即使掌握了研究性学习的形式和过程，也不要拘泥于这些表面，而是要体会其内在要求。比如问题驱动、假设与检验、设计、总结、反思等核心过程，都是描述思维的本质，这个过程在哪里发生并不重要。依照研究性学习的要求反复练习，逐渐内化为自己的思维和学习习惯，你将成为不一样的自己。

第五章　学习共同体是面向能力培养的组织形式

传统的课堂在知识的传授方面效率非常高，但是对于能力的提升收效甚微。能力的培养方式需要不同于传统课堂的新型组织形式，这种新型组织形式就被称为"学习共同体"。从表面上看，教师可能还是那些教师，学生还是那些学生，但是从课程的设计到教学的方法，再到学习的方式，都与传统课堂有着本质的不同。

传统课堂是以教为主的课堂，课堂的中心是教师；学习共同体是以学为主的课堂，课堂的中心是学生。在传统课堂中，诚惶诚恐的是学生，担心自己的缺点和问题被看出来，从而被贴上"差生"的标签；在学习共同体中，心里没底的是教师，总是担心自己无法解决学生的问题，无法真正提升学生的水平。在传统课堂中，为了应付知识性考核，拼命记忆与刷题，教师和学生都筋疲力尽；在学习共同体中，学生们沉浸在追求概念深入理解的愉悦中，大家都很有成就感。

传统课堂与学习共同体并不是完全对立的，两者均发挥各自的作用，有的时候还会互相转化。不要想当然地认为哪一种组织形式会更好，用一种形式替代另一种形式，不同的目标要采用不同的方式。

第一节　构建学习共同体

不同的学习目标需要不同的教学方法，学习共同体是面向能力培养的新型组织形式，是对传统课堂的升级与重构。

和以往的教育目标相比，21 世纪的教育目标发生了很大的改变。当我们责备现在的学校教育"每况愈下"的时候，应该考虑到这个变化。很多时候，学校还是像以前一样正常工作，但是学校面临的挑战和外部对学校的期望都已经发生了巨大的变化。

在传统的教育中，人被看作类似批量生产的产品，学校的管理者采用工厂的工程化方法组织有效的课堂，工厂化的教育促进了对产品的"标准化"测验，学生被当作流水线上的产品一样看待，有优等品、合格品，当然也有残次品。

今天，学生们需要理解他们学习的状态，并不断地改进。社会也期望学生毕业之后能够识别问题、解决问题，并且能够终生为社会做贡献。为达到这一目标，就要求教师重新考虑要教什么、怎么教，要怎样评价学生。

与能力培养相匹配的课堂，一定是一种以学生为主的课堂，教师从教师转变为“教练”。在这种课堂中，每个学生都能充分地表达自己，通过学习的过程对自己存在的问题逐渐能清晰感知，而且能够明白自己的学习方向是什么。这样的课堂形式就是学习共同体。

学习共同体必须具有以下几个特征：

(1)心理状态：宁静安心，建立师生之间、生生之间心灵的深度联结。在传统课堂中，教师处于绝对优势地位，学生只有“静听”的权利，教师多数时间只与优势学生进行对话，优势学生获得了更多的学习权。在高度竞争的课堂上，优势学生是少数，学生之间存在一种层级关系，通过各种考试、排名等评价方式强化这种关系，从而逐渐使学生进入分裂和分化的状态。学习困难的学生越来越多，他们内心非常不安、焦虑和自卑，他们在课堂上不敢说自己“不懂”，不敢提出自己的想法和观点，这样，弱势学生逐渐转化为“弱势人格”，于是自我否定、自暴自弃的失败者和对课堂不适应者沉积下来，不断有人退出竞争，也可以说是被淘汰了。

学习共同体是要让每个学生都能安心学习。首先，因为要倾听学生的想法，教师并不急于把自己会的知识传授给学生，也不会为了赶进度而放弃弱势学生，而是给学生一个平和的环境，让每一个学生都能避免自负或者自卑，以一种自然平和的心态看待世界、看待他人。只有让每个学生都能安心、静心，他们才能进入深度学习的状态，让学习成为可能。另外，要促进学生之间形成平等互助的伙伴关系，彼此尊重，彼此信赖，大家都可以心无旁骛地面对学习任务。

(2)学习任务：促进能力的提升需要能够得着又有挑战性的课题。现在很多课堂改革，如小组讨论、探究式学习、翻转课堂等，虽然形式上好像是研究性学习，但其本质上仍然以传授知识为主，课堂讨论的结果仍然直接指向唯一的标准答案，没有发散性，尽管大家都在讨论交流，但学习并没有真正产生。如果题目设计得太难，学生大脑中的知识储备不够，可能就无法深入思考。比如，对一个小学生来说，如果你问他火箭推进器的原理，他可能只能通过直观的方式告诉你，是通过喷火产生推力，但是更深层次的原因，他就无法理解了。

(3)学习方法：倾听、互学，协同探究，不断深入。传统的小组合作学习方式倾向于让“学优生”教“学困生”，学生之间实际上存在着不平等的关系。而真正的学习是“知识重新组织”的过程，是学生通过自主的思考及同伴的平等对话达成的，只有用心去倾听他人，才能实现真正的学习。倾听具有强大的能量，倾听是一种重要的学习方式，通过与他人对话，来打破自身的“思维天花板”，完善和修正自身观点。同时，倾听代表了人与人之间相互包容、彼此欣赏、乐于分享、共同探讨的精神状态和课堂风貌，这让身处课堂中的每一个人都能够最大限度地发挥自己的聪明才智，尽自己最大的可能去探索，同学都成为探索过程中的伙伴。这种协同学习的关系一旦形成，将成为巨大的“学习场”，促进学生进行高品质的思维活动和学习。

(4)教师的作用：教师变“教练”，传授变引导，考核变评估。在学习共同体的课堂上，教师的作用也发生了重大的变化。在传统课堂上，教师是知识的传授者，几乎是知识的唯一来源，也是课堂的绝对掌控者。而在学习共同体的课堂上，教师的角色变为“教练”。第一，教师要充分了解学生的真实学习状态，对每个学生的学习都要有充分的心理预期，只有这样才能真正做到有的放矢。第二，教师不要简单地告诉学生应该如何做，而是通过启发和引导，促使学生自主思考与探索，在学生遇到困难时，能够给出本质和准确的分析，并启发学生进行更加深入的探究。与直接讲授自己准备好的教案相比，“引导学生自学”对教师的专业性提出了更高的要求。

成为真正的“教练”是一件极为困难的事情，这需要教师既要有丰富的学科专业知识，又要有能够洞察学生学习过程的能力，能够准确判断学生所处的阶段，并在教学实践中不断进行自我反思与改进，这对教师提出了很高的要求。

(5)教育生态：互相学习，改变教育和社会生态。学习共同体不仅仅是一种课堂学习方法的变革，还通过改变课堂、改变学生的学习方式，来改变教师的专业成长方式和学校的内涵发展方式，教育系统内外的每一个人都是学习共同体的成员。

学习共同体的课堂让每一位学生都受到尊重，都获得高品质的学习权：不放弃任何学生，让他们在平等的、共生的、友爱的环境中成长。这样，学生才会学会尊重他人、温暖他人、倾听他人、回应他人，才会真正学会学习，在未来的公共生活中将会组建一个充满温暖和关爱的世界。因此，学习共同体实际上是在改变整体的教育生态，学生们每天都在与自己对话、与他人对话、与世界对话，只有这样的教育生态培养出来的学生才能真正成为优秀的学生。

第二节　学习共同体的核心特征

学习共同体是一种学习的组织形式，我们并不是要确定某种外在的形式，而是要明白这种学习共同体的内在特征。学习不分时间和地点，我们关注的是学习是否真正地发生。不一定只有教室才是学习的地点，实验室、现场甚至野外都可能是学习的最好场所；也不一定上课的时候才是学习的时间，只要不停地思考，学习就会在任何时刻发生。

一、以学习能力提升为目标

学习共同体以学习能力提升为目标，这是与传统课堂最根本的区别。在构建学习共同体的时候，并不是简单地把学生组合在一起学习。现在有很多形式都和学习共同体非常像，如翻转课堂、小组讨论、问题探究等，其中很多其实是传统课堂的一种简单的形式上的变化，本质上并没有发生任何改变。比如某些小组讨论，教师会安排一个有确定答案的题目让学生进行讨论。有时学生无须深入思考就可以找到唯一的答案，有时甚至在讨论一开始，很多学生就已经知道结果，那么在这个过程中就没有任何的思考过程，也没有任何的知识重构的过程，也必然没有学习能力的提升。这样的小组讨论就是一种虚假的学习过程，并不是学习共同体的一种形式。

因此，判断一种学习组织形式是不是学习共同体，第一个核心特征就是看是不是以学习能力的提升为目标。目标决定了内容的设计，如果以学习能力提升为目标，就意味着所有的内容都要以知识的重构、模式的提取、抽象与演绎等这些内在的思维过程为核心。某种学习组织形式如果没有触及这些核心目标，也就不是一种真正的学习共同体的组织形式。

二、学习共同体是学生中心、知识中心、评价中心的综合体

学习共同体可以认为是学生中心、知识中心和评价中心三个中心的综合体，三者分属于不同的角度，但是融为一体。

（一）学生中心

学生会将他们的知识、技能、态度、价值观带到学习共同体中，这些都必须得到足够的重视。这种以学习和学生为主的教学方式，往往被称为“诊断性教学”。教师采用非常谨慎的方式发现学生对问题的看法，并帮助他们调整看法。

教师可以通过观察，从学生活动的过程中获得诊断信息，其中最关键的是促使学生去解释和展示他们的知识体系结构。教师可以要求学生对各种各样的情景进行预测并作出解释，帮助学生自主地检验他们的思维，弄清楚他们的想法为什么需要改变以及如何改变。

（二）知识中心

专家们之所以具有思考和解决问题的能力，并不是因为他们有一套通用的思维技巧或者思维策略，而是因为他们有一整套组织得很好的专业知识体系。这些专业知识支持他们进行有计划和有谋略的思维活动。以知识为中心的教学环境能够引导学生，促使他们理解知识并使知识得到迁移，最终使他们成为有知识的人。

以知识为中心的教学环境要求学生将注意力放在那些能够帮助自己理解的活动上。例如，现有的科学课程都趋于强调事实，而对实验探索、概念的意义强调得不够。以知识

为中心的环境,强调要弄懂知识的意义,而并不是简单地记住这些知识。

学习并不是通过记忆来直接完成的,记住知识不代表掌握知识。学生学习某一个观点和内容时,他们总是从模糊的、非正规的想法开始,通过不断地思考和构建,最终形成一种结构化的、科学合理的知识体系。这个过程是缓慢的,而且是不断深入的。比如数学学习,学生刚开始只是运用数字进行计算,后来逐渐掌握代数、解方程、用图来表达方程式等方法,这一连串的学习过程并不一定非常顺利。学生也不会很轻松就对概念有完整和规范的理解。有研究表明,让学生更早地接触重要的概念有很多好处。这能够帮助学生形成早期的概念概括能力,这些学科基础的概念和基本的能力越早教给学生越好。

以知识为中心的环境的一个重要目标就是培养学生对学科整体的理解,但是目前很多课程的设计仍然将学科切分成很多不相关的知识和技能。替换目前课程的方法之一就是设置学习场景,比如,学习如何在某些环境中生存,如何熟悉周围的世界,学习什么样的资源可以利用以及怎样利用这些资源使自己的活动既富有成效又充满乐趣。传统的课程往往不能帮助学生围绕整个学科来学习,而是给出了一系列的课程大纲,而这些大纲要求每个年级的学生掌握的内容目标很具体。尽管单一的目标本身也有一定的道理,但是不能体现出更大的知识网络,教师并没有教会学生理解知识的全貌。而掌握知识的全貌才能保证知识的正确应用。

(三)评价中心

以评价为中心的关键在于评价必须提供反馈的机会,而且被评价的内容必须和学生的学习目标一致。

目前评价的方式有两种:一种是形成性评价,一种是终结性评价。形成性评价就是将评价作为改进教学反馈信息的来源,而终结性评价主要是测量学生在学习活动结束时学到的内容。

传统课堂教学中反馈机会并不多,大部分都是试卷、练习题、家庭作业上面标记的分数和等级。这代表了终结性评价,试图对学习的结果进行测量,学生一旦拿到这种终结性评价,就会转向另一个单元的学习,为另一个成绩而奔忙。

但在能力培养的过程中,更重要的是进行形成性评价。学生的思维要能够被观察,观察的结果应该反馈给学生。如果学习的目标是理解知识,那么反馈必须是理解知识,而不仅仅是对知识记忆的评价。作为教学的一部分,这种反馈应该持续地进行,强调理解知识的评价没有必要做得很精细或者很复杂。教师总是能够不断地了解学生的思维方式和学生对概念的理解程度,通过各种方式对学生的学习活动进行监督评价和反馈。很多高水平的教师还会刻意培养学生的自我评价能力。

三、平等的学习

传统课堂的教学目标设定冗繁，教学内容繁杂而琐碎，所以课堂中留给学生学习、思考和交流的时间非常有限，学生难以经历完整的学习过程。教师将现成的知识经验“打包”传递给学生，学生只能囫囵吞枣、生搬硬套，难以真正地理解、迁移。学生的学习权被打折扣，甚至被完全忽略，大部分学生在课堂上的学习是比较被动的，学习被简化为背诵答案、做作业和“刷题”。

对于大多数教师而言，建立平等的师生关系是在创建学习共同体的过程中遇到的第一道难关。师生的平等并不是教师和学生一起学习，而是彼此尊重、彼此信赖、彼此接纳。

首先，教师要和学生具有统一的目标：要提升学生的学习能力，而不是简单地筛选出优等品、合格品和残次品。

其次，教师要引导和帮助学生，并且为学生的学习负责。很多教师一直表现为努力地讲课，自认为非常优秀，但是他们并不关心学生是否真正掌握了知识，这样的教师和学生是不平等的。只有为学生学习困难负责的教师才是合格的教师。学生出现学习问题时，教师不要一味地责备学生，而是要静下心来，看看怎样才能够帮助学生摆脱困境。

最后，要构建学生之间平等、互学互助的良性关系。在传统课堂中，学生之间长期处于竞争或者无关状态，彼此不熟悉、不亲近，甚至某些情况下互相敌视，在这种情况下，互学互助是不可能的。要想形成互学互助的良性关系，关键在于评价制度的引导。如果仍然采用奖励先进、惩罚落后的评价制度，那么学生之间的平等关系就不可能形成。因此，评价制度一定要针对每个学生的贡献和价值进行评价，比如成绩优异的学生应承担起更多的帮扶责任，而学习困难的学生也应获得更多的照顾，因为作为一个团队，每个人都有可能遇到学习困难的情况，每个人都有可能出现情绪的低谷。当互相帮助成为一种习惯时，团队就形成了。

四、真实的学习

课堂观察要真正聚焦于具体学生，对每位学生的学习进行全面的跟踪和深入挖掘，并对学生的思维方式等进行深入分析。

学生不是抽象的，也不是教师的配合者，而是课堂真正的主人。学习的展开是缓慢而复杂的，每一位学生的个性特征、思考方式、解决策略、互动方式等都存在较大的差异，这体现了学习过程的复杂性。教师在进行教学设计时就要考虑到学生的心理特点和认知规律，从而使教学设计更加贴近学生的学习需求。

因此，在学习共同体中，学习是核心，任何脱离学习的虚假形式，甚至是表演式的讲课，都是无效和负面的。关注学习本身，关注每一个学生能力的提升，才是学习共同体的核心任务。

本章思考题

1.尝试创建一个小型的学习共同体,体验互相鼓励、互相支持,尤其是自身问题的勇敢表达和同学真诚的帮助,每个人都可以顺畅地、毫无顾忌地表达。

2.在学习共同体中,有的学生学习好,有的学习差。如何理解在学习共同体中学习的平等性?

第六章　研究性学习是面向能力培养的学习方式

研究性学习是以“培养学生具有永不满足、追求卓越的态度，培养学生具有发现问题、提出问题进而解决问题的能力”为基本目标，以学生从学习、生活和社会中获得的各种课题或项目设计、作品设计与制作等为基本的学习载体，以在提出问题和解决问题的全过程中学习到的科学方法、获得的丰富体验和专业知识为基本内容，在教师指导下，以学生自主探究为主要教学形式的课程。

研究性学习是一种与传统学习完全不同的学习方式，以专门提高学生的学习能力为基本目标，与传统学习相辅相成。长期以来，很多人都将研究性学习与项目式学习、兴趣学习、STEM 教育等各种学习形式混为一谈，这种形式上的对比都没有深入阐述研究性学习的内涵。

缺少具体的培养体系，缺少科学的理论支撑，是无法使能力培养落地的。而能力培养一直以来都被认为是虚无缥缈、无迹可寻的，只能基于教师的经验、责任心、观察力来实施，但是具体如何实施，很多教师也难以说清楚。

但是能力培养的效果是客观的、可见的，因此能力培养也一定存在着客观的内在培养机制。经过多年的研究，笔者总结出一套学习能力培养理论体系，并用最直观、最简洁的描述展示出来。由于能力培养本身的复杂性，涉及内容也很多，本章提出的培养体系重在清晰展现培养的方法、培养的层次、培养的过程、对培养结果的评估等实践方面的内容。描述的时候，尽可能采用简洁的、易于理解的方式表达，而不要纠结于细节的完整性。

在理解能力培养体系之后，希望教师和家长能够有效地指导学生学习，也希望学生能够在深入体会之后获得长足的进步。

第一节　传授式学习与研究性学习

传授式学习的目标是知识的传递，研究性学习的目标是能力的提升，这两种学习方式并不是互相排斥的，也不可能以研究性学习替代所有的传授式学习，当然也不可能所有的教学都采用传授式学习。两者既不可分割，又互相配合。

在学习的过程中，通常是知识的学习在前，能力的提升在后。比如在学习一个新单元的内容时，当学生对这个专业的知识一无所知时，其能力也难以得到发挥。通过传授式学习，可以快速地积累知识。知识积累的速度和学生现有的能力相关。能力强的学生，学习知识的速度就快；能力弱的学生，学习知识的速度就慢。学习知识的速度也是能力的外在体现。

当知识积累到一定的程度之后，就需要稍微暂停一下，进入能力提升的环节，学习方式就是研究性学习。研究性学习的目的是将学到的知识结构化，也就是将知识中的核心概念提取出来，将零散的知识构建形成知识网络，并尝试提取其中的通用模式。这个过程不可能自然而然地发生，一定是通过专门的、精心设计的教学与实施过程来完成的。

因此，传授式学习和研究性学习并不是对立的，而是在人才培养中互相支撑、互相配合的两种不同的形式。两者都是不可或缺的，必须同时进行并协同发展。

一、两种不同的学习路径

研究性学习课堂和传统课堂有很多不同，但是有一个特征区分特别明显，就是学习的路径不同，如图 6-1 所示。

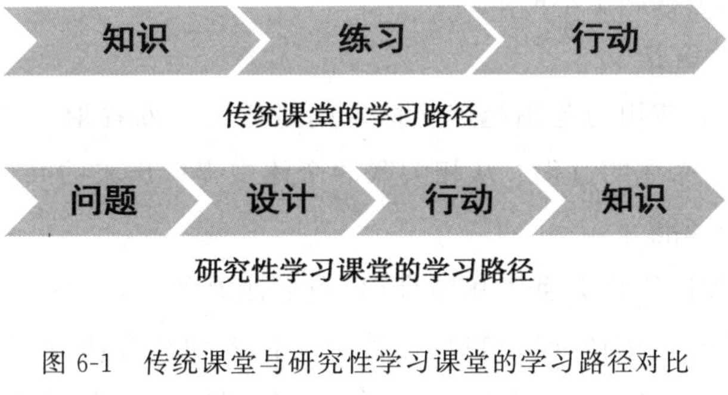

图 6-1　传统课堂与研究性学习课堂的学习路径对比

从图 6-1 可以看出，传统课堂的学习路径首先是传授知识，然后练习这些知识，之后由学生通过应用或者考试来获得检验。这种学习方式往往以考试为最终目标，人们对于是否真正地掌握知识并不太在意，因为有的时候大家更看重分数。知识很容易记住，但也很容易忘记。

而研究性学习课堂是从问题开始,通过个人的设计、实施,之后获得了知识。在这个过程中,知识是目标,思考和实践是手段。人们对通过探究获得的知识往往印象非常深刻,几乎不会忘记。

尽管这两种不同的学习路径并不是研究性学习与传统课堂的本质区别,但通过两种不同的课堂形式,人们能够判断自己的学习是否是一种研究性学习。符合学习路径的不一定就是真正的研究性学习,但是不符合这个路径的一定不是研究性学习。

二、研究性学习以能力培养为根本目标

研究性学习并不是单纯地培养兴趣,而是以学生的学习能力培养为目标。学习能力提升的关键是要实现深层次的能力培养,重点是对理解能力、抽象能力、应用能力的培养。

1.对理解能力的培养

在研究性学习的过程中,我们从大概念的设定就可以发现,大概念是一种包含大量关联知识点的核心概念,而且是跨学科的概念。研究性学习的目的就是理解这些知识的关联性,经过学习,提升对知识的理解能力。

2.对抽象能力的培养

只要抽象出来的模型能够和真实世界的模型有一定程度的类比,往往就能起到非常强大的作用。例如对各种自然科学不断抽象,就会上升到哲学;各种实在的物体抽象到最后都归为物质,也就是客观存在。

每个人抽象出来的模型也不是一步到位的,随着个人实际经验的增长,每个人抽象出来的模型也会不断向更高层次发展。每个人抽象出来的模型不可能完全用语言描述出来,它会在每个人的大脑中不断成型。

3.对应用能力的培养

抽象的程度越深,应用的范围越广。抽象的过程是不断提取个体共性的过程,而应用则是将共性应用于个体的过程。从相关联的个体中提取出来的共性,往往能够适应更多的个体,这就是演绎能力。

例如数学中的加法符合交换率和结合律,我们刚开始学习时,学的是数字的交换率和结合律;学习函数时,我们发现未知数也符合交换率和结合律;抽象之后,所形成的加法的抽象模型也符合交换率和结合律;当我们学习向量时,会发现向量的加法也符合交换律和结合律。这时候,我们就不需要再单独记忆向量的加法,因为这只是加法的一种应用而已;同样,当我们学习矩阵运算时,加法的规律同样适用。

从这个例子中可以看出,抽象是超越记忆和理解的更深层次的能力。这种能力一旦形成,将会产生巨大的作用,让我们不再需要记忆越来越多的知识点,因为很多知识点都

是抽象模型的一种特例。而我们学习任何一种特例时，都是对抽象模型的再一次温习。抽象出来的模型层次越深，抽象出来的模型越多，需要记忆的东西也就越少。

研究性学习最终就是通过在实践过程中，不断引发学生的深度思考，使每个人在大脑中形成自己的抽象模型，用抽象模型指导实践活动，并且随时根据实践活动的反馈不断优化自己的抽象模型。在这个过程中，知识点不断关联，抽象层次不断深入，学生的学习能力也会不断提升。

三、旅游研学是不是真正的研究性学习

目前市场上有很多号称“研究性学习”的旅游，被业内称为“旅游研学”，但是绝大多数旅游研学并不是真正的研究性学习。我们并不是否定旅游研学的价值，而是要搞清楚旅游研学的本质其实是旅游，是开阔眼界和增长见识，并不是以学习能力提升为目标。对照真正的研究性学习的特点，可以通过以下三个标准来判断旅游研学是不是真正的研究性学习。

(1)是以旅游为目标，还是以学习为目标。很多学生非常喜欢旅游，认为旅游也可以给他们带来很多新鲜的感性认知，同时自认为已经学习到了很多东西。但是研究性学习是以建构知识体系和提升学习能力为目标。

(2)有没有真正的学业导师带领。如果在旅游研学的过程中只有导游和带队的教师，他们只是给出一些简单的实践任务，而没有进行真正的学业指导，则这种研学不是真正的研究性学习。学业导师必须是教育领域的专家，并不是随便一个人就能够胜任。

(3)有没有深度实践的机会。只有深度实践才能够促进深度思考，才能够真正提升学习能力。如果一路上只有各种走马观花式的参观、旅游等，学生没有任何静下来思考的机会，则不是真正的研究性学习。

第二节　研究性学习的步骤

研究性学习的形式多种多样，并不拘泥于某一种形式，但是为了更好地理解这种学习的形式，还是要抽象出一种通用的学习过程。这个学习过程包含了所有的步骤，在设计教学环节的时候，可以根据实际情况进行裁剪与优化。

一、研究性学习概述

根据研究性学习的要求，可以把研究性学习的过程分为八个不同的步骤，这八个不同的步骤形成一个闭环，是研究性学习的基础，如图 6-2 所示。

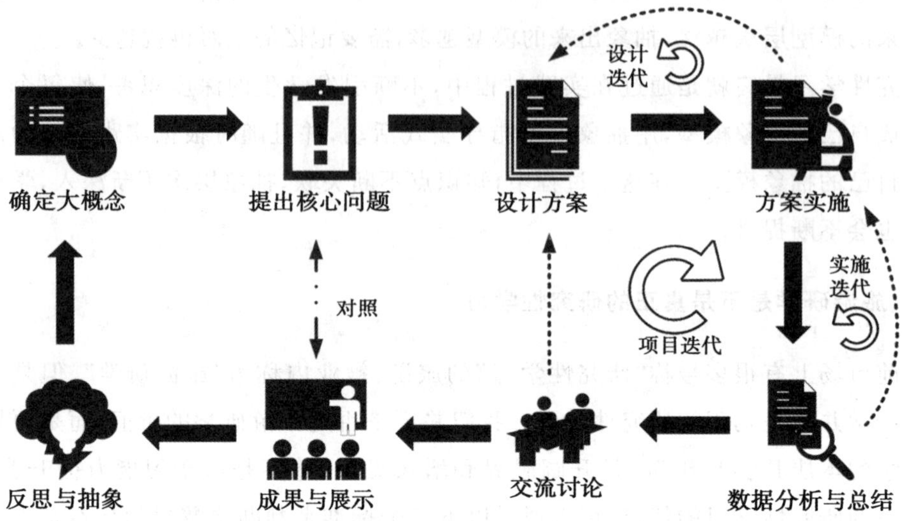

图 6-2 研究性学习的过程

首先，要确定一个需要研究的大概念，这个大概念通常是一个跨行业、跨学科的概念，目的是突破学科界限，促进学生的思维创新，确定大概念之后就确定了研究的范围。接下来要提出核心问题，核心问题不在于大小，关键是没有确定的答案，不可能通过简单的方法解决，同时也要引起学生的积极思考。针对提出的问题，每个学生都可以根据自己的知识基础设计自己的方案，设计是创新的过程，而不是寻找答案的过程，这对学生的创造力提出了较高的要求。设计出方案之后，就要进入实践环节，根据方案实施。实施是一个综合过程，需要发挥大家的创造性，也需要能够接受失败的勇气。方案实施过程中要做好记录，不论是调研还是实验，都要求实施过程的数据化。学生在实施的过程中要不断分析和讨论数据，讨论数据中的内在联系和内在规律。数据分析与总结之后，需要团队进行充分的交流讨论，不断对数据结果和数据内容进行分析，通过积极的思考和交流，深入挖掘数据背后的规律性，并抽象出规律的一般性，条件许可的时候可以验证这种一般性。找出一般性规律之后，需要形成各种研究成果，按照不同标准形成不同的成果形式，例如研究报告、研究论文、专利、产品、项目报告等。项目完成之后，需要对项目进行反思，查看在项目实施过程中是否存在问题，是否存在需要改进的地方，数据分析是否到位，还有哪些值得研究的地方，未来如何规划，获得的规律如何拓展到其他领域，等等。这种反思能够对未来的项目研究提供方向，帮助学生提出下一步研究的概念和问题，形成一个完整的闭环。

二、研究性学习的特点

1.面向能力

在研究性学习的过程中，知识被不断地建构，然后通过思考进行重构，最终形成知识体系。知识建构过程体现的就是学习能力，知识建构是能力提升的必然结果。开展研究性学习的目标并非记忆知识，核心的目标是通过这个过程提升学习能力。

2.以学为本

从这个闭环可以看到，所有的步骤都是由学生来完成的，教师的工作是在幕后，帮助和辅助学生完成整个过程。如果没有学生的学习和实践，整个过程将无法推进。教师必须引导学生不断地向下一个步骤迈进，但是永远无法替代学生完成任务，这就是与传统课堂最大的不同。在传统课堂中，教师教完之后，课程就结束了，学生有没有完成学习任务，有没有实现目标，其实并没有太多的评估。但是在研究性学习中，学习有没有完成都是能够直接看到的。哪些学生进展比较快，哪些进展比较慢，哪些通过思考解决了问题，哪些永远停在原处，都一目了然。因此，以学为本的课堂最大的优点就是能够直接体现学生学习的进展和结果，能够直接观察到学生的学习能力表现。

3.实践性

与现有的学科教学不同，研究性学习不再局限于对学生进行纯粹的书本知识的传授，而是让学生参加实践活动，在实践中学会学习并获得各种能力。学习的过程也是由一系列的实践环节组成的。

4.跨学科

研究性学习不仅是某一学科知识的综合运用，更是各个学科知识的融会贯通，更重要的是要打破学科的束缚，让各个学科的知识不断融合。学生通过研究性学习，不但知道如何运用学过的知识，还会很自然地在已经学过的知识之间建立一定的联系。同时，为了解决问题，学生还会主动地去学习新的知识。

5.深度体验

研究性学习需要相对真实环境的深度学习体验，需要长时间地沉浸在问题的解决过程中，需要不断进行理解能力和抽象能力的训练，需要不断提升知识综合应用能力。这种深度体验能够使学生在解决问题的过程中提升自己深度学习的能力，充分调动学生学习的积极性和主动性。

6.导师制

研究性学习的过程并不是学生自发完成的，因为整个过程中有很多目标是潜在的，如果没有导师的引导，整个过程很容易流于形式，而缺少具体内容。导师不仅要告诉学生如何不断推进实践的进行，而且要对学生的学习状态及时进行评估。评估不仅仅是针对学生的表现，更重要的是通过评估学生的表现来反映学生思维的变化，这对导师提出了很高的要求。如果导师自己没有做过创新性研究,也就不可能指导学生。对导师的要求要远远高于对普通教师的要求,很多研究性学习没有达到效果,关键就在于缺少合格的导师。

三、研究性学习的步骤

(一)确定大概念

大概念是相关主题的核心概念和本质问题。如果教学主题所包含的内容比教师能讲授的内容多,教师就必须对教学内容做出慎重的选择,明确教学的重点。教师不能只讲基本概念,而是必须帮助学生了解所有学习内容中的重点内容,让学生了解最重要的学习内容是什么,各部分内容之间是如何衔接的,最应该关注哪些内容,哪些内容是相对不重要的。

大概念通过选择重点学习内容帮助学生将各个知识点联系起来,并使之在大脑中得以巩固。我们要做的是确定少数几个大概念,从而避免讲解主题下的每一个知识点。如果抓不住关键思想,不能将大概念和相关内容知识联系起来,留给学生的就只是一些零碎的、无用的知识,起不到任何作用。比如一个学生,即使他知识渊博,能说出许多法律事实,但是如果没有领会法律文字与法律精神之间的差别,那就不能说他了解宪法及法律体系。

(二)提出问题

针对大概念提出问题,直接指向大概念的问题就是基本问题。那么如何更好地专注于大概念呢?怎样才能避免基于简单活动的设计和基于灌输的设计这两个误区呢?提出基本问题可以实现这一目标,比如:

(1)艺术在何种程度上反映和塑造文化?

(2)故事必须有开头、中间和结尾吗?

(3)一切事物都是可以量化的吗?

(4)虚拟语气是必要的吗?

(5)DNA 在多大程度上决定命运?

以上这些问题是不能用一个简短的句子来回答的,这是关键所在,其目的是激发学生思考和探究,揭示更多能让学生深入思考的问题,而不只是给出标准答案。这些问题涉及范围广,充满迁移的可能性,探索这样的问题,能使教师揭示某一话题的真正价值。教师需要超越知识性的问题,去探索那些突破主题界限的问题,围绕这样的问题来构建知识体系,促进学生的深入理解。

比如针对苹果的主题,教师可以提出以下一系列启发性问题:种植季、生长季和收获季是如何影响人们生活的?与其他的食品相比,苹果对你有什么好处?现在种植苹果的农民能够维持生计吗?这些问题要求的不仅仅是独立的活动和知识片段,更是为了引发学生对知识的深入探究和最终迁移。

好的问题是那些能够引起深度思考、颠覆直观认知或权威，以及引起不一致观点的问题；好的问题能够引出更多有趣的和有争论的观点，要求学生在寻找答案的过程中聚焦于推理过程，而不只是关注对错；好的问题能够激发学生将生活体验和当前学习内容进行有意义的关联；好的问题可以重复出现，而且每次出现都使学生获益匪浅；好的问题使学生重新思考，并能使学生举一反三。

（三）设计方案

设计是利用已有的知识和工具，创造性地提出解决问题的具体步骤和内容的过程。设计在整个学习过程中起到核心关键作用，也是研究性学习与传统学习方式重要的差异之一。很多人都听说过设计这个词，但是对于设计的概念不甚了解，主要是因为大家只看到过别人的设计，并没有亲自进行过设计。下面就重点阐述一下设计的内涵，以便大家对设计有正确的理解。

(1)设计是具有创新性的关键环节。除了设计外，其他环节大都有章可循，但是设计环节无法进行严格的规定，因为设计是一种主观活动，如果限定过多，就会严重限制设计者的创作。即使仅仅提供了一些参考，很多时候设计者也会被这些参考吸引，而无法跳出参考内容的范围。

设计是创新，是从无到有的关键环节。设计之前，创新没有产生；设计之后，创新就具有了雏形，后续的环节都是针对这个雏形进行完善和优化。

(2)设计是来自设计者的创作。设计不是空中楼阁，它必须来自设计者的大脑，必须基于设计者的知识基础和能力。虽然无法清楚地描述设计的过程和结果之间的因果关系，但是这种因果关系是客观存在的。所以设计永远带有设计者的印记。当我们看到某一个艺术作品时，往往很快就能够判断是哪一个人设计的。创新作品也是同样的道理，创新作品的方案有很多，每个人都有自己的设计特点和倾向性，也反映出自己的能力和经验，所以设计是来自设计者本身。

很多学生非常习惯于去寻找答案，这种惯性思维是学生设计的主要障碍。因为学生日常训练的答案是向外的，要从外界寻找；而设计的答案是向内的，必须从自己的大脑中寻找。如果不能打破这种惯性思维方式，设计就是一个非常难以突破的事情。

(3)设计是知识迁移的过程。设计要依赖于知识，但不是知识的直接复制，而是一个知识迁移的过程。知识迁移是设计者利用自己抽象的知识模式在新的应用领域应用的过程。该过程有两个前提，第一个前提是设计者通过自己的学习和实践，已经抽象形成了自己的知识模式；第二个前提是设计者平时在知识模式应用时形成了知识迁移的能力，也就是活学活用的能力。

（四）实施方案

完成方案设计之后，首先要衡量方案的可行性，并权衡所使用到的资源和成本，在成本可控、资源可用的情况下，组建实施团队并建立基本的管理制度，制订实施计划，选择合适的技术路线和实施工具进行具体实施，并不断总结与改进方案设计，形成迭代。

1.确定方案的可行性

很多学生设计方案时天马行空，根本不考虑方案是否可行，因此到了方案实施阶段就发现原来很多工作并不是那么简单，有的方案要么根本不可能实现，要么工作量大到无法想象。

可行的方案首先要能够实施，比如一个方案是世界上顶级科学家都无法完成的，即使很有价值，也不具有可行性。比如基因编辑，即通过直接修改基因治疗疾病，这个课题目前还是世界难题，对于学生来说就不具有可行性。可行的方案还取决于学生掌握的工具有多少，比如方案中需要使用到软件开发或者电路板设计，如果学生没有经过这方面的学习，没有掌握编程工具，虽然任务可能并不难，但也无法真正完成。

2.组建实施团队

每个人擅长的工作并不相同，有的擅长技术，有的擅长组织沟通，有的擅长表达展示，如果要完成一项比较复杂、综合的任务，只靠一个人的力量是很难完成的，因此组建实施团队可以使大家取长补短，发挥团队作战的优势。

实施团队必须有一个核心人物作为队长，队长必须具有主动性、有想法、有担当、能决策、能团结大家，队长负责寻找队员、组建团队。

团队人员没有定数，团队人数取决于任务的大小，大任务人数多，小任务人数少，关键是注意队员之间要互补，要有各方面的人员，至少要有三类人：组织沟通人员、技术人员、表达展示人员。组织沟通人员负责制订计划、协调团队成员、召集会议、监督实施进度等；技术人员负责完成设计技术路线、使用技术工具、采集数据等工作；表达展示人员负责宣传设计、团队包装、产品包装、对外展示等。队长要把整个团队团结起来，彼此协调，互相配合，完成方案的实施。

3.制订实施计划

团队组建完毕之后，就开始按照计划实施，同时要注意根据实际情况及时调整。制订计划的原则是远期计划要简单，近期计划要详细。制订计划要符合实际，比如如果大部分学生只有周末有半天时间，那么就不能把内容安排得很满，要保证半天时间能够完成才行。

在计划实施的过程中，要善于利用各种资源。研究性学习不是单纯的考核，很多学生担心通过寻求帮助获得的成功不够纯粹，会影响自己的成绩。这种想法是不妥的，因为寻找资源、获取资源和正确利用资源是必须的，也是学习能力的必要组成部分。

4.完整记录实践数据

根据计划进行方案实施，一定要详细记录数据。比如很多学生经常会忘记记录日期、天气、参与人员等信息，一旦后续需要这些数据，又忘记当时的情况，无法弥补。甚至有更严重的情况，比如大家都去野外采样，但是没有标记采样地点，每个人都自认为能够记得住，但是所有人的样品放到一起时难以分辨，工作就白做了。

因此，在实践的过程中，一定要事无巨细，详细记录数据，最好配合上语音、视频等各种记录手段。所有的资料都要备份，防止丢失。如果在后续实践的过程中，发现前面由于缺乏经验，一些关键数据没有记录，那么也要根据条件重新测量数据，而不是仅凭记忆或者臆测编写数据。

完整的数据记录不仅能够对后续的研究提供足够的支撑，而且能够培养学生认真细致的态度，还能够为对外展示提供足够的证据，是实验过程中的关键要素。

(五)数据分析与总结

数据分析与总结的主要目的是分析实践过程中产生的数据，并找出一般性规律。根据实践具体形式的不同，数据的种类也不同。例如：科学研究以实验为主，会得到很多组实验仪器的测量数据；发明创造以产品为主，会得到产品制作过程中的框图、代码、错误经验等；人文历史类研究以实际调研为主，会得到大量的调研资料与调研数据。在数据分析和总结方面需要注意以下几点。

(1)确保数据的真实性。数据必须真实，不能凭自己的主观进行估计、臆测。自然研究通常采用仪器进行测量，要保证正确使用测量仪器；社会研究通常采用调查问卷、访谈等手段，要保证问卷或者访谈的问题设计合理，执行时要坚决，不能因为时间仓促而故意降低实验质量。

要注意保留一手资料，不能因为把数据统计完就将原始资料抛弃，所有的资料，即使记录得非常混乱，也要保留。

(2)注意数据的全面性。要从各方面记录数据。不仅要记录实验数据，还要记录数据的背景信息，例如时间、天气、人员，甚至人员的性格等。有时时间仓促，无法特别条理地记录，这就要求学生在出发时就做好数据记录表格，列好清单。表格填满，就代表数据采集完毕。

(3)及时分析和处理。不要等到实验最后再分析数据，应在每次数据采集之后及时分析。如果分析之后发现原来设计的实验方案有问题，或者有很多不切实际的方面，就需要及时调整。如果在数据处理的过程中发现新的有价值的内容，就应该针对这些内容重点增加实验。

(4)正确对待异常数据。在数据记录的过程中，有时会出现数据异常。数据异常有可能是由于记录的粗疏导致的误差，或者读错了仪器的数据，或者记录的时候笔误。还有一种可能就是记录都没有错误，而数据本身就存在异常。这时一定要注意，异常数据就是我们原来没有预料到的数据，没有预料到的数据比能够预料到的数据更有价值，因为这些数据往往意味着新的发现，锁定这些新的发现往往能够获得创新点。

获得信息和数据并对其进行综合分析之后，往往要通过一些逻辑的方法进行推理，从而得到一些结论，这个过程就是总结。总结的方法主要包括归纳概括、数据论证、归纳与类比、因果分析、相关分析等。

(六)交流讨论

交流讨论的目的是取长补短，因为每个学生的知识背景不同，综合能力不同，在实践的过程中对数据的理解也不同，所以交流就是依靠团队中不同人的看法进行充分沟通，实现“1＋1＞2”的效果。

交流过程中要注意“求同存异”这一原则。每个人的观点不同是一种正常现象，在研究性学习中并没有标准答案的概念，每个人充分表达自己的观点是必需的，但是绝对不能试图说服别人同意自己的观点，更不能为了维持团结局面而不表达真实观点。因此在交流的过程中，团队一定要维持一种“和为不同”的局面，要充分表达观点，把观点形成的过程讲解清楚，但是不要抵制其他团队成员的观点。交流的最终目的是要形成一个融合各方观点和结论的完整结果。

(七)成果与展示

数据和结果都确定之后，就可以准备形成完整的成果。成果的类型因课题的内容而异，例如发明创造的成果是作品和专利，科学研究的成果是研究报告和论文。具体的内容将在后面的章节进行详细介绍。

取得成果之后就是展示环节，即在各种公开场合表达自己的观点，展示自己的成果。展示的形式通常包括演讲、海报、学术交流、论坛、影视媒体、新媒体等，其中最核心的是演讲能力。对于学生来讲，并不要求大家都是专业的演说家，也不需要进行特别专业的训练，只需要根据以下技巧和注意事项，自主进行训练即可。

(1)关注听众的需求。对于学生来说，听众往往是教师、专家、企业、投资人等。很多学生花费了很多时间和精力很投入地做一件事情，在讲解时就刻意地把做这件事情的过程讲得很多，而对于做这件事情的意义与价值却讲得很少，这样自说自话肯定不行。专家往往希望了解学生做这件事情的创造性内容，希望了解这件事情对社会的贡献，然而这往往是学生不太重视的。

(2)抓住核心内容。如果研究内容很多，展示的时间有限，就一定要抓住核心内容。先讲解最重要的内容，再讲次要的内容；先讲解最重要的结论，再讲次要的结论；先讲解最重要的创新点，再讲次要的创新点。不一定要按照工作的先后顺序平铺直叙地讲解，可以按照价值大小择要梳理。

(3)表达出自信。表达的时候，不需要花里胡哨的演示文稿，最重要的是表现出自信。有的学生在展示的全程都不看专家一眼，而是一直盯着演示文稿，这样做会导致专家对学生的讲解过程不够重视，无法进行客观评价。

(4)内容真实具体。讲解内容要真实，不能想当然地自夸，也不能没有依据地胡乱编造。总之，按照符合自己身份的语言和标准展示自己最好的一面即可，不要因为感觉自己做得不够就妄自菲薄，也不要因为感觉自己做得很好就骄傲自大。

（八）反思与抽象

整个项目完成之后，学习过程中获得的知识点还是分散的，知识的宽度和深度都不够，必须通过深度思考对整个项目的过程进行反思，对知识点的关联和本质进行抽象，形成自己的知识体系和模式。

通过反思，我们可能发现在项目进行的过程中，还有很多内容没有做到位，还有很多证据不够充分，还有很多数据有遗漏，还有许多地方无法解释。这些都是我们未来深入研究的新课题来源。在这个过程中，大家还能够体会到学无止境、团结合作、妥协协商等日常学习过程中很少体验到的特殊感觉。

第三节　研究性学习的层次与形式

在了解了研究性学习的步骤之后，接下来再来看一下研究性学习的层次和主要形式。研究性学习的形式其实是多种多样的，并没有说哪一种形式一定是研究性学习，哪一种形式就一定不是研究性学习。如前所述，对研究性学习仅仅从形式上来判断是不够的，只有经过能力培养、深度思考，与内容相匹配的形式才是研究性学习的形式。但是为了更方便地在教学环节落地，仍然需要将研究性学习的主要形式介绍给大家。

一、研究性学习的层次

根据学习的内容和深度，研究性学习可以划分为四个不同的层次，如图 6-3 所示。

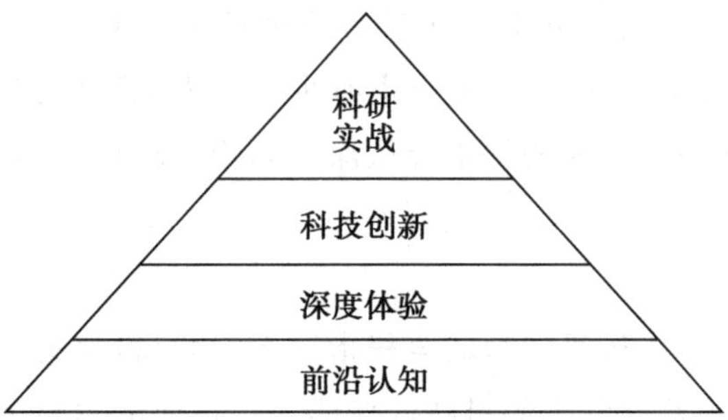

图 6-3　研究性学习的四个不同层次

从图 6-3 中可以看出，研究性学习的层次由低到高分别是前沿认知、深度体验、科技创新和科研实战。这四个不同的层次基本上概括了现有的各种形式的研究性学习，但是不包括那些打着研究性学习的旗号的虚假研学。不同的层次，会有很多种具体的表现形式，比如有的采用校内培养，有的采用校外集中培训，有的采用分散单元培训，有的采用线上线下结合，每一个层次都可以对应不同的形式，形式本身并不决定层次，决定层次划分的是学习的内容和深度。

（一）前沿认知

前沿认知主要是针对某一个学科、专业或行业，讲解前沿知识，帮助学生实现对学科、专业或行业的了解。适合从小学到研究生所有年级的学生。

该层次学习的特点是以讲座和参观为主，配合少量实践活动。讲座和参观通常有正规导师讲解，但是实践活动的时间较短，而且实践过程中往往缺乏正规教师指导。该层次属于研究性学习的最浅层次，人数规模不受限制，有时候有几百人同时听讲座、参观。

前沿认知学习的结果是会形成研究性学习报告。该层次的研究性学习报告往往属于日记性质，学生会将学习的过程和形式记录下来，但是对学习的体会却很难描述清楚。虽然学生感觉收获不少，但主要以知识的获取和记忆为主。在教育层面，该层次的研究性学习能够引起学生的兴趣，持续大概一年时间，但对于学生能力的提升比较有限。

（二）深度体验

深度体验是指选定某一个大概念领域，针对一个基本问题，在导师的带领下，设计解决方案，并完成整个实践环节的学习，充分体验专业领域的核心内容和研究过程。目前中学生和大学生进行的研究性学习通常属于此类活动。

该层次学习的特点是学生要长时间沉浸在一个课题的实践上，一个任务的持续时间往往要几个小时甚至几天。在这个过程中，有专业导师进行实践指导，一边指导一边评估学生的学习状态和思考状态，对学生出现的问题及时解决，每个班的人数通常有几十人。

深度体验学习的最终形式是形成研究性学习报告，内容主要以实践过程为主，例如问题描述、方案设计、技术路线、实验过程、数据分析、讨论过程等，这些内容有部分的创新，但是主要以实践为主。大部分学生在学习的过程中会感觉收获很大，因为知识的学习以理解为主，能够激发学习的兴趣；但是也有少部分人难以坚持下来，因为深度体验的工作量通常很大。能够坚持下来的学生会从深度体验中获得持续的兴趣，这种兴趣通常会持续五年左右。

（三）科技创新

科技创新主要是在一线科研导师的全程指导下，学习科研的方法，体验科研的过程，创造自己的作品，目的是培养学生的科技创新能力。目前的本科生进行的科技创新通常属于此类活动，当然也有部分中学生通过各种渠道参与到此类活动中。

该层次学习的特点是在导师的带领下，实现创新的完整过程。科技创新主要包括发明创造和科学研究两种形式，发明创造是创造一个作品满足客户的需求，科学研究是发现一个新的科学规律。这两种实践活动都是以创新为目标，要产生创新的成果。从选题到实践再到成果实现，导师会对整个过程进行全程跟踪，并分别指导每一位学生。从成果特点来看，每个人或者每个组的成果可能完全不同。

发明创造的最终成果展现形式通常是产品、专利、研究报告等；科学研究的最终成果展现形式通常是研究报告和论文。在整个学习过程中，导师不仅要指导学生的专业知识学习，还要负责学生的思想指导和方法指导。由于学习的难度较大，并不是所有的学生都能够坚持到最后，中间会有很多人打退堂鼓，导师要及时进行鼓励和疏导。经过学习，学生通常会受益终生，对科研产生浓厚的兴趣。

(四)科研实战

科研实战就是与一线科研导师在一起进行真正的科研，和导师一起分担繁重的科研工作。目的是培养学生的科研实战能力，获得真实的科研成果或有市场前景、有竞争力的产品。目前研究生进行的科研通常属于此类活动。

该层次学习的特点是学生要进入科研的真实环境，并且有导师进行一对一辅导。在研究的过程中，导师不仅要指导学生如何做科研，而且要随时疏导由繁重科研活动带来的心理问题。学习的过程主要依赖深度思考，深度思考的状态每天要持续几个小时。

科研实战的最终结果形式为实际科研成果，例如发现新的科学规律、发明新的产品等。通过科学实战，学生不仅会改变其学习态度，受益终生，而且能与导师保持良好的关系。

二、研究性学习的形式

目前的研究性学习可以划分为发明创造、科学研究、学科深度学习、研究性课堂四类典型的形式。每一种形式可以划分为不同的层次和等级，这需要根据学生的需求和实施的条件来决定。

(一)发明创造与科学研究

发明创造和科学研究是研究性学习在科技创新层次的两种不同表现形式，属于研究性学习中比较有难度也比较复杂的形式。它们可以充分体现并培养学生的学习能力、创新能力、实践能力、解决问题的能力、沟通能力等多种能力。

发明创造就是针对客户的技术需求，基于自己的知识背景，利用创新思维，通过创新的方法和创新的工具，按照流程一步一步地创造一个新的产品。

科学研究就是针对科学问题，基于自己的知识基础，利用创新思维，通过研究，探索一个没有被发现的规律。

发明创造和科学研究有着不同的过程。

发明创造的过程包括确定需求、分析问题、设计方案、制作产品、优化产品等环节。

(1)确定需求。每一个发明创造都必须满足客户的真正需求，没有满足客户需求的产品是没有必要存在的。

(2)分析问题。通过分析，找出问题出现的根本原因，才能通过工具解决问题，产生创新的产品。

(3)设计方案。设计者根据需求，基于自己的学习背景和知识材料，形成自己的方案。这个方案不能通过模仿和抄袭来产生，只能通过设计者自身的设计来完成，是创新的真正体现。

(4)制作产品。根据产品方案来制作产品时，要结合自己的基础条件，如果设计脱离实际，便无法做出一个真正的产品。

(5)优化产品。刚开始制作的产品只能称为"产品原型"，"产品原型"中的组件一般来自现有的产品，而不是为了创新的产品专门准备的。产品优化就是将每一个组件都优化成新产品所专有的，优化之后，一个真正的新产品就成型了。

科学研究的过程包括确定选题、设计并实施实验、分析实验数据、作图与寻找规律、研究论文写作等过程。

(1)确定选题。确定选题就是选择一个科学问题进行研究。根据自己的情况，问题不能太大，也不能太难。可能是一个应用问题，也可能是一个非常小的专业问题。

(2)设计并实施实验。针对这个科学问题，要设计实验的类型，比如通过正交实验来选择最优化的参数，或者通过探索实验来寻找各种实验规律。在实验的过程中，要详细记录实验数据，同时要记录这些数据的背景信息。

(3)分析实验数据。通过分析数据的误差，确定数据是否符合要求，以及判断是否要做补充实验。

(4)作图与寻找规律。依据各种情况下的数据，作出拟合曲线和图形，判断是否有规律出现，这些规律以前是否出现过，判断它的创新程度。

(5)研究论文写作。研究论文具有固定的格式，比如摘要、引言、正文、结论、参考文献等。将个人研究的数据和结论经过分析，写成文章，合适的可以发表在专业期刊上。

发明创造和科学研究具有不同的成果形式。发明创造的主要成果形式是产品和专利，这些产品是原来市场上没有的东西，并且能够满足用户的需求。科学研究的主要成果形式是研究报告或者论文，主要阐述原来没有的一些规律，以及在一些细分的领域或者融合的领域内发现的一些新的应用途径。

发明创造和科学研究具有不同的能力培养重点。

发明创造重点培养学生的动手实践能力以及创造性的发明能力，使学生在发明的过程中不断地将各个知识点关联起来，形成自己的知识体系，重在对知识的理解和应用，锻炼学习能力。

科学研究重点培养学生的思维和思辨能力，使学生在研究过程中养成良好的科研习惯，比如认真、勇敢等；更重要的是要使学生不断地深入思考，将关联的知识不断地提升成一种抽象模式，将一些离散的数据变成有规律的结论，使学生的思考能力得到大幅度的提升和锻炼。

(二)学科深度学习

学科深度学习是指针对学科中核心的概念和难理解的大概念进行深入的探讨和学

习，目的是使学生将大脑中松散的知识点，通过深度学习组织成一个结构化的知识体系。这个知识体系以核心概念为中心，向四周扩散，通过不同的条件、不同的分类，组织成良好的结构。

每一个学科都有很多核心概念，甚至有很多跨越学科的核心概念。比如物理和化学中的电子轨道概念、能量概念，语文和历史中的文化概念等。这些概念都是学科中最基础的概念，需要耗费精力来进行深入的探讨和理解，有时还需要不止一次地、反复地进行探讨和理解。这些概念往往涉及大量的相互关联的知识点，而且这些知识点都是围绕这个概念展开的。

深度学习的方式有很多种，根据不同的学科可以设计不同的教学方案。总的来说可以分为以下几个步骤：

(1)确定学习的目标，也就是需要学习和熟悉的核心概念。

(2)将与这些核心概念在本质上相关联或者由这些核心概念引申出来的其他知识和概念都汇总起来。

(3)通过各种不同的形式让学生熟悉各个知识点、各种分散概念之间的本质联系。教师可以通过设计各种活动，比如推导公式的活动、概念本质类比的活动、容易混淆的概念对比活动、概念相似度的活动等，来挖掘相关联的概念之间的关系，加深学生对概念的理解。在学习过程中，学生不断熟悉哪些知识是由核心概念推导得到的，哪些是核心概念在不同条件下的特例，通过分析一般和特殊的关系，就能够将大量的细枝末节的公式和概念，归为一个核心概念。这样不仅可以减少学生的记忆量，而且可以让学生真正地体会到核心概念的核心地位——核心概念就是一个可以覆盖大量知识点的中心概念。

(4)当学生的认知与概念的本质产生认知冲突时，教师要带领学生对这种冲突进行深入挖掘，并指导学生互相探讨。当学生的认知与概念的本质一致时，学生就可以完成知识的建构和重构过程。

在整个过程中，教师需要不断地观察学生大脑中知识的建构程度，同时也要及时地发现学生的认知冲突。在认知冲突比较集中的地方，可以设置一些专题讨论。

(三)研究性课堂

研究性课堂专指在传统课堂的基础上嵌入的碎片化的、短期的研究性学习形式。

大部分研究性学习都需要花费几天的时间，即使是最小化的核心概念的深度学习有时也需要几个小时的时间。在实际的教学课堂设计中，很多课程都是非常短的，每节课只有不到一个小时的时间。那么在这么短的时间内，教师完成知识的传授任务已经是争分夺秒了，想要在传统课堂中插入研究性学习更是难上加难。即使国家已经规定了学生参与研究性学习的学分和学习时间，很多学校也会把这些时间占用，去应付传统课堂课时的不足。

要在不到一个小时的时间内完成一个完整的研究性学习任务的确很不容易。这也是为什么在教学实施的过程中，即使教材上有研究性学习的内容，也往往被选择性地跳过，或者是用更简单的方式来代替。比如将传统的公式推导过程作为研究性学习的内容，这是典型的“挂羊头卖狗肉”。公式推导是有确定结果的，是标准化的，不需要研究，只需要做就可以了，所以这种方式并不是真正的研究性学习。

在传统课堂中嵌入研究性学习，的确需要教师对研究性学习的本质有非常深入的理解，而且能够充分利用课堂的时间，才有可能完成这项任务。不同的课堂有不同的要求和风格，不同的教师也有不同的教学方式，因此无法提供一个标准化的形式，但是可以提供一些参考形式和原则。

(1)尽量压缩概念的讲解和公式的推导过程，代之以对概念意义的剖析和对公式特点的分析。对概念进行讲解和对公式进行推导，目的就是得到概念或者公式。很多学生以为这就是学习的终点，其实这只是学习的起点，因为这些概念或公式都是前人通过艰苦的努力获得的结果，我们不能够简单地认为拿到这些结果就完成了学习的过程，而且简单地理解这些概念或公式也没有太大的作用。应该把概念或公式拿出来进行充分的讨论和分析，明确其意义和价值以及适用范围，这才是良性的互动。

(2)尽量在课堂上对意义进行讨论。课堂的提问非常重要，但是提问一定不要简单地局限在对答案和现有知识的回忆和复述上。课堂提问应该将重点集中在个人的想法和观点上，比如对一个概念的理解、对一个事件的意义的探讨、对一个活动的设计规划等。

(3)采用学习卡片来尽可能多地采集学生对知识的理解程度的反馈。传统的课堂通常采用提问的方式来获得学生的反馈，但是这种反馈仅局限于个别学生，而且主要是局限于一些优秀的学生。大部分学习困难的学生并不太敢于表达自己有可能错误的想法和结论。采用学习卡片的方式，可以让每个学生都尽情地表达自己的想法和内心的感受，这样教师就可以及时地获得每个学生的反馈。大量的反馈能够体现更真实的课堂情况，也方便教师对每个学生的知识理解程度有一个准确的判断。

(4)尽可能培养学生的批判性思维、创新性思维。这些思维方式需要在很多小的案例中进行体现，而不是通过一个集中的课程来学习，所以思维方式的培养是可以嵌入传统课堂的。潜移默化的培养，往往可以得到更好的结果。

本章思考题

1.分析一下你接触过的所有学习方式，哪些学习方式属于研究性学习？

2.将目前的实验课与研究性学习课程进行对比，分析判断实验课是否是一种研究性学习，两者有哪些本质的联系和区别。

3.在上课时，观察现有课堂的教学模式与教学内容，分析课堂上大家的表现，包括教师、学生以及两者的互动等。体会并总结课堂上知识的传递过程，并分析课程的效果。

第七章　研究性学习之选题

好的开始等于成功的一半，好的选题一定要与目标一致，而且一定要针对最重要的、最核心的内容来进行研究，而不要研究一些细枝末节。

在研究性学习的整个过程中，选题既是一个新课题的起点，又是前一个课题的终点。选题需要具有专家的知识储备和分析能力，当我们的能力较强时，才能胜任组织选题这项任务。如果能力还没有达到很高的水平，我们只能将组织选题这个步骤委托给高水平的教师和专家。

很多人，包括教师和学生，其实并不太重视组织选题的过程，甚至觉得该过程不如实施重要。很多学生拿到选题之后会立刻进入设计和实施阶段，这也是研究性学习中需要重点纠正的问题。对选题的分析和选题背景资料的搜集整理是整个课题成功的关键。

本章所讲的内容对应研究性学习的过程的第一和第二步骤。

第一节　确定大概念

大概念往往能够强有力地解释某种现象，并且提供科学的、综合的考察。

一、大概念

专家思维是通过大概念来组织的，具有高度的抽象性，反映了专家对学科的深度理解。大概念是广泛的、抽象的、通用的，可以用简单的词汇来表达。专家大脑中的知识体系与大概念组织结构如图 7-1 所示。

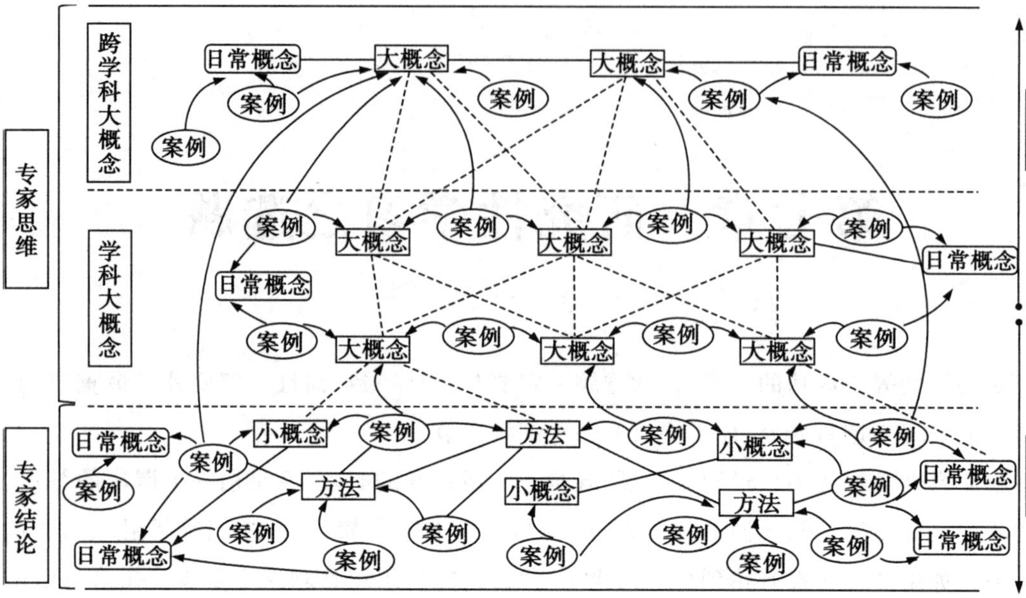

图 7-1　专家大脑中的知识体系与大概念组织结构

大概念希望传递这样的信息:某些概念可以被看作框架概念,能够覆盖很大的范围。但是从另外一个角度来看,"大"这个字可能会引起误解。所谓的大概念,并非一个包含了很多内容、庞大的、从某种意义上来说相对模糊的词语。大概念也不是一个基本概念的意思,相反,大概念是学科的核心,它们需要被揭示而不是被记住,因此必须对其进行深入探究,直到抓住这个核心。

相比而言,基础的概念就像字面所描述的一样,仅仅是进一步工作的基础。然而学科的核心概念则是必须通过深入探究才能得到的,是各个领域专家思考和感知问题的方式,这些概念是不明显的。事实上,专家提出的大概念对于初学者来说是抽象的,是违反直觉的,甚至是容易产生误解的。

表 7-1 为基本概念和大概念之间的区别。

表 7-1　基本概念与大概念对比

基本概念	核心概念(大概念)
生态系统	自然选择
四则运算	交换律、结合律、传递性
进攻与防守	博弈
实验	假设与检验
事实与观点	论点与论据、逻辑推理
诗歌的格式	文化

能称得上“大概念”的，都是因为它们能够强有力地解释各种现象，例如表7-1中的大概念都能够普适性地解释各种各样的自然现象。

在教学实践中，大概念通常表现为以下几个方面。

(1)概念。例如：适应、函数、量子论、洞察力。

(2)主题。例如：正义战胜邪恶、西部大开发、精准扶贫。

(3)有争议的结论和观点。例如：先天与后天、好人与坏人、法律与道德。

(4)理论。例如：进化论、系统论、守恒定律、相对论。

(5)基本假设。例如：市场是理性的吗？科技是不分国界的吗？

(6)反复出现的问题。例如：这个意义是什么？这到底意味着什么？我们怎么能知道或者精准地表达？我们能够证明它吗？

各种具体的表现形式，都有可能是大概念，只是用不同的方式表达出来而已。

二、大概念教学

所谓的“大概念教学”，就是以大概念为核心目标的教学，它指向培养学生的学习能力，尤其是解决实际问题的能力。

杜威曾提到过三种水平的教学：第一种水平的教师，把一节课就当一节课教；第二种水平的教师，会关注学科内知识的融会贯通，当然融会贯通的程度会有所差别，但无论程度如何，都只囿于学科内或学校内；而第三种水平的教师则是联系实际生活来思考教学。大概念打开了一个崭新的视角，之所以提倡大概念，是因为当前学校教育的关注点在“作为专家结论的学科知识”，而不是“具有生活价值的专家思维”。

以往的教学并不是不提倡概念教学，也不是没有考虑到概念与概念之间的关联问题，但往往只停留于概念之间的关联，没有上升到大概念；或者仅提到了大概念，但是没有围绕大概念进行建构，事实上没有大概念这一锚点。看似相关的小概念之间的关系实际上还是松散的，因为它们无法与学生的日常概念打通，并发展成为自然知识。

大概念是抽象概念，课程设计的挑战是如何把这些抽象概念融入生活，让它们显得至关重要。因此围绕大概念进行教学设计，远比我们最初想象的要更具有挑战性。认真听取学生可能存在的误解对设计过程来说是非常重要的，因为大概念不能仅通过讲述和阅读获得。学生在接触大概念时，往往会产生误解，而这些误解也是教师进行教学设计的起点和依据。大概念更像是一种指导性的猜想，当人们需要学习更多的内容时，就需要对它们进行细化和调整。教学设计必须有助于学生反复地探寻有关大概念的问题。

第二节　基本问题与问题

大概念是探索的终点，而基本问题就是通向这个终点的大门。

爱因斯坦指出："提出一个问题往往比解决一个问题更重要。因为解决问题也许仅是一个数学上或实验上的技能而已，而提出新的问题，却需要有创造性的想象力，而且标志着科学的真正进步。"

一、基本问题

大概念聚焦于把零散的知识连接成一个有意义的框架，并且给这些知识带来了意义。而基本问题正是聚焦于大概念提出的，它的目标直指大概念的探究。

最好的问题不仅能够促进学生对内容的理解，更能激发其对知识间的联系和迁移，我们称这样的问题为"基本问题"。基本问题能够让人们了解事物的核心本质，但它不一定是宽泛的，它可以直接指向一个特定的话题、问题或者研究领域的核心。比如：

(1)测量中什么误差是不可避免的？

(2)政府应该从哪些途径来规范市场体系？

(3)我们如何才能知道作者是否是认真的？

(4)大爆炸理论的优势和局限性是什么？

(5)怎样判断体育运动中的胜利者？

(6)文学上的畅销书和剧作有何关系？

(7)是什么让一个数学论证有说服力？

(8)听从祖先的话有何重要性？

这些问题不仅是各自领域的核心问题，同时也是非常真实鲜活的。人们可以在学校以外争论这样的问题。不管是新手还是专家，这些学科中的重要问题会为每个人打开思路。

二、如何判断一个问题是否是基本问题

如何判断一个问题是否是基本问题，重点是要分析其中的"基本"二字，"基本"的内涵可以通过以下四个特征进行分析。

(1)它是人们一生中会重复出现的重要问题。这样的问题范围很广，具备永恒的特质。这些问题永远都是有争议的，比如什么是正义，比如艺术欣赏是品位问题还是固定规则。人们通过探究获得了自己的理解，但是很快就会发现，答案总是暂时的。这种想法的变化不仅是在预料之中，也是有益的。

(2)它是对某一学科核心思想的探究。从这个意义上讲，基本问题是那些指向某一

学科的核心大概念或者指向前沿技术知识的问题，它们具有重要的意义，而且频繁出现。比如什么是健康，什么是能量，时间的意义是什么，等等。

(3)它是学习核心内容所需的东西。如果一个问题可以帮助学生有效探究重要而复杂的观点、知识、技能，那么它就是基本问题。这是专家们设置好的通向发现的桥梁，只是学生暂时没有掌握或领会其价值。

(4)能够最大程度地吸引各种各样的学生。一些专家提出的问题，可能对事物的重大规划非常重要，但是对学生而言可能没有那么明显的相关性，缺乏意义，吸引力也不大。因此，如果一个问题能够吸引并保持学生的注意力，那么它就是基本问题。

基本问题并不是那么明确，那么清晰，学生第一次听到这个问题时，并不一定能够掌握它的内涵。因此，教师必须设计一些恰到好处的问题，能够引发学生激烈的讨论，但这些问题不一定很快地指向大概念。通过这些问题来进行热身，可以逐步地引导学生探究大概念和核心概念。

判断一个问题是否是基本问题可以根据以下六个指标，如果一个问题能够达到以下指标时，我们就认为它是一个基本问题。

(1)真正引起对大概念和核心内容的相关探究。

(2)激发对更多问题的深度思考、热烈讨论、持续探究和新的理解。

(3)要求学生考虑其他不同观点，权衡论据，论证自己的想法和回答。

(4)激励学生对大概念、假设和经验教训进行必要的、持续的反思。

(5)激励与先前所学知识和个人经历的有意义联系。

(6)自然重现，为迁移到其他情境或学科创造机会。

同时基本问题还应该能在不同的学科之间进行迁移，例如误差问题，不仅将测量学和统计学联系在一起，也在工程、手工、音乐等各个学科之间建立了联系。因此，基本问题是那些鼓励启发，超越特定主题而产生迁移的问题。

三、如何正确使用基本问题

传统课堂不停地灌输和传授正确答案的意识每天都被强化，很容易让学生感觉到专家是没有问题的，只有愚蠢和无知的人才会提出问题。当答案成为学生学习的唯一目标时，教学掩盖了当前学习内容中自然出现的重大问题，从而减少了学生的参与度，最终将扼杀学生深刻细致的探究过程。

基本问题是可以经常使用和反复使用的。在学校以及其他任何学习的地方都可以通过不同的策略将基本问题融入教学中。下面是关于使用基本问题的一些参考策略和技巧。

(1)围绕这些问题来组织项目、课程、学习单元和课堂，使“教学内容”成为问题的答案。

(2)选择或设计与问题明确相关的评估任务。应该明确任务和绩效标准做到什么程度才是对问题真正开展了探究。

(3)每个教学单元使用合理的问题数量(2～5 个),而且应该在单元教学的开始时明确提出问题。划分内容的优先顺序以便使学生明确地专注于几个关键问题。

(4)用“学生语言”设计问题以便使问题更容易被理解。改写这些问题使它们尽可能对相关年龄段的学生富有吸引力和启发性。

(5)确保每个学生都理解问题的含义并看到问题的价值。必要时,进行一次调查或非正式检查来验证这一点。

(6)为每个问题设计具体的探究活动。

(7)对问题进行排序,以便使它们自然地从一个问题过渡到另一个问题。

(8)在课堂上提出基本问题,鼓励学生围绕问题整理笔记,以明确这些问题对学习和记笔记的重要性。

(9)帮助学生使问题个性化。鼓励学生分享案例、自己的故事和直观感受。鼓励学生使用剪报和手工艺品使问题生动有趣。

(10)为解决问题分配足够的时间,同时要考虑学生的年龄、经验和其他教学任务。用问题和概念图表示问题的关联性。

(11)与其他同事分享自己的问题,使教学计划更具有跨学科的连贯性。

四、问题

基本问题是指向大概念的,属于问题的一种。下面要讲更大范围内问题的概念。“问题”这个词含义比较广泛,用得也比较多。比如我们会经常说:“这个事问题大了!”“大家有没有问题?”“问题出在哪里呢?”很多时候,其实我们都随口使用“问题”这个词,但是很少区分其中代表的不同含义。

总的来说,问题包含两种含义。第一种是指我们对某个东西不理解,存在疑问,比如“天空为什么是蓝色的?”第二种是指我们遇到了困难和障碍,比如“我如何解决班里座位不够用的问题?”这两种情况我们都会经常使用“问题”这个词。所以有必要把两种情况区分对待,因为这两种问题分别对应两种不同的解决方案和思路。

第一种,疑问,在英文里往往被翻译成 question。它的解决方案对应的是科学探究和深度思考,目的是找到几个因素之间的联系或规律,或者是搞明白一个概念的本质含义。第二种,困难和障碍,在英文里往往被翻译成 problem 或 trouble。这种情况的解决方案主要是通过创造一个东西,解决这个困难和障碍。所以我们在考虑问题时,首先要分清楚问题属于哪一种。

疑问,通常称之为“科学问题”。科学问题是在一定时代背景下提出的科学认识和实践中需要解决而未解决的矛盾,包含一定的求解目标和应答域,但尚没有确定答案。科学问题往往伴随新知识、新原理、新现象的发现。此处的矛盾往往表现为:首先是疑惑,即不明白想弄明白的问题;其次是冲突,即新的发现与已有知识之间产生了不一致的地方;最后是差距,即现有的能力和未来理想之间存在的差距。科学问题都是时代的产物,历史时代的背景知识决定了科学问题的深度以及解答这个问题的方式和途径。在不同的知识背景下,原来的非科学问题也可以转化为科学问题。科学问题主要来源于观察,但是如果仅有观察,不能引发疑问,是不会产生科学问题的,这需要具备专家型的知识结构才可以。

困难与障碍,通常称之为“技术问题”。技术问题首先要明确是指向一个技术物品的问题。当然不同的专业,技术的内容是不相同的。比如“共享单车比较容易被破坏”这个问题,机械专业要从机械故障和寿命的角度来分析问题,社会学专业要从社会管理的角度分析问题,心理学专业要从人使用共享单车的心理角度来分析问题。总之,不同的专业要用不同的专业知识来重新定义和阐述问题。

当你遇到一个技术问题时,首先要确定这个问题是否是真实存在的,要进行考察确认。如果真实存在,那么按照不同的专业,把问题绑定到一个技术物品上,把问题转化成技术问题,即初始问题本身通常是以某个人为出发点来看待这个问题的,转化成技术问题就是要转化成以技术物品为主体的描述形式。比如初始问题的描述是“我使用电饭煲做饭等的时间过长”,那么问题可以转化为“缩短电饭煲的工作时间”。

最后还要评估问题的价值。当然,问题的价值评估实际上是模糊的、不确定的。有的时候当前没有太大价值的问题,可能过一段时间价值就非常大,所以价值也具有很强的时代性。这里提供两条评估问题价值的原则作为参考:第一是问题的影响面有多宽,比如说影响多少人、多少事件;第二是问题有多严重,是不是致命的。这两条原则只是指导原则,并不代表找不到有价值的问题就没有研究的必要。有时候研究刚开始时我们确实没有发现问题的价值,但是研究的结果是极有价值的,这种情况也经常会出现。所以不要因为自我评估价值太小就不去研究某一问题。

五、问题的5W因果分析方法

问题分析的方法有很多种,其中有一种分析方法是用来快速锁定问题产生的原因,这种方法就是5W因果分析方法,非常简单而且实用。

顾名思义,5W因果分析方法就是连续问几个为什么(why)来分析问题本质的方法。

那么要如何正确地使用5W因果分析方法呢?一般有三个步骤。

1.找对问题的本质

很多时候我们解决不了问题,不是因为我们不会解决问题,而是因为没有把问题的本质真正地找出来。

举个真实的事例,某重要实验室的一个大型电机发生异响故障,专家们连续开会讨论解决方案，可是好几天过去了，也没能找出故障。后来大家请来一位老工程师。这位老工程师一到现场，就在电机旁边搭棚子住了下来。两天后，他在电机一侧画了个圈，指着圈吩咐道，这个地方的线圈剪短两圈就好了。专家们照做，故障果然就被排除了。为此实验室不得不向老工程师付出 2 万美元的咨询费用。可专家们就不乐意了，说："你一个圈就要价 2 万美元未免也太黑心了。"老工程师说："画圈只值一千美元，但是在哪里画就值 1.9 万美元。"

这个故事告诉我们，正确地找出问题的本质是多么重要。那如何正确地找对问题呢？不妨试试以下几个办法。

首先，识别出问题要遵守三个原则：贴近现实，进入现场，接触现物。不在现场研究，在办公室讨论是找不出问题所在的。

其次，要准确地阐明问题，它能帮助我们更好地理解问题所在。

在完整、准确的问题描述中，应该包含以下信息：是谁，在什么时间点，在哪里，发生了什么事情，以及能够给出对应问题的证据。在日常工作中，我们在反馈问题时，时常会有信息缺失，导致后续难以跟踪、复现和验证，进而影响了对问题的定位。

最后，要尝试分解问题。这里常用的是 MECE 法则，即相互独立、完全穷尽法则，也就是把一个大问题分解成一个个小问题。比如 12 楼的打印机无法正常出墨了，就可以分解成"12 楼的其他打印机可以正常出墨吗？""在彩色模式下打印可以出墨吗？""墨盒是正常安装吗？""墨盒还有墨吗？"等一系列小问题进行一一排除。

2.分析原因

找到问题的本质后，可以提出以下几个问题：为什么会发生？之前为什么没有发现？为什么没能从系统上预防？

3.解决问题

既然找到了问题所在，那么解决方案基本就会浮出水面。在使用 5W 因果分析方法时，要注意以下几个问题。

第一，灵活性。这里的 5 个 why，不一定是非要连续问 5 个 why，有时我们问 3 个就可以了，有时要问 6 个，要灵活使用。

第二，方向性。每一个问题，要具有意义，具有方向性。问题要尽量在技术层面分析，不要朝向更抽象、更模糊的方向，也不要引向无法解决、无法控制的社会学、经济学、哲学等领域，除非你本来就在这些专业内进行研究。

第三，针对性。要针对事物本身提问题，而不要进行问责型提问。根据实际经验，如果出现问责型提问，往往很难找出问题的关键，反而会出现责任推脱和影响效率的情况。

第四，可控性。对每一个问题的答案，心中要有一定的可控感。如果分析的方向已经超出自己的控制范围，就重新找寻其他的原因。

第三节　资料检索

在信息爆炸的时代，知识不断地“贬值”。能够快速地定位知识，从各种渠道找到有用的信息，就成了最有用的技能之一。

一、文献检索

美国文献学家赫伯特说:“知识的一半，是知道到哪里去寻找它。明日的文盲，不是不能阅读的人，而是缺乏检索能力的人。”工欲善其事，必先利其器。文献检索是开展科学研究工作的有力武器。事实证明，任何一项知识创新、科学发明或学术成果的诞生，都需要查阅大量的文献，借鉴和继承前人的经验。

因此，学会查找并阅读文献，对学生来说特别重要，尤其是在当今互联网高速发展的时代。

文献检索是指将信息按一定的方式组织和存储起来，并根据需要找出有关的信息的过程，相当于人们通常所说的信息查询。

检索途径也称“检索入口”。文献的特征是存储文献的依据，也是检索文献的依据。

1.外表途径

所谓外表途径，是指以文献外表特征作为检索入口的检索途径。

(1)题名途径。指根据文献的名称来查找文献的途径。文献名主要指书名、刊名、会议名等。文献名索引按其名称字顺排列。这类检索工具有图书书名目录、期刊刊名目录等。

(2)著者途径。指根据著者的姓名来查找文献的途径。在检索工具中有著者索引和著者目录。著者索引按著者的姓(或名字)顺序排列，后给出文摘号。著者索引又分为个人著者索引和团体著者索引。由于同一著者的文章往往具有一定的逻辑联系，以著者为线索可以系统、连续地掌握他们的研究水平和研究方向，因此具有族性检索的功能。

(3)号码途径。指根据文献代码来查找文献的途径。号码有多种类型，如科技报告有报告号，标准文献有标准号，专利文献有专利号，使用这种序号索引查询很简单，但需要了解文献的号码，在事实检索中用得较多，一般情况下使用得不多。

(4)其他途径。包括依据出版类型来检索，依据文献出版日期来检索，依据国别、文种来检索，等等。

2.文献内容特征的检索途径

在不了解文献外表特征，不是确切查找某一指定文献，而只是查找相关文献时，可使用文献内容特征的检索途径。

(1)主题途径是指以代表文献主题内容的主题词进行文献检索的一种方法。主题词一般按字顺排列，形成主题词索引（关键词索引、叙词索引，后面列出文献号）。

（2）分类途径是指以分类号作为检索标识的一种文献检索方法。有分类目录，也有分类索引等。大多数检索工具的正文是按分类编排的，它们的目录就是分类索引。如大型工具书 CA，书前有分类目录。

（3）其他检索途径。如引文途径、分子式途径、化学物质途径等，如 CA 中就有分子式索引、环系索引、化学物质名称索引。

二、文献检索方法

1.追溯法

追溯法又称“回溯法”，它是从已有的文献后面所附的参考文献入手，逐一追查原文，再从这些原文后面的参考文献逐一追查，不断扩大检索的线索范围，从而获得一批相关文献的查找方法。

这种方法的优点是在没有检索工具或检索工具不齐全的情况下，可以查到一批相关文献。缺点是作者列的参考文献一般是有限的，有的与研究的关系不是很大，因此容易造成漏检和误检。

2.常用法

利用文摘、题录或索引等检索工具来查找文献的方法，被称为“工具法”。这种方法科学、省时、省力、效率高，是现在检索时最常用的一种方法，所以也叫“常用法”。

按照所查文献的时间顺序，常用方法分为以下几种。

（1）顺查法是指以检索课题的起始日期为起点，按时间顺序由远而近地查找文献的方法。

使用顺查法查找前需了解课题的背景，通过有关的参考工具深入了解课题的实质性内容，再选择检索工具，从问题的发生日期着手查起。这种方法查全率高，但工作量大，效率不高，一般在课题立项查新或成果鉴定查新时使用。

（2）倒查法即逆时间顺序，由近而远地查找文献的方法。此法多用于新课题或老技术新发展的课题。课题对近期的状况比较重视，因此一般从新情况开始查找。

（3）抽查法是指根据课题的特点和需要，选择该课题研究发展较快、出版文献较多的一段时间进行查找的一种方法。该方法检索时间短，有漏检的可能，只有在对课题的发展前景有较多了解时才能使用。

3.综合法

综合法又称循环法，是把追溯法和常用法这两种方法加以综合运用的方法。一般先利用检索工具查出一定时期内的一批有用文献，然后利用这些文献后的参考文献，以追溯法查出前一时期内的文献，如此循环交替地使用上述两种方法，直到满足要求。

综合法兼有前两种方法的优点，全面而准确，适用于那些过去年代内文献量较少的专业,并可弥补因检索工具不全面造成的漏检。

总之,以上各种方法各有优缺点,在实际运用时要根据课题研究的需要以及所能利用的检索工具和检索手段来进行选择。在检索工具较多的情况下可以使用常用法,在文献针对性较强的情况下可利用追溯法,在已知研究课题出版文献较多的年代时可利用抽查法。

三、文献检索步骤

1.分析研究课题

分析研究课题所属学科范围,明确检索的目的和意义,弄清课题的核心含义,确定所属学科、专业范围。

检索时间范围根据课题的具体情况而定,课题查新就要检索近十年的文献,一般情况可长可短。

不同类型的文献往往为不同的科技工作所需要。如从事一般性的科研、生产技术工作,需要掌握学科动态,主要利用期刊论文、会议文献、科技报告、专利文献等。再比如定型产品的设计和检验需要利用标准文献,从事发明创造、搞技术革新需要检索专利文献,进行产品的外观设计需要利用产品资料。

2.选择检索工具

检索工具直接关系到检索效率和质量的高低。现在检索工具的种类也很多,选择时可考虑以下四个方面的因素。

第一,检索工具所收录文献的学科专业范围;第二,检索工具所收录文献的类型;第三,检索工具所收录文献的语种;第四,检索工具提供的检索途径。

同时要从现有的检索工具情况出发。如果对本专业有哪些检索工具或检索工具所收录文献的专业范围不太清楚,可以利用介绍检索工具的工具书,如中国科学技术信息研究所的《国外科技文献检索工具书简介》及其续编,辽宁人民出版社出版的《科技检索工具书综录》(上、下)等。

3.确定检索途径和检索策略

在利用检索工具查找文献时,主要是利用检索工具的各种索引,即通过各种检索途径来查找文献线索。一般来说,每种检索工具都会提供多条检索途径。如果检索课题要求的是泛指性较强的文献信息,则最好选择分类途径;如果要求的是专指性较强的文献信息,则最好选择主题途径;如果事先已知文献题名、著者、号码(专利号、标准号、报告号)等,可利用相应的各种途径。但也要依选择的检索工具而定,有什么途径用什么途径。检索策略就是提取检索词并确定组配关系。

4.选择检索方法

根据上面所述的方法选定检索方法。

5.查找和获取原文

根据所选定的检索途径和方法，通过检索工具的各种索引查得文献顺序号后，进而查文献或题录，获得文献出处，最后获取原文。

首先，判断文献的出版类型。其次，整理文献出处。在检索工具中，文献出处通常采用缩写，有音译刊名，需要通过“来源索引”“收录出版物一览表”等还原成全称或原名。最后，根据出版类型在图书馆或情报所查找馆藏目录或联合目录确定是否有收藏。

在检索工具中，不管是题录还是文摘，对摘录的文献的类型不加显著的区分，需要自己辨识。

能否熟练地检索和利用文献信息，能否借鉴和继承他人的经验和成果，是衡量自学与知识更新能力、研究和开发能力、创新与突破能力的重要标志。面对浩如烟海的知识，尤其要关注的是有用的专业知识，是能够解决科学和教学实践中问题的知识。这样，就要学习和掌握如何在信息海洋中获取最需要的信息的本领。利用完善的检索工具和检索系统，尤其是计算机，将大大节省查阅文献的时间和精力，收到事半功倍的效果。

本章思考题

1.锁定一本书或者一门课，找出哪些概念是大概念。

2.锁定一本书或者一门课，基于大概念，看是否能够提出基本问题。

3.根据第二节中列出来的基本问题，能否选定其中的一个，提出自己的假设？能否通过查询资料对自己的假设提供依据或者支撑？

4.你在日常生活中遇到了哪些问题？能否将问题准确地定义和表达出来，并通过5W分析方法对问题进行因果分析？

5.通过检索资料，查找欧拉公式的发展历史、意义、应用领域，汇总并转换为自己的语言对结果重新整理，形成综述报告。

第八章　研究性学习之设计与实施

在研究性学习的八个步骤中，本章会涉及第三到第五个步骤，即设计、实施与总结。

在确定目标、提出基本问题之后，就要针对问题进行学习设计与实施。目标和问题是在靶子，而设计和实施都要围绕这个靶子进行。需要重点注意的是设计过程，一定要交给学生自主完成，教师决不能替学生设计。教师在这个过程中主要负责引导、评估和提供各种资源。教师可以随时帮助学生解决问题，但不能替代他们解决问题。

由于研究性学习形式多种多样，每一种形式具有不同的设计和实施环节，因此在本章中，我们只选取一部分通用的、容易混淆的问题进行讲解。关于设计与实施的具体形式，我们把它放在案例篇中进行了详细讲解，有兴趣的可以直接翻到第三篇查看。

第一节　开放式自主设计

在研究性学习的过程中，大概念和基本概念的确定往往是由专家和教师完成的，因为这两个步骤需要以专家的知识架构为基础。而设计部分一定要由学生自己完成，这也是研究性学习和传统课堂的主要区别之一。

一、正确理解设计

设计就是自己来确定通过什么样的内容、步骤、时间、工具、深度等方案，完成既定目标和任务的过程。

很多学生刚接触研究性学习的时候，一到设计环节就变得手足无措。在传统的课堂学习中，没有让学生自己设计学习环节的情况，因此学生对设计环节非常陌生。下面就针对其中最主要的几个问题进行说明。

(1)设计是一种创作，必须由学生自主进行。在传统的课堂学习中，教师的大纲和教案都是提前准备好的，而且非常细致。每节课之间的先后关系、递进层次、难度级别都是由教师来决定的，学生仅仅是被动地接受。一旦进入研究性学习的设计环节，很多学生仍然等着被灌输，他们仍然以为有现成的方案。于是产生了一个很有意思的场景，就是学生等着教师给方案，教师又等着学生设计方案，等来等去，大家都不知道该干什么。

因此，在进行研究性学习的时候，教师应该让学生们做好充分的思想准备，告诉学生设计是一种创作，必须由学生自主进行。如果有学生不会，教师可以拿一些案例进行启发，但是绝对不能直接把现成的方案交给学生。

所有人的设计都是不尽相同的，设计是由学习基础和问题目标相互影响而产生的。教师的设计体现的是老师的思路，学生的设计体现的是学生的思路，通过学生的设计能够看出学生的能力。如果教师直接将设计方案交给学生，学生不一定能够完成该方案，而且也无法体现学生自己的想法和思路，无法达到研究性学习的目的。

培养学生的设计能力并非一朝一夕的事情，刚开始时肯定会非常困难，教师不能要求学生天生就会设计，而是要在不断地研究学习的过程中提升设计的能力。这就类似于我们常说的写作能力要在写作中提高，阅读能力要在阅读中提高，计算能力要在计算中提高。同样，设计能力也要在设计中提高。因此，无论教师讲了多少关于设计的方法，都无法直接将设计的能力传递给学生，应该让学生从小的设计开始，逐渐提升设计能力。

(2)以能力为目标、以问题为导向的设计。设计是以问题为基础的，是要针对问题来进行的。很多学生对问题还没有进行充分的分析，就开始胡乱地设计，这时的设计可能只是依据自己擅长或者觉得有意思的东西来进行，并没有真正地瞄准问题来进行设计。问题是设计的靶子，也是设计的评判标准，如果偏离了问题本身，设计就无从谈起。

常见的错误就是将记忆和理解混为一谈。比如目标和问题是需要理解能量守恒定律，可是设计内容和检验标准却是如何记住能量守恒公式。这样的设计就严重偏离了目标，因为记住能量守恒公式，并不代表能理解能量守恒定律，更无法理解能量守恒的一般性。因此，针对理解的目标，就一定要通过各种各样的反馈和展示来评估学生是否真正做到了理解。这时就需要多设计一些针对容易混淆的问题的阐述、解释等活动来实现最终目标。

从根本上讲，大家一定要对目标理解清楚透彻。当我们把问题的本质分析透彻的时候，答案就显而易见了，设计也会变得手到擒来。

二、设计环节容易犯的错误

1.活动时间长，学习成果少

如果项目任务繁重且耗费时间长，却只能达成小的或低阶的学习目标，那就不值得投入时间。项目的繁简程度应该“刚好适合”它所需完成的任务。如果学生通过听取简短的讲座或阅读相关内容就能学到特定知识，那就不适合开展探究项目。如果每个学生的最终成果十分相似，或者可以在网上轻松找到，那就表明学生完成的是低阶学习。

2.科技重于传统实践

让学生在互联网上研究一个主题，然后以幻灯片的形式呈现出来，这不是一个高质量的项目，它只是一个经过装饰的研究报告。好项目强调取得有意义的学习成果，而不仅仅是技术的应用。如果学习目标较高,并且运用科技可以帮助学生实现这些目标,那么结合科技才是必要的。在查看项目计划时,不妨思考一下,科技是不是用来辅助实现真实学习目标的。例如,它能否让人们聚集在一起,能否将学生与丰富的数据或第一手资料相连接,能否使学生与真实的受众建立联系,以及能否为学生提供其他方式来创建和分享独特而高质量的学习作品。

3.单薄的主题单元

有些班级每年都研究关于海洋的主题,学生会撰写报告并绘制海洋生物图片,在数学课上利用贝壳学习分数,阅读有关海上冒险的故事,甚至参观水族馆。不过,这些任务并不是跨学科、有合作性的,更不是高水准的。学生可能是跟着教师的设计方向来学习一系列跟海洋有关的主题,而不是进行深入的研究性学习。

4.步骤设计得过于详尽

最好的设计是让学生在学习过程中根据实际情况不断进行调整。需要警惕那些步骤过于详尽且衔接不自然的行动计划。如果按照详细的计划去开展项目,那么学习成果会是可预见且十分局限的。话虽如此,复杂的项目的确需要有详细的步骤。当评估项目计划时,要重点关注学习目标和学习成果。如果学生最终的学习成果看起来千篇一律,或者学习成果无法反映所需步骤的必要性,那么最好另寻他法。

5.对形成性评估关注不足

在研究性学习中要尽早并经常进行评估。在整个学习过程中,时不时检查理解程度、调整学习计划,有助于取得更好的学习成果。当你研读一个设计方案时,请考虑它是否具有里程碑式的学习阶段和学习成果。

6.评估不够真实

当学生开展真实且有意义的项目时,应该以一种类似真实世界中衡量质量的评估方法来评估成果。想要避免评估不够真实的问题,就要确保开展真实的项目,以及拥有真实的观众和评委。

三、提升项目设计的水平

好的项目设计通常要具备以下特征:

(1)设计灵活,为不同的学习路径创造可能性;

(2)是生成性的,让学生自己构建意义;

(3)是以基本问题为中心,以探究为架构的;

(4)有复杂而有趣的真实场景或模拟体验,从而引发学生的兴趣;

(5)是真实的、切合实际的,因此往往跨多个学科;

(6)利用丰富的第一手数据或资源;

(7)拥有让学生共同学习、互相学习的结构;

(8)提倡反复进行反馈、复盘和修正；

(9)让学生像专家一样展开学习；

(10)掌握重要的学习素养，包括坚持不懈、敢于冒险、充满自信、坚韧不拔、自我反省及相互合作；

(11)将学生与真实的受众联系起来，或允许学生公开分享他们所知道的内容。

当评估出项目设计水平不够，或者缺少设计思路时，可以考虑以下方式来提升自己的设计水平。

(1)比较与对照。例如对市场进行研究的学生，把市场配置手段和非市场配置手段做比较，并就研究结果向有关部门提出建议。

(2)预测。例如学生根据目前国际形势的历史、现状进行研究，以预测未来的国际关系发展趋势。

(3)理解因果关系。例如学生分析来自公交公司和出租车公司的交通数据，分析导致交通拥堵的原因。

(4)确定局部与整体的关系。例如在观看电影《独行月球》之后，学生使用免费建模软件来确定各种因素是如何影响他们设计的生物圈的。

(5)着眼于随着时间而发生的变化。例如在一个城市历史项目中，学生通过各个朝代的古建筑研究历史文化演进的过程，并根据研究结果对城市未来的发展提出建议。

(6)辨别模式或趋势。例如学生通过分析几种不同类型的力的本质，尝试找出力产生的根本原因和力的类型，从而判断不同类型的力是否可以统一，抑或是从本质上进行分离。

(7)研究不同的视角并变换观点。例如学生在新闻报道中查找相同主题的文章，并且把事实和观点分离开，然后就自己关心的争议话题编写专栏文章。

四、设计的不同形式

设计是一种思维过程，是从大脑中产生出来的关于任务如何实施的方案。设计有多种形式，也有不同的层次，需要根据实际情况来确定。常用的设计形式包括以下几种。

(1)设计一个作品。作品是抽象意义上的创新成果，可以是一首歌、一篇文章、一种创意、一种产品、一篇调研报告等。可能以实物的形式存在，也可能以文字、图形、视频等方式存在。

(2)设计一组实验。为了探究一个结论是否正确，或者寻找两个事物之间的联系，或者寻找一件事情发展变化的规律，需要设计相应的实验，并对实验数据进行分析，为结论提供可信的数据支撑。

(3)设计一次活动。为了完成一项特定的任务而设计的活动，通常都是具有实践性质的，比如一次航天员的访谈活动、一次历史挖掘的调研活动、一次失重状态下的体验活动、一次团队合作的地质勘探活动等。

(4)设计思维过程。为了深入理解一个核心概念而设计的讨论、论证和辩论活动,是一种纯思维活动。核心目的就是将大脑中模糊不清的知识体系清晰化,将模棱两可的概念明确化,使对概念、意义的理解更加深入。

五、设计与实施的迭代

在研究性学习项目具体实施的过程中,设计和实施是不断迭代的。当按照设计好的步骤实施时,往往并不一定顺利。我们在实施了几个步骤之后,可能发现当时的设计存在很大的缺陷,或者发现当时的设计是错误的,那么就要立刻停下来进行分析确认,然后根据实际情况重新设计,这就是设计与实施的迭代。

有很多学生在实施的时候,发现实际情况与设计不相符,往往会怀疑自己的实施过程是不是存在问题。任何怀疑都需要进行验证,如果验证之后发现确实是实施不正确导致的问题,那么就可以去修正实施过程,之后继续执行计划。但当发现实施无法继续进行,或者实施的条件不够时,那么就需要回过头来修改设计,即使原来的设计是对的。

有时我们在设计的时候,并没有完全考虑到资源的投入和时间的有限性,实施了一段时间之后才发现只完成了原来设计的一小部分,这时候也可以回过头来重新优化设计,将设计切分成几个阶段,从简单的设计开始。或者将目标切分成若干个小目标,先完成最简单的和初始的目标,等有了资源和时间之后,再完成其他的目标。

第二节 基于数据的科学探究过程

在各种各样的研究性学习中,针对不同的问题,设计和实施有不同的过程和内容。我们无法对这么多的形式和过程都一一列举。但如果从数据的角度来看,很多研究过程都可以抽象成基于数据分析的方式。这种抽象本身具有很强的代表性。

研究性学习的形式很多,从信息加工的角度对科学探究的过程进行抽象,可以满足大部分探究活动。它由数据搜集、数据加工、发现与验证四种主要活动构成。这四种活动之间有机结合,构成一个完整的探究过程。

一、数据搜集

数据是形成概念与观点的原材料。探究中有效的数据搜集活动应该是探究者有计划、有目的、自主地获取数据的过程。其目的是把所需要的最有价值的、能促使概念形成的资料信息,在特定的时间,以特定的顺序获取。数据搜集体现了探究者认知的主动性,为探究者提供形成新观点时所需的信息源,还能使探究者对所获取的数据进行一定的组织,使之系统化,方便概念的形成。

有效的数据搜集活动应具备以下三个特点。

(1)主动性与灵活性。在数据搜集活动中,探究者不应拘泥于某种活动,而是要不断地转移自己的注意力,努力使自己接触到足够广泛的数据源。

(2)可操纵性。探究者可在一定程度上控制环境中的条件,并且能改变事件的条件,然后观察条件改变后的结果,这样就能在同一数据源中获取更多的数据。

(3)有一个可引导探究者辨别与评价数据的认知图式。认知图式包括感性与理性两种,它能引导探究者的选择。在这种情况下,多样的认知图式与丰富的数据同样重要。

以上三点是数据搜集的必要条件,但不是充分条件。整个数据搜集活动要根据检验假设的需要不断地进行调整。

二、数据加工

数据加工的主要目的是使数据更为简化、系统化,使数据间的联系清晰可辨,它是探究者进行探究活动的一个关键环节。数据加工活动分为四种:分析、比较、分离变量和重复。

(1)分析。分析是把复杂的数据分解成组成成分,通过普遍的与熟悉的数据来理解具体的与不熟悉的,从而发现数据间的相互关系。没有分析就难以理解感知到的事物或现象,因为人们的知觉往往习惯于从整体来感知刺激,而被感知的刺激只有在与大脑中已有的概念图式相匹配时才会被理解。如果大脑中没有跟它相匹配的概念图式,被感知的刺激就难以理解。在这种情况下,除非对知觉进行分析,否则就很难获得进一步的理解。只有把笼统的知觉分解成组成成分,通过普遍的与熟悉的来理解具体的与不熟悉的,才能把一件事与另一事件相联系,并从中发现它们之间的因果关系。

分析某事件有赖于对与该事件有关的概念与变量的掌握。如果对相关概念与变量不了解,分析活动就很容易受整体知觉的支配。分析是对整体知觉的分解,它需要从事件的各个维度、变量以及类别着手。因此,在教学中要帮助学生形成这几方面的概念,这样不仅有助于提高学生的分析能力,还能为其分析元知觉提供方法,从而指导其数据搜集活动。

(2)比较。比较是指把可比较的因素放在一起以突出它们的异同。由于时间与空间上相近的刺激,比时间与空间上相分离的刺激更易形成某种联系,因此把类似的事件放在一起进行比较,有助于发现事件各变量间的关系。在数据加工的过程中,不仅要善于决定比较的维度,而且要注意改变比较的维度,维度越多,发现关系的可能性就越大,因此,在数据加工过程中,如果能决定比较的维度,并把所获数据并置在一起,就更有可能识别变量间的各种关系。

(3)分离变量。分离变量是指有选择性地确定要集中注意的少数变量。这种方法在数据加工过程中是不可或缺的。因为即使是简单的生物或物理事件,其产生的条件也十分复杂，所涉及的变量繁多，而各变量之间又以错综复杂的关系彼此纠缠。数据加工必须集中在有限的变量上，每次只处理一两个变量。当操纵某个变量时，其他变量保持不变，以便观察其影响。如果一次处理多个变量，则会因注意力分散而无法准确获取所需数据。换言之，一个人在同一时间里注意的变量越多，发现这些变量间关系的可能性就越小。

(4)重复。重复是指把数据反复并置在一起，以减少忽略某种关系的可能性。数据中的某些关系即使显而易见，也不可能一下子就被发现。系统地操纵某个自变量一次，也许还不能发现它与因变量的联系。当这种联系是非线性的，或者当两个自变量之间存在着相互作用时，情况尤其如此。在这种情况下，重复操作对于发现关联性就是必要的。如果探究者刚开始难以发现关系，在搜集数据时可以多次涉及同一数据源；如果已经把数据加以组织或储存，可以根据需要经常审查这些数据，直到弄清楚关系模式为止。

总之，分析、比较、分离变量和重复作为数据加工的四种主要方式，有利于个体在探究中的同化与顺应活动的进行。自主的数据加工活动有助于学生分解自己的整体知觉，并从数据的分析中归纳出新的概念，实现顺应；而获得的新概念反过来又促进同化活动的进行，最终促进发现的发生。

三、发现

探究过程中突然领悟到事件中某种联系的心理体验为发现。发现往往产生于如下情况：当前的感知和已有的知识观念不协调，不能被纳入已有的认知结构中，但这种不协调随后又被认知活动克服，于是便产生发现的体验。换言之，发现往往产生于数据的重组或是概念的整合过程中。

促使发现的途径有三条：一是对感知的分析。如果探究者缺乏合适的概念，不能对整体知觉进行同化，那么通过对感知的分析，则可以揭示整体知觉中的熟悉成分。这些熟悉成分就有可能被探究者原有的概念系统处理，同化便开始发生。二是概念间的匹配。数据的搜集与加工使数据间的某种关系模式(概念)明显显现出来。研究者有时能发现这些关系模式跟以前从经验中获得的关系模式间的匹配关系，而这种对匹配关系的重新认识也能使探究者有发现感。三是概念的转换。如果探究者无法用自己原有的概念系统来解释感知，即使经过分析也是如此，就表明他的概念系统不充分。如果他人提供一个更为充分的概念系统(假设是通过语言交流)，或者他自己调整原有的概念系统使其充分，或者建立一个新的概念系统，结果会产生同化，使得“发现”得以发生。

虽然以上三条途径是促使发现发生的主要途径，但是“发现”不存在可教授的固定程序，只存在着促进“发现”的种种条件，如搜集数据、检验假设的自由、从数据搜集和发现过程本身产生的内在动机等。

四、验证

验证是指检验发现是否可靠。新联系或新概念系统,需要通过检验来确定它的可靠性。为此,需要借助具体事例来弄清楚该概念是否能同化其他应当同化的数据。比如,能够用它做出可靠的预测吗?它能毫无例外地解释所有相关事件吗?不能经受验证检验的概念系统,必须经过重建直到能够全面解释数据。在探究过程中,重建概念,用实际经验加以证明,一旦发现它们需要做进一步修改,就应当再三重复,循环往复。总之,验证是对理论的检查,以防止它离现实太远。

第三节　总结归纳方法

获得信息和数据并进行综合分析之后,往往要通过一些逻辑方法进行推理,从而得到一些结论,这个过程称为总结。由于总结也是需要根据具体的内容进行的,因此我们无法过多举例。此处给出一些通用的总结归纳方法,大家可以利用这些方法尝试进行总结训练。

一、归纳概括

概括就是对一个群体的全部或大部分成员的归纳陈述。归纳概括是最重要的归纳论证之一。归纳概括是指依照某个样本群的特征来判断整个群体特征的论证。换言之,这种论证就是利用关于特定数量人群或特定种类事物(即样本)的证据,来对更大范围的一类人或事物(即整体)进行陈述。

来看一个例子:

张三在黄河中钓到的鱼都不到 5 斤重。

因此,黄河里面的大多数鱼都不到 5 斤重。

这里的样本就是"张三在黄河中钓到的鱼",整体则是"黄河里面所有的鱼"。像上述例句这样的归纳概括符合归纳论证的模式。论证由一个具体的前提得出一个更加概括性的结论。但要记住关于归纳论证的重要一点:前提成立并不一定能保证结论成立。前提最多能为结论提供有力的支撑。

好的归纳论证所得出的结论应该与其前提提供的证据相对应。结论的内容不应超出前提能证明的范围。在上述例子中,结论称黄河里面的大多数鱼都不到 5 斤重。这里的前提所能提供支撑的力度固然部分取决于张三的钓鱼次数及所钓鱼的数量,但这提供的支撑似乎也不足以形成一个有力的论证。我们可以让结论不那么笼统,即缩小结论的覆盖范围,从而使论证更为有力。例如,如果我们将结论表述为,黄河里的很多鱼都不到

5斤重,这个论证就会更为有力。在已有前提下,如果将观点限定为“很多”而非“大多数”,结论就更有可能成立。可以弱化结论的词语还有“可能”“很可能”“有可能”等。如果我们这样来表达结论:“因此,可能(或很可能、有可能)黄河里的大多数鱼都不到5斤重。”这一论证就会更有力,因为结论的论调没有那么肯定。

二、数据论证

数据论证作为归纳论证的一种,与归纳概括密切相关。数据论证是从关于一部分人群的前提出发,得出关于这一人群中某个个体或某个部分的结论。例如:

> 90%的大学生认为研究性学习不应有期末考试。张三是一名大学生。
>
> 因此,张三认为他上的研究性学习课不应有期末考试。

和其他归纳论证一样,数据论证也是以有力和无力来评判。当一个数据论证提供的证据证明结论更可能成立而非不成立——结论成立的概率大于50%时,这个论证就是有力的;当一个数据论证提供的论据说明结论更可能不成立而非成立——结论成立的概率不到50%时,这个论证就是无力的。因此,上述例子就是一个有力的论证,所提供的论据证明结论有90%的概率成立。这一论据并不能在逻辑上确保结论成立,但归纳论证的论据从来都无法确保结论成立。

来看另一个例子:

> 某大学仅有3%的学生反对修建新体育馆。张三是该大学的学生。
>
> 因此,张三不反对修建新体育馆。

这也是一个有力的论证,提供的论据说明结论有97%的可能成立。如果像下面这样,将结论弱化,这个论证会更加有力:

> 某大学仅有3%的学生反对修建新体育馆。张三是该大学的学生。
>
> 因此,张三很可能不反对修建新体育馆。

与原有论证的形式相比,“很可能”一词所表示的语气更弱,使得结论也更为保险。原有结论声称,“因此,张三不反对修建新体育馆”,我们对这句话可能会有一些怀疑,但对于语气更弱的结论“因此,张三很可能不反对修建新体育馆”而言,就很难加以驳斥了。从论据来看,张三“很可能”不会反对修建新体育馆。即便该大学有49%的学生反对修建新体育馆,“张三很可能不反对修建新体育馆”也是成立的。

来看这一论证的另一个版本:

> 某大学仅有3%的学生反对修建新体育馆。张三是该大学的学生。
>
> 因此,张三反对修建新体育馆。

这一论证提供的证据使得结论不太可能成立。实际上,结论有97%的概率不成立。

因此这个论证是无力的。如果用“很可能”一词来弱化结论，会怎么样呢？

某大学仅有3%的学生反对修建新体育馆。张三是该大学的学生。

因此，张三很可能反对修建新体育馆。

这个论证仍然是无力的，因为论证显然说明张三很可能不反对修建新体育馆。

因此，有力的论证是指前提提供的证据能证明结论更可能成立的论证。有力且可信的论证就是前提提供的证据能证明结论更可能成立，但一个理性的人会笃信或据此行动的论证；有力但不可信的论证就是前提提供的证据能证明结论更可能成立，但一个理性的人不会笃信或据此行动的论证。

三、归纳和类比

在批判性思维中，理解类比和含有类比的论证非常重要。类比就是将不同事物在具有相似性的基础上进行对比。因此，多个类比建立在两个或多个事物的相似点或相同点的基础上。在一般的文学，尤其是诗歌中，类比非常常见。明喻，即使用“像”“正如”等词的比较形式，实际就是类比的一种。

尽管类比很有趣，在很多方面（比如诗歌）也很重要，但我们现在强调的是它们在归纳论证中所起的重要作用。类比论证建立在两个或多个事物类比的基础之上。类比比较的是两个或多个事物；类比论证则更进一步，常常会宣称在已有相似性之外，还存在另一种相似性。类比只是指出一种相似性；类比论证则指出，某种相似性证明了还存在另一种（或多种）相似性。

来看一个例子：

学校是事业单位。研究院是事业单位。学校在中秋节不办公。

因此，研究院肯定在中秋节也不办公。

这个例子首先列举了学校和研究院之间的相似性，然后又描述了关于学校的另外一些内容。最后则称，研究院同样如此。

实际上，这个例子就是类比论证的一种普遍形式。如果不用具体的例子，我们可以用字母来表示出类比论证的一般形式。

A有X的特征。B有X的特征。A有Y的特征。

因此，B有Y的特征。

这就是类比论证的基本式。

四、归纳和因果论证

人类是一种奇妙的生命形式。我们的本性驱使着我们去探寻未知。在我们所探寻的知识中,最基本、最常见也最为重要的是前因后果。当我们因为发生的事情而感到惊奇(无论是惊喜或惊讶)时,常常会寻找事情之间的联系。我们希望知道事情发生的原因。

大致而言,原因就是会带来变化、导致结果的事物。然而,因果关系并不仅仅局限于令我们惊讶的事物。这种关系无处不在,只是有时我们意识不到。例如,你可能很少会注意到万有引力定律,这个定律表明重物掉落是存在因果关系的,然而可能需要有什么东西突然飘浮起来,你才能想到万有引力这回事。你的车在每天早上会正常发动,但你有多少次会想到其中的因果关系呢?

这里我们主要关注的是试图确立因果关系的归纳论证。这种论证很难。我们寻找某个特定结果的原因时,是要确立两种事物或事件之间的特定关系。这种关系是什么?的确,原因应该在结果之前,但一件事发生在另一件事之前,并不意味着前者就是后者的原因。能够证明两种事物或事件之间存在因果关系的一个论据是,其中一件事经常会出现在另一件事之前。例如,每次你松开杯子,杯子就会掉到地上。所以,你会认为松开重物和其掉到地上之间一定存在着某种因果关系。再举个哲学家戴维·休谟曾举过的例子:每次你看到一个台球撞击另一个台球,被撞击的那个台球都会动,所以你会认为其中存在某种因果关系。你已经一次次地见证了这两件事的发生——这并不仅仅是一种巧合。但休谟又问,如果仔细想一想,你所见到的究竟是什么?只是两件事的发生,一个台球撞了另一个,被撞击的那个球动了,你所看到的是休谟所说的"恒常联结"。如果两个事物总是相继发生,它们就是"恒常联结"的。你并没有看到任何可以称为"原因"和"结果"的不同事物。你也没有看到什么"必然联系"或"因果力"。

休谟提出要努力理解事物之间的因果关系。这并不是一件容易的事,不过幸好这也不是我们要关心的问题。我们要看的是关于特定因果关系的论证,并学习如何对其进行评判。与证明什么是原因相比,证明某件事不可能是某个结果的原因更为容易。

我们来看一下因果关系的论证。需要注意的是,并非所有因果论证都含有"因为"一词,其他表示因果关系的词包括"引起""造成""影响""使得""改变""导致"等。这种论证有两种基本的形式:(1)关于某个具体事件原因的论证;(2)关于某种普遍关系的论证。

以下是关于某个具体事件论证的例子:

> 张三的车今天早上发动不起来了。他六年前买的车后来就没换过电池。
>
> 因此,很可能是电池没电导致车发动不起来。

以下是关于某种普遍关系论证的例子:

> 医学研究发现吸烟和肺癌之间有很紧密的联系。
>
> 因此,吸烟会导致肺癌。

这两个例子显然都是归纳论证。前提都为结论提供了(有力的)支撑,由前提并不能必然地得出结论,至少可能存在前提成立而结论不成立的情况。从上述第一个论证来看，汽车的发动机坏了而电池没坏的可能性是存在的。当然，可以有很多方法来进一步调查此事，但论证中并未对此进行说明。从第二个论证本身来看，也无法保证吸烟就是肺癌的诱因，两件事之间的联系并非一定是因果关系。

大多数因果论证之所以是归纳论证，是基于很实际的原因。在构建因果论证时，我们很难将所有可能性都考虑进去。然而，有些因果论证也可能是演绎论证。

我们再来看关于普遍因果关系的论证。当我们讨论群体性的因果关系时，通常是指 X 会造成群体中有 Y 的概率更高，我们一般不是指所有使用 X 的个体都会有 Y 的结果。例如，在吸烟会导致肺癌的那个论证中，我们并不是说每一个吸烟的人都会得肺癌，而是说与不吸烟的人相比，吸烟的人得肺癌的概率更高。有些不吸烟的人的确也会得肺癌；而有极少数人可能每天都吸烟，却能活到一百岁也不得肺癌。

无论是演绎还是归纳，所有论证都需要前提成立，这样因果论证才有意义。在论证因果关系时，我们应该仔细审视其前提。选择性注意和记忆可能会成为问题，仅仅将注意力集中在某些例子上或只回忆某些例子，会使样本产生扭曲。来看以下这个例子：

> 每次月圆的时候，人们都表现得很奇怪。
>
> 因此，月圆一定会导致奇怪的行为。

一个人怎么因为选择性注意或记忆而导致结论有问题呢？或许是每次月圆时他都会对异常现象非常敏感，容易将其解读为“奇怪的”行为。但如果他仔细想一想，可能会回忆起有很多次在月圆的时候，自己都没发现任何奇怪的行为。再想一想，他还可能会意识到，在没有月圆的时候，他也曾见过很多奇怪的行为。

在构建因果论证的前提时，可能出现的另一个问题是依靠传闻论据，即他人讲述的事情。正如前文所述，由于选择性注意或记忆的问题，有时我们连自己的观察也无法相信，他人的观察就更是如此。他们也会因为自身的选择性注意或记忆，而产生错误的认识。或者可能还有别的理由来扭曲事实，甚至可能会为了利益说谎。总而言之，当我们依据别人的传闻论据来构建因果论证时，需要非常谨慎，且要具有批判意识。

五、相关性和因果关系

有时两个事物或两件事之间存在明显联系：在出现 X 的地方，往往也会发现 Y。类似这样两个事物，经常甚至总是出现在一起的关系，就被称为“相关”。在相关关系中，两个事物有着共同的关系：一个事物出现时，另一个事物也经常或总是会出现。与之相对，在因果关系中，一个事物会导致或带来另一个事物。有时相关就意味着存在因果关系。例如，吸烟群体中较高的肺癌死亡率就引发了对于两者之间因果关系的调查。但我们对此也要谨慎。大多数情况下，相关并不能说明两个事物或事件之间存在因果关系。例如，在鞋号和孩子的平均数学能力之间存在很强的相关关系。鞋号越大，平均数学能力就越强；平均来说，穿大号鞋的孩子在同样的考试中比穿小号鞋的孩子成绩要好。这能说明脚大会带来数学能力的提升吗？或者这能说明数学能力会使脚变大吗？当然不能。这种现象有其暗含的解释：孩子的年龄其实与鞋号和数学能力都相关。随着孩子年龄的增长，其鞋号和数学能力都会增长，而非两者之间相互作用。

这个例子或许很明显，但有一些相关关系更容易被错认为因果关系。实际上，媒体的新闻报道中一个很严重的问题就是习惯于将一项新的研究表述为其证明了两个事物之间的因果关系，而该研究不过是说明两者之间存在显著的相关关系。为了批判性地评估此类报道，我们需要了解相关关系的实质。

两个事物或事件之间的相关关系，两者共同出现或不出现，可以是积极的或消极的。如果两个事物一起出现的频率与其分开的频率完全相同，两者之间就不存在相关关系。积极的相关关系，即两个事物一起出现的概率大于50%，或许意味着两者之间存在因果关系。消极的相关关系，即两个事物一起出现的概率小于50%，或许意味着一个事物妨碍了另一个事物的出现。关键问题在于：这个相关关系显著吗？这个问题部分取决于样本的规模。

样本规模一定要足够大，结果的误差才能在合理范围内。例如，假设发现在我们认识的三个整个冬天都在吃维生素C的人中，有两个从来没生过病。在吃维生素C和整个冬天没生病之间，是一个有力的相关——有接近67%的概率。但样本中只有三个人，所以这个相关关系谈不上显著。如果我们针对两千人开展研究，并发现在吃维生素C的人群中，有67%的人一整个冬天都没有生病，这就是显著的相关了。我们还需要将其与没有吃维生素C和整个冬天也没生病之间的相关进行比较。如果发现有66%的人没有吃维生素C，但整个冬天也没生病，之前的相关就不能作为因果关系的有力论据了。因为有几乎相同比率的人没有吃维生素C，却也没有生病。

然而，假设我们的研究发现，只有52%的人没有吃维生素C，却整个冬天都没生病。那么67%的相关就可以作为有力的论据，支撑维生素C能预防疾病的观点。如果没有对研究进行有效的控制，无论样本规模多大或多具有代表性，这也仍然不能作为因果关系的确凿证据。原因何在？因为可能还有一个事物与服用维生素C和身体健康都存在相关关系。例如，健康和服用维生素C之间的相关可能源于两者与良好的作息之间进一步的相关关系。或许良好的作息时间有助于健康和预防疾病，而有着良好作息的人也习惯于做他们认为有利于健康和预防疾病的其他事情，例如服用维生素C。

在遇到以相关关系为基础来建立因果关系的论证时，我们必须要很谨慎。相关关系可能只是源于某种巧合，且大多数时候的确如此。当相关关系并不绝对时，无论其程度为0%还是100%，我们都应持怀疑态度。在涉及因果关系的论证时，发现显著的相关关系可以是一个调查的开始，但绝不应该成为调查的结束。

本章思考题

1.选定一个主题或者节日,创造一个艺术作品,例如一首诗、一首歌、一支舞蹈、一张板报等。

2.找出日常生活中遇到的某一个技术物品有缺陷或者功能不足的地方,思考一下,将其本质表述清楚,然后设计一些改进产品,完成图纸和制作步骤的设计工作。

3.找出平时做题时特别容易出错的地方,尤其是复杂的、综合性的问题,分析自己是否对某一个概念的理解有偏差,然后根据自己的假设,不断尝试和验证,找出自己对概念理解的偏差具体是什么,得出结论。

4.锁定课本上的一个基本公式,试着找到与这个公式有关系的其他公式,看一下它们之间是什么关系。是基本公式的特例、基本公式在不同场景下的应用,还是基本公式在某些限制条件下的变形?

第九章　研究性学习之沟通协作与展示

一个人的能力终究是有限的，而且每个人的思维容易受到自己已有的知识体系的限制。所以在研究性学习的过程中，特别突出的一点就是需要进行团队的协作。每个人大脑中的知识体系并不是很完善，在学习新概念的过程中，往往会产生不同的认知，而这些认知的冲突正是我们需要通过讨论去不断清晰化、不断完善的主要内容。沟通就是来消除冲突，逐渐形成清晰认知的过程。在沟通协作的过程中，大家一定要保持平等的地位，相互尊重，相互信赖，唯有如此，才能够齐心协力，完成学习任务。

在完成学习任务之后，不同的团队之间也需要分享经验、互通有无。这时就需要对外展示，让同学或者其他人了解团队的学习内容、学习过程、学习结果以及对学习的理解。展示时，更大范围内的沟通交流也会推动更多的认知冲突，又会形成新的学习热点。

在这一次完整的学习过程中，通过资料查询、设计、实施等环节，可以获得很多知识性的内容。刚开始，这些内容有可能是散的、点状的。再通过总结、反思，将这些知识消化吸收，并关联化、模式化，构建自己的知识体系。这样，再与其他团队碰撞出来新的认知冲突，就成了下一次研究性学习的起点。

本章涉及研究性学习的最后三个步骤，也是学习过程中决定最终成败的关键步骤。

第一节　沟通交流的本质

沟通交流是学习共同体的内在要求，是研究性学习的重要组成部分。

一、如何认识研究性学习中的沟通

在日常生活中，沟通交流的目的是信息传递。而在研究性学习中，沟通交流是学习的一部分，除有信息传递的基本功能外，还有自己的特点。

1.沟通的目的是学习

研究性学习中的沟通的目的是学习。因此，在沟通的过程中，大家一定要保持目标的一致性，当同学之间发生认知冲突时，一定要明白，此时的沟通并不是为了证明谁是正确的，谁是错误的，一定不要为了单纯的争论而争吵，而是应该齐心协力将这种认知冲突仔细地分析。

在沟通的过程中，一定要保持平等、尊重、信赖的良好关系，使得沟通能够顺畅地进行。在学习共同体中，大家争论的目的只有一个，就是搞清楚概念。

2.沟通的本质是解决认知的碰撞

人们在组织自己的知识体系时，尤其是在面向大概念的时候，往往会出现各种各样的认知冲突，大脑中的理解和真实的状况并不完全相同。

当同学们一起进行研究性学习的时候，面对一个陌生的环境，此时往往会出现很多认知冲突。这些认知冲突有的时候并不是那么显而易见，有的只是隐约地让人感觉到有点不对劲，描述出来也非常模糊，自己也无法判断是否存在认知冲突。此时沟通交流就变得很重要。当同学之间互相描述自己的想法时，就发现各种描述之间并不是那么和谐一致。不同的人有不同的理解，当然也有可能几个人有相同的错误理解。在沟通的过程中，这种错误就可以更明显地暴露出来。

这种认知冲突的暴露正是研究性学习的核心关键点。教师和学生能够敏锐地捕捉到这种认知中出现的问题，以此为反馈，就可以不断修正大家的错误理解，从而不断促进能力的提升。

3.沟通是为了共同发展，而不是划分角色

研究性学习中的小组并非仅仅为了完成一个任务而构建。整个小组的成员并不是按照角色划分，并不是每个人只完成自己的任务，而是为了提升每个人的学习能力。因此，尽管在完成任务的过程中，小组成员可能各有分工，但是最终每个成员都应该对小组内的所有任务、所有内容了解，并且能够有清晰完整的认知。这也需要通过彼此的沟通来完成。

二、为良好的沟通创建基础

对学生群体来说，良好的沟通能力尤其稀缺。因此，在学习共同体中，沟通不仅是必要的内容，也是需要培养的能力。在学习的过程中需要不断培养沟通能力，良好的沟通能力又可以促进学习，这样就形成了良性循环，使得大家的能力都得到更快的提升。

为了不断地促进和保障沟通的进行，在学习共同体中要进行必要的思想和制度建设，主要包括以下几个方面。

1.沟通互助是学习共同体天生的内涵

学习共同体是指由学生和助学者（教师、专家、辅导者和家长）构成，以完成一定的学习任务为目的的共同体。他们的共同目标是促进成员全面成长，经常在一定的支撑环境中共同学习，分享各种教育资源。强调在学习过程中以相互作用式的学习观作为指导，通过相互对话、交流，进行人际沟通，分享彼此的情感、体验和观念，分享各种学习资源，在共同活动中形成相互影响、相互促进的人际关系，形成具有强烈认同感和归属感的学习集体。学习共同体与传统教学班的教学组织的主要区别在于强调人际心理相容与沟通，在学习中发挥群体动力作用。

2.要有既严肃又宽松的，并为师生所共同遵循的行为规范

共同的行为规范不仅要明确、可操作，更要内化为师生的心理需要。在共同的行为规范下，大家互相平等、互相信赖，不存在等级，不存在歧视，不存在任何对错误想法的指责。共同的行为规范能够保证所有的学生在内心平静的情况下进行沟通，能够毫无障碍地袒露自己的想法。

3.教师是沟通交流的引导与保障

教师的主要任务是组织合作学习，开展讨论和交流，并对合作学习过程进行引导，使之向着利于意义建构的方向发展。引导的方法包括：提出适当的问题以引起学生自主的思考和讨论；在讨论中设法把问题逐步引向深入，以加深学生对所学内容的理解；启发诱导学生自己去发现规律、纠正错误和片面的认识。

4.形成互助的学习氛围

建设学习共同体的学习支撑环境——形成经常进行相互对话、沟通、交流的学习机制。在此过程中，学生与学生、学生与助学者、助学者与助学者之间通过对话、交流和沟通的形式来学习，通过赞扬或批评来强化学习动机，通过相互支持和帮助来认识与解决问题，实现共同进步。

学生与辅导者进行交流，同时又与同伴进行交流和合作，共同建构知识、分享知识。在沟通交流中，学生可以看到不同的信息，看到理解问题的不同角度，而这又会促使他们进一步反思自己的想法，重新组织自己的理解和思路。

5.增强“共同体意识”

每一个学生都意识到自己是在一个团体中进行学习，而且感受到团体对自己的价值和意义。在学习开始时，教师可以让每个学生写一份自我介绍，通过邮件列表发送给全体成员。每个学生还可以建立自己的个人主页，附上自己的照片以及具体的个人资料。在可能的情况下，还可以安排一些面对面的实际活动，从而增强交流的真实感。另外，要鼓励学生在学习过程中互相帮助，而不只是把自己的问题发给教师，这样更能使学生感受到共同体对于自己的价值。

三、沟通的交互过程和交互工具

教师要围绕所确定的教学内容及目标展开与学生的交互活动，同时要鼓励学生之间的交流和协作活动，并对学习过程进行监控调节。教师要在与学生的对话中提出问题，提出所要完成的作业，提供有关的个案研究及实际例子，从而激发学生的信息搜索、分析和综合等高水平思维活动。另外，教师要设计具体的协作任务，引发学生开展合作性的问题解决活动。研究者们提出了一些网络环境下可以采用的交互活动模式。

另外，在整个交互过程中，教师需要不断根据学生交流、提交的内容评价各个学习小组的进展情况，评价每个小组成员的贡献，将过程性评价与最终的学业成绩联系起来。

而且，教师可以鼓励小组及学生个人不断进行自我评价和相互评价。这种评价和监控对于维持高水平的交互活动具有重要意义。

为支持学习共同体持续的交流协作活动，教学设计者需要为他们提供有力的交互工具，这包括界面友好的沟通工具（如电子邮件、功能不同的 BBS、聊天室、有声聊天工具、争论论坛、意见投票等）、协作工具（如角色扮演工具、虚拟白板、应用软件共享等）、个人主页空间、追踪评价工具（如电子档案夹等）。设计适于不同年龄学生的功能强大的交互工具是教育网络发展的重要方向。

网络不应只是用来延伸传统教学，而应成为改革传统教学的有力工具。尤其是，我们应该利用网络帮助学生在充分的沟通、协作中实现高水平思维和深层理解，促进积极主动的社会性知识建构。

第二节　表达与展示

没有人能猜透你大脑中想的是什么，只有你说出来，我们才有可能理解。

本节我们要关注学生能否将自己的思想和能力精准地表达出来，能否将自己的观点传递给别人，以及有哪些表达形式。

一、表达与展示的重要性

语言表达能力是现代人才必备的基本素质之一。现代社会，由于经济的迅猛发展，人们之间的交往日益频繁，语言表达能力的重要性也日益增强，好口才越来越被认为是现代人所应具备的能力。

作为现代人，我们不仅要有新的思想和见解，还要在别人面前将自己的思想和见解很好地表达出来；不仅要用自己的行为为社会做贡献，还要用自己的语言去感染、说服别人。

就职业而言，现代社会各行各业的人都需要口才：对政治家和外交家来说，口齿伶俐、能言善辩是基本的素质；商业工作者推销商品，企业家经营管理企业，都需要口才。在人们的日常交往中，具有口才天赋的人能把平淡的话题讲得非常吸引人，而口笨嘴拙的人就算他讲的话题内容很好，人们听起来也是索然无味。有些建议，口才好的人一说就通过了，而口才不好的人即使说很多次还是无法通过。

总之，语言能力是人们提高素质、开发潜力的主要途径，是驾驭人生、改造生活、追求事业成功的无价之宝，是通往成功之路的必要途径。

随着社会的进步和科学文化的发展，人与人之间的多层次多领域的接触越来越多，良好的表达能力也越来越成为学生必备的一种能力。社会需要“一人之辩，重于九鼎之宝；三寸之舌，强于百万之师”的雄辩者，而那种“足将进而趑趄，口将言而嗫嚅”的人已经不能适应现代化的生活节奏了。由于生活环境和条件的局限，再加上重视程度不够，学生在语言表达上存在的问题就更多了：词汇贫乏、误用滥用、方言杂糅、语序不顺、颠三倒四、抓耳挠腮、抠鼻摸手等。这些看似无所谓的小毛病对学生的综合素质发展都会产生不良影响。培养学生良好的语言表达能力显得越来越重要。

表达和展示的方式有很多种，有文字表达的方式，也有语言表达的方式；有准备好讲稿的方式，也有现场发挥的方式。无论哪一种方式，目的都是表达和传递自己的思想和观点。所以在表达的时候一定要搞清楚你想传达的内容是什么，你是否能够精准地传达你希望传达的信息，别人是否能够正确地理解你的表达。

在研究性学习中，常用的表达形式主要有研究性学习报告和现场展示。研究性学习报告就是用文字的方式展示自己的学习过程和学习成果；现场展示就是配合讲稿，在现场用口头表达和现场演示的方式来展示自己。

二、研究性学习报告

研究性学习报告，就是通过文字的方式把整个研究学习的过程整理成完整的文字稿。当然，报告的篇幅是不确定的，这与研究性学习的内容和深度是有关系的。

要注意，研究性学习报告不是实验报告，要记录的内容并不仅仅是结果，更重要的是过程，尤其是思维的过程。研究性学习报告首先是写给自己的，要表达出通过自己的总结和思考，重构知识网络的过程。

研究性学习报告有不同的格式，为了方便大家使用，下面将研究性学习报告整理成一个通用格式，大家在使用时可以根据自己的实际情况进行调整，如表9-1所示。

表9-1 研究性学习报告模板

1.标题 【标题自拟，要提炼出自己工作的特色】
2.作者介绍 【作者自我介绍。如果由多人完成，逐个介绍团队成员】
3.问题分析与探讨 【精准地定义和描述问题，将活动的目标总结成问题的形式，然后对问题进行深入分析，包括因果分析、内涵分析、外延分析等】
4.资料搜集 【针对该学科，从各种渠道搜集理论学习资料，并进行整理】 (1)第一段介绍学科背景，先介绍大的背景(世界范围内趋势)，再介绍小的背景(国内现状)，说明该学科或专业的重要意义与价值。 (2)第二段整理专业技术类资料，按照时间顺序整理材料，整理历史发展资料。 (3)第三段把整理的资料用自己的话总结出来。

续表

5.设计思路 【针对问题,写出自己的设计思路。注意一定是自己个人的设计思路,而不是对题目进行简单的复述,也不是进行笼统的简单描述】 【设计思路中包含设计的依据,计划的工作流程和步骤,每一个步骤的目标和内容,以及需要准备哪些东西等】
6.实践过程记录 【详细记录实践的过程,并随时保存实验数据、拍摄的照片或者仿真截图,并按照顺序整理好】 【如果在实践的过程中遇到了失败的情况,一定要记录下来,并分析失败的原因】
7.分析与总结 【用自己的话将实践过程进行总结,包括结论、个人感受、存在的问题、对未来的展望等】
8.其他附件 【其他需要说明的附件。其中图片附件和 PDF 版附件可以直接显示打印,其他格式的附件可以保存成电子版在线查看】 【附件中的图片要能够体现和自己有关联的特色信息,比如与作品的合照、与自制的实验设备的合照、自己实践过程的照片等】

研究性学习报告的内容可长可短,但是要特别注意以下几点:

(1)问题分析和探讨很重要。研究性学习本来就是一个思维过程。如果大家还仅仅局限于看重结果和结论,那么将本末倒置。很多学生刚开始加入研究性学习活动中来的时候,特别不注意问题的分析和讨论过程。这一部分在他们的研究性学习报告中的比重特别低,可能只有短短的几句话。事实上,每个学生都参与了问题的分析和讨论,但并没有在研究性学习报告中得到很好的体现。这就充分说明,学生还是习惯于将结果展示出来,而不善于将过程展示出来。大家往往认为结果才是别人想看到的,这也是终结性考核带来的惯性思维。其实在研究性学习的过程中,教师和其他同学更想看到的是过程而不仅仅是结果,因为过程才能更充分地表达出大家的思路和每个人对概念的理解。

问题的分析过程本身就是一个思考过程。这个过程极其重要,应该用大量的篇幅来进行表达,而不仅仅是把问题描述一下。

(2)设计要精确,不要写成简单的、概括的计划。事不预则不立,如果没有很好的设计,就如同无头苍蝇,是否可行也无从可知。设计就是要从所有细节上规划如何进行研究性学习。

设计是每个人创造性的表现,是学生根据问题的需求、自己本身的知识体系与现有的资源综合在一起提出的具体方案。大家不要把设计等同于简单的计划,计划可以是笼统的,可以是不具体的,但是设计一定是具体的。有些学生的设计就写了简单的一句话:"针对问题进行讨论,并得到结果。"这样的设计等于没有设计。设计要详细写明所需的材料如何准备,资源如何准备,如何组建团队,采用什么样的技术方案,采用什么样的技术路线,采用什么样的方式方法,准备用多长的时间完成多少任务,分为几个阶段,每个阶段的目标是什么,等等。这些问题都需要在设计时精准地去表达和记录。

设计本身体现了学生自己的想法,如果不想表达的话,可能就没有办法去记录任何内容。研究性学习报告一定要实事求是,要严谨、客观地把自己内心的想法表达出来。

(3)实践过程中失败的内容一定要重点记录。在实践的过程中,永远是失败多于成功。从两者的贡献和价值来说,失败对个人的贡献要远远大于成功对个人的贡献,因为成功并不一定能够提升自己的能力,但是失败可以大幅度提升自己的能力。

很多人不太愿意将自己的错误和失败展示给别人,因为这种展示可能会导致自己获得一个较低的评价。所以很多人习惯于将自己的缺点和失败隐藏起来,而只表达自己成功和擅长的东西。这种习惯在研究性学习过程中确实是非常有害的,因为我们不将失败的经历记录和表达出来,就不能够形成对下一步学习的反馈,也就无法从失败中真正吸取教训。

当然教师希望看到的也应该是学生失败的过程,以及在失败之后如何一步一步改进,而并非要根据单一结果来判定学生的水平。这是形成性评价和终结性评价的本质区别。因此,大家一定要不遗余力地把自己失败的经历完整地记录并表达出来。

(4)分析总结之前要深思熟虑,并且把思考的过程表达出来。在分析总结的时候,一定要静下心来,仔细想一想你从当前的研究性学习中获得了什么样的成果,关键是要看原来大脑中零散的知识是否已经形成了关联的网络,是否澄清了原来模糊的概念,是否通过与已有知识的融合发现了新的模式。

在仔细地思考之后,将这些总结详细地表达出来,才是真正的收获,才能真正促进能力的提升。

(5)过程记录要详细。很多学生在学习的过程中很少记录,虽然花费了很多时间,做了很多工作,但并没有留下任何痕迹,写报告的时候,可能只隐约记得最终的结果,其他的好像都特别模糊。如果是这样,这次研究性学习的效果就大打折扣。

人的记忆是不可靠的,我们不能够完全通过记忆来记住所有的东西。因此,一定要详细地进行记录,可以采用文字、语音、拍照、视频等多种方式,不一定要很正式,可以随手涂鸦,也可以随时画图。将这些草稿都保存好,在最后总结和写报告的时候,就可以依据当时记录的线索联想到很多没有记录下来的东西,最终形成一个完整的、丰富的研究性学习报告。

三、现场展示

现场展示也有很多种形式。有的需要配合演示文稿，有的是直接进行演讲。不论哪种形式，现场展示的两个核心要点是自信表现和精准表达。

1.自信表现

自信表现的核心是不卑不亢，互相平等。在现场表现中，最核心的就是要有自信的表现，而自信的表现最核心的就是平等。

我们首先要理解什么是平等。平等指的是地位上的平等。比如有时候，教师提问，学生站起来回答。很多学生一站起来便非常紧张，生怕自己回答得不好。学生为什么会感觉到紧张呢？根本原因就是两者的地位不平等。学生在课堂上处于被评价的地位，如果表现得不好，可能会收获较差的后果；而教师处于评价者的地位，所以教师往往表现得非常轻松，有的时候还表现得非常强势。这个时候双方是不平等的，很多学生习惯了这种思维，在现场展示的时候往往将自己放在一个被评价的弱势地位上，无法正常发挥。

平等和互相尊重也应是一体的。对学生来说，自己既是被评价的，也应该是被尊重的。学生只需要正常地表达自己的观点和想法就可以了，没有必要计较和在意结果。如果能做到这一点，就已经具备了自信表现的基础。当然，平等的原则也要求大家在表现的时候既不要过分自卑，也不要过度自负。

2.精准表达

从技术层面来讲，对外展示需要有表现力，能将想传达的信息准确地传达出去，这种表现力主要体现为主动表现和适度原则。很多学生在表达的时候往往表现得很被动，教师问一句，他答一句，其实他脑子里有很多话要说，但总是表达不出来，或者不敢说，当然，这个需要经常练习。好的表达应该具有足够的张力，也就是有足够的气场，不要把自己的气场都收缩在自己的体内，不敢散发出来。当然，这种表现和气场还要坚持适度原则，不要表现得过于激动和张扬，更不要随便批评别人以证明自己的正确。

表现力具体表现在非语言要素和语言要素两个方面。非语言要素包括着装、上台、站姿、表情、眼神、肢体动作、手势等各个方面；语言要素包括自我介绍、回答问题、展示等方面。这些外在的表现是由内在的自信心所支撑的，在内在自信心的基础上，学生还要不断地练习这些能够展示自身表现力的动作和技能。在非语言要素中，最核心的是面部表情，学生的自信心、友好交流的氛围往往是通过微笑的表情来传达的，所以要经常练习微笑，并在展示的时候保持微笑。语言要素的核心就是精准的语言表达，说什么就直接表达，而不要过多地铺垫，也不要拐弯抹角。语速适中，而且一定要有停顿和重音，表达既充满感情又充满自信。

四、演示文稿

演示文稿分为两种，一种是供阅读的文稿，一种是与现场展示配合的演讲文稿。阅读文稿的特点是文字较多，因为别人在阅读的时候往往听不到讲解，只能通过文稿了解所有的内容，所以这个时候文字稍微多一点，而且要配合很多形象的指示和说明。而演讲文稿的内容要非常简洁，只有少量的关键词，因为演讲文稿只是现场演讲的一个辅助，主要用于给演讲者提供线索。

如何写好文稿并不是本书的重点，所以我们只针对研究性学习中所用到的演示文稿来做一个说明，重点讲解其中需要注意的事项。如果大家想写一个质量较高的讲稿，可以去查阅相关的专题资料。

首先要明确演示文稿需要达成的目标。在研究性学习中，我们需要展示的是研究过程和研究结果，这和研究性学习报告相对应，但又有所区别。研究性学习报告中文字占据主要部分，而且一般来说是比较完整的，内容也是非常丰富的；演示文稿以图片为主，并不要求非常完整，而是主要讲解重点内容，比如思路、问题、过程、结果等。研究性学习报告是以理性为主，重点在于讲明白所有的事情；演示文稿有的时候可以放入一些感性的东西。演示还具有将一些文字无法表达的思想、价值和意义传达出去的功能。

其次，演示文稿一定要简洁。通常大家只有有限的时间来进行展示，所以不要长篇大论，也不需要把所有的细节都讲到。比如研究性学习中的演示文稿，往往包括研究的背景、问题的分析、项目的设计、实施与结果，然后再加入个人的总结和体会。每一部分只讲最重点的内容即可，尤其是要多讲在自己身上发生的真实过程。而从别的地方借鉴来的，大家都了解的常识，一定要尽量少讲。

最后，演示一定要反复练习，讲稿一定要反复修改，可以先找一部分观众试听，只有不断修改和优化，才能达到更好的效果。

第三节　讨论与反思

一、讨论和反思是能力提升的关键环节

如前所述，研究性学习的核心特征之一是深度思考。深度思考不仅体现在实施的过程中，更体现在最后的讨论与反思环节中。

在整个研究性学习过程中，学生学到了大量的知识，而这些知识往往是松散的，虽然都与做过的事情相关联，但是大脑并没有把它们紧密地联系和建构起来。反思和讨论环节的主要目的就是将每个学生大脑中的知识网络进行重构，围绕大概念形成一个有组织

的知识体系。而这个过程需要反复地讨论和思考,尤其是需要深度思考才能够完成。

由于时间关系,最后的讨论和反思往往被简化了。更多的时候是由于教师对这个环节的重视程度和认识程度不够。比如,很多教师以为在前面的很多环节中,学生已经学到了大量的知识,这就已经达到了学习的目的,教师只需要将前面的知识进行汇总即可。有时也可以通过考查学生是否了解某个知识点来判断其是否已经掌握该知识点,这仍然是一种传统的终结性评价方式。

讨论和反思环节有别于前面的交流讨论的过程。讨论重点围绕教师有没有真正实现既定的目标来展开。比如这些知识是否都围绕着大概念展开,是否都与大概念相关联,是否对大概念的意义有更深入的阐释,一些模式与我们原来既有的模式是否相同,等等。讨论环节主要是明确对于目标的完成程度。

反思主要针对学习过程中有没有真的符合论证、符合推理、符合逻辑,有没有漏洞,有没有一些过高或过低的估计,有没有其他的可能性,是不是对大概念的理解还不完整,等等。

通过上面的分析我们会发现,如果研究性学习忽略或者轻视了讨论和反思环节,那么前边所有努力和付出产生的效果都将大打折扣。因为前面的环节主要是知识积累,而讨论和反思环节的重点在于提升能力。所以我们有必要特别强调,在讨论和反思环节中需要有充分的时间去思考,同时也要引导学生形成总结讨论和反思的习惯,并为此投入大量的时间和精力。

二、批判性思维

批判性思维就是清晰理性的思考。在研究性学习的反思环节中,用到最多的就是批判性思维,同时,批判性思维也是我们要不断培养和提升的能力之一。批判性思维就是按照明确的思维标准,进行严谨的思维活动。在这些思维标准中,最重要的就是清晰、精确、准确、切题、前后一致、逻辑正确、完整以及公正。

我们的目标是将学生培养成为具有批判性思维的人。具备批判性思维的人通常具有以下特征。

(1)对于清晰、精确、准确及其他批判性思维的标准有强烈的渴望,并持续地为之努力。

(2)对于自我中心主义、群体中心主义、一厢情愿及其他可能会妨碍批判性思维的障碍很敏感,能够快速地判断并捕捉到这种障碍。

(3)在理解、分析、评估事情的论证和观点时有丰富的技巧。

(4)能够有逻辑地推理,根据论据和数据得出恰当的结论。

(5)思维诚实,敢于承认自己不知道的事,能认识到自己的局限性。

(6)对反对观点持开放态度,欢迎对观点和假设的批评。

(7)观点建立在事实和证据的基础之上,而非基于个人喜好和个人利益。

(8)能意识到那些影响其世界观的偏见和先见。

(9)能独立思考,不害怕与集体意见的分歧。

(10)能一针见血,不被细节分散注意力。

(11)有勇气面对并客观分析不同的观念,哪怕挑战了自己根本的信念。

(12)追求真理,对事物存在广泛的好奇心。

(13)有思维毅力,即便存在阻力或困难,也会坚持不懈地刨根问底或寻求真相。

成为一名具有批判性思维能力的人,意味着你将和现在完全不同。你会具有更强的能力,从某种意义上来说,你就会变成另外一个不同的人。

三、归纳整理

在讨论与反思环节用到的逻辑推理方式包括演绎和归纳两种,其中最常使用的是归纳推理方式,常见的归纳推理的模式包括以下几种。

(1)归纳概括。在一部分样本的信息基础上得出来的结论,很有可能在所有的群体中都适用。当然所有的归纳概括的结论都很可能成立,但又并非一定成立。

(2)预测论证。预测就是估计未来可能或者即将发生什么样的事情。预测通常由论据来支撑,但也并非一定发生。

(3)权威论证。通过引用某个权威或者见证者的话来支撑某一观点。

(4)因果论证。肯定或否定一件事是另外一件事的原因。

(5)数据论证。建立在数据的基础之上,以部分群体或者部分特征的数据作为总体的依据。

(6)类比论证。类比是指两个或多个事情在某些相关的方面有相似的地方。

四、判断研究性学习结论的优劣

在经过研究性学习后,学生总能够得到很多数据和信息,通过对数据和信息的分析讨论,学生能够通过自己的推理得出自己的结论。

反思的过程需要学生对得到结论的思维过程以及结论本身进行重新剖析和评判。这也可以认为是对自己的一次批判,看一下整个过程是否合情合理,是否存在漏洞。那么,如何评判推理论证过程是好还是坏呢?

首先来看一下什么是不好的论证过程。

(1)"好的论证"不是指"与我的看法相同"。批判性思维中最严重的错误之一就是将"好的论证"与"有着我认同的结论的论证——心理学家称其为'信念偏见'"相混淆。只有当一个论证与你先入为主的意见相一致时,才认为这是一个好的论证,这是思想保守的典型表现。这反映了一个人的思维方式,即"只有我才掌握了真理,和我意见不同的人一定都是错的”。这种态度会使人无法接受与自己不同的观点，也与批判性思维的精神相悖。

(2)“好的论证”不是指“有说服力的论证”。好的箭术直击要害，好的击球一杆进洞，好的剪刀裁纸一流。在很多情况下，能成功达到目的，就能称其为“好”。这对于论证也适用吗？好的论证是不是就是有说服力的论证，即能成功说服受众接受其结论的论证？其实并非如此，原因有两点：一是并非所有的论证都旨在说服。有时论证者只是“故意唱反调”“多此一举”“走过场”“说出想法”或仅仅是进行例证，而不是为了说服任何人。二是坏的论证常常令人信服，而好的论证却经常让人充耳不闻。例如，在第二次世界大战爆发前的几年里，希特勒极富煽动性的话感染了数百万人，而丘吉尔极有道理的警告却受到普遍忽视。然而，没有人会认为希特勒的论证比丘吉尔的论证要“好”。

(3)“好的论证”不是指“写得好”或“说得好”的论证。我们有时会因为文学性或修辞而称赞某个论证，如清晰、雄辩、有条理、有想象力等。有些明显不好的论证文采斐然，而有些明显很好的论证却平平淡淡。一个略带欺骗性的政治演讲可能非常华丽，但从批判性思维的角度来看仍带有重大缺陷。同样，科学或数学领域的论证或许是很好的论证，却可能没什么文采。

好的论证需要基本符合两个条件：一是所有的前提都成立，二是前提为结论提供了充分的依据。从根本上来说，一个好的论证要么是可靠的演绎，要么是有说服力的归纳。

因此，在反思结论的时候，应该仔细考虑以下问题。

(1)前提成立吗？

(2)推理正确吗？论证是有效的演绎或有力的归纳吗？

(3)论证有没有逻辑错误？

(4)有没有清晰且精确地表述观点？

(5)前提和结论互相关联吗？

(6)前后的观点在逻辑上一致吗？有没有互相矛盾的观点？

(7)论证完整吗？相关论据都包含在内吗？

本章思考题

1.对第八章完成的实践过程和总结进行反思和批判，看其中是否存在推论不合理的地方，是否有无力的论据支撑，是否还有不全面和不完善的地方。

2.召集一次展示会议，将前面完成的任务结果，现场轮流展示给教师和其他小组成员。展示完后，由听众作为专家对展示内容追问，主要针对有疑问或者没有表达清楚的地方，然后提出建议和意见。

第十章　研究性学习的评估

研究性学习采用过程性评估替代终结性评估，评估不再用来确定哪些是好学生，哪些是差生，而是用于学习过程中的反馈，促进学习和教学。

第一节　面向过程的形成性评价

评价是为了帮助教师认清学生，也是为了让学生认清自己。

一、形成性评价

学生的学业活动、学生做出的努力、学生的学习结果总是不断地被教师评价。教师如何评价直接影响学生的学习态度、学习自信心和学习结果。评价分为形成性评价与终结性评价。

在实际的教学过程中，由于教师对学习评价缺乏全面的认识，长期以来采取的基本是终结性评价方式，以考试成绩来评定学生的学习能力和教师的教学质量，甚至片面地认为考试就是评价的唯一手段。把考试成绩作为衡量学生学习优劣的唯一依据，忽视体现学生学习过程的形成性评价，致使教师为考试而教，学生为考试而学。学生在学习中的主体地位不能得到充分体现，学习能力无法得到提升。

形成性评价强调学习过程，重视评价的反馈机能，其目的在于建立面向能力的教学。形成性评价不仅可以使学生明确今后如何学，而且可以使教师明确今后怎样教，帮助教师完成既定的教学目标。形成性评价用于教学，有助于教师及时发现教学中的问题，提出改进措施，修正教学计划。学生则以形成性评价为依据，结合教师的指导意见，动态地主动调整个体的“自主学习”，积累知识、提升能力直至完成学习目标。

二、形成性评价的界定

简单来讲，形成性评价就是指在教学过程中针对学生的学习行为与能力发展进行的过程性评价。这种评价方式有助于教师了解、监控学生的学习进展情况，为教师与学生提供反馈信息，以便不断调整教学，满足学生变化的需求，提高教学质量。形成性评价不仅评价学生对基础知识、基本技能的掌握情况，更关注学生在学习过程中所表现出来的知识的构建和思考的过程、学习心理、学习态度、学习策略、合作精神等。

形成性评价的主要目的不是选拔少数优秀学生，而是发现每个学生的学习潜能，促进学生的学习，并为教师提供反馈。形成性评价重视从学生的日常表现中提取信息，通过收集学生日常学习的情况和教师指导的情况，以及课堂教学气氛的信息，帮助教师了解每个学生的学习情况和学习需要，随时调整教学内容和方法，从而提高课堂教学效率。教师在教学过程中可以采取观察、日常记录、评价表、自我评价、互相评价、读书笔记、多媒体、展示文稿、档案等形式对学生的学习进展情况进行持续评价。形成性评价关注学习过程，通过改进学习过程来改善学习结果。它除了评价知识、技能等可以量化的方面，更适合于评价兴趣、态度、能力、合作精神等不易量化的品质。评价结果多以等级加评语的形式来表达，它往往在一种开放的、宽松的、友好的、非正式的环境中进行，是一种低焦虑的评价方式。可以说，形成性评价既是一种评价手段，也是一种学习方式。

三、形成性评价的原则

1.发展性原则

评价的作用在于对教学的动态调控，而不是区分学生的优劣和简单地判断答案的对错。促进学生发展的评价不能只对学生的学习情况做简单的好坏之分，更重要的是强调其形成性的作用，注重发展功能。

2.主体性原则

在评价中，学生是评价的主体也是被评价的主体。评价活动的宗旨在于促进学生进一步进行有效的学习，让学生积极参与评价。让学生参与评估规则的制定和调整，能让他们清楚地了解评估的实施标准、操作方法和对他们学习所起的作用，从而能积极配合，使形成性评价得到有效进行。

3.多元性原则

形成性评价方式有洞察、问卷调查、访谈、学习档案、测试、活动记录等多种方式。评价主体既有教师评价、家长评价、学生自我评价，也有学生间的相互评价。其内容既包括对所学知识的评价，也包括对情感态度、学习策略和思维过程的评价。

4.开放性原则

形成性评价的目的是促使人的全面发展，采取形式多样的评价方法和手段，让每个学生的个性和素质都得到提高。评价都是在开放、公开的环境中进行的，评价结果对教师、同学、家长开放。

5.激励性原则

行为主义认为，一个人在没有受到激励的情况下，其能力仅能发挥 20％～30％，如果受到正确而充分的激励，能力就有可能发挥到 80％～90％，甚至更多。学校评价改革的根本目的是促进学生的成长，而不是甄别和淘汰学习成绩不好的学生。形成性评价能够让学生看到自己进步的过程，体验进步和成功的喜悦，产生进步的动力，达到促进学生不断发展的目的。因此，在教学过程中应营造有利于学生成长的环境，激发学生的学习兴趣，培育他们的自信心。

第二节　形成性评价的方式

形成性评价作为教学和学习过程不可分割的一部分，描述了学生进步的整体情况，向学生提供反馈，同时帮助教师了解学生的学习情况和确定下一步的教学计划。评价可以通过多种方式进行，如课堂行为记录、建立学习档案、问卷调查、访谈记录、网络评价等。

一、课堂行为记录

课堂是学生学习的主要场所，也是实施形成性评价的主阵地，学生参与课堂活动的程度与质量在很大程度上决定着学生的学习成效。在教学过程中，教师可以广泛开展各种教学活动，引导学生对课堂表现、情感投入、学习方法、合作精神、学习态度、努力程度、发展与进步做出自评与互评。学生通过自评，不断反思，形成有效的和符合个性特点的学习策略，最终成为学习的主人。学生间的互评能够使学生取长补短，培养他们的团队精神和合作意识。

教师应注重对学生各种能力的培养，培养学生的多元智力，提供及时的评价和反馈。对学生出现的错误，要采取宽容的态度，以鼓励为主。教师也要从学生的实际出发，有针对性地设计难易程度不同的任务，让不同水平和能力的学生完成不同的任务，以便促进学生的成就感和自我满足感，激励学生。

教师应当知道如何进行课堂观察和收集信息。教师应在多种场合而不是某一特定场合下观察学生。只有对学生进行反复观察，才能发现他们的变化。另外，反复观察可以进一步证实所得结论的可信度。

对观察结果的记录必须具有系统性、完整性和明确性，这是一个持久的过程，不是在每节或每章之后而是每天都要进行。

二、建立学习档案

所谓学习档案评价，是指通过对学习档案的分析而对学生发展状况进行的评价。学习档案，又称“成长记录”，是指用于显示有关学生学习成绩或持续进步信息的一连串表现、作品、评价结果以及其他相关记录和资料的汇集。学习档案的内容选择与评判标准的确定都有学生参与，同时包含了学生自我反思的证据。由此可见，学习档案评价具有四大特征。

(1)目的性。学习档案中材料的收集和选择是有目的、有针对性的。教师要根据能力培养目标,指导学生有目的地收集、选择与自己成长、发展相关的材料、信息,展现自己的努力、进步和成就。

(2)丰富性。学习档案既要收集反映学生某方面的成就与进步的材料,也要记录学生存在的问题,还要收集学生自我反思的证据。

(3)自主性。学习档案评价的主体为学生本人、教师、同学、家长,但学生既是选定档案内容的主要决策者,也是对档案内容进行分析、诊断、评定的主要人员。

(4)发展性。学习档案评价的主要目的是要通过大量材料的收集和学生本人对材料的反省,客观而形象地反映学生在某方面的进步、成就及问题,以增强学生的自信心,提高学生自我评价、自我反省的能力。

学习档案的建立是形成性评价所倡导的一种重要的有效的评价方法。它记录学生在某一时期一系列的成长故事,是评价学生进步过程、努力程度、反省能力及其最终发展水平的理性方式。学习档案的必要性主要体现为以下几点。

(1)学习档案是学生学习成绩的真实记录。它记录了学生的作业、付出的努力和取得的进步,并显示其中的联系,能全面地体现出学生的学习过程,便于制订学习计划。

(2)学习档案重视真实表现。档案袋里的内容真实地记录了学生能力的形成过程。

(3)学习档案为教师和学生都提供了一个对学生学习进行反思的空间。

(4)学习档案是思考的证据。对于学习的反思和自我评估是学生进行思考的证据,学生在反思学习过程的同时也总结自己的优点和不足。通过学生的思考,教师能够发现学生的不足,以及不同学生对知识理解的差距,掌握不同学生的学习情况。

(5)学习档案是对学习过程的详尽记录,可以揭示学生学习情况的方方面面。

(6)学习档案以发展的眼光看待学习。

(7)学习档案赋予教师和学生选择权并体现学生的个性。学习档案是学生的一幅自画像,教师应鼓励学生自己挑选档案内容,体现出与众不同的自我。

(8)学习档案提供与不同人交流的机会。学习档案有选择地收集学生的作业,记录学生的学习过程,供家长、教师和其他学生翻阅。

因此,学习档案的价值在于它能全面、合理地评价学生的学习成绩。学习档案以学生为中心,从多方面反映一段时间内学生在教师、家长以及学校的共同教育下的成长过程。

三、问卷调查

调查问卷根据调查目的,设计若干问题,通过书面问答的方式,调查所需的信息资料,及时了解发现学生的学习态度、情感、学习策略、知识体系以及他们真实的想法。调查问卷有效地帮助教师增强对学生的了解，从而不断调整教学内容、进度及方法。

调查问卷的方法种类很多，根据不同的调查目的可以采用不同的方法。

（1）背景知识调查表。指教师在制订新的学习计划或者在教学中引入一个重要的题目之前，让学生完成的调查表。它能够帮助教师确定最积极有效的教学起点与最恰当的教学层面。

（2）学科自信心调查表。该表提出一些与具体技能或能力相关的问题要求学生回答，以获取有关学生自信心的大体信息。教师通过了解学生对某些内容的掌握程度，在日后的任务安排中设置较为适合的问题，让教学内容的难度与学生的实际能力相符合，以此来提高学生的自信心。

问卷调查有较高的自由度和灵活度。它服从于问卷的要求，要比通过测验、观察更深刻、更有效地获得较为复杂的信息资料。但是问卷调查有一定的缺点：获得的信息资料比较单一，只能获得书面信息，不能获得多维度的综合材料；不适用于复杂问题的深入调查，尤其是大样本调查。

四、访谈记录

访谈记录是把和学生直接访谈所获得的信息记录下来，以此来获取评价信息的一种形成性评价工具。教师在观察学生外在表现的基础上，就有关事项进行对话，同时将谈话内容记录下来。访谈记录是直接接触学生的方法，既便于实施又便于感情交流。访谈记录可以弥补问卷调查的不足。访谈时，访谈人与被访谈人直接见面，访谈人有什么疑问或不清楚的问题可以直接向被访谈人询问了解。在访谈过程中，访谈人可以随时补充与发挥预先拟定的访谈内容，有时采用即兴访谈，会收到意想不到的效果。

访谈可以有多种目的：了解学生的长处和主要不足并给予相应的帮助；明确问题的发生、发展及变化，以弥补观察法没有解决的问题；由观察或测验所取得的信息，可以通过访谈得到验证或补充；从解决问题的途径看，教师可以通过访谈帮助学生解决问题等。访谈记录的优点在于可以加深教师与学生之间的沟通，而且访谈记录和调查问卷不同，访谈记录不存在回收的问题。

五、网络评价

随着网络的普及和多媒体网络教学模式的逐步推广，在网上对学生的学习进行评价已成为必要和可能。形成性评价多元、开放的特点，决定了该评价方式在网上可以广泛运用。通过电子学习档案、E-mail、QQ、电子表单等多种方式，教师与学生、学生与学生可在网上进行自由对话与专题讨论，实现答疑、辅导、交流互助的目的。

本章思考题

1.设计适合自己的学习档案，随时记录自己的学习过程，并不断练习利用这些记录对自己的学习进行分析和评估。

2.几个人组成学习共同体，彼此观察对方学习的情况，可以轮流在不同时间段令所有小组成员共同锁定一个人，对其进行学习状态分析和评估，然后大家一起对分析和评估结果进行讨论，看是否存在不一样的地方，讨论之后给出分析报告。

第三篇・案例

研究性学习本身是一个相对比较复杂的事情，如果没有案例的支撑，很多人就会对这件事情的理解出现偏差。因此，我们准备了一些典型的研究性学习案例，方便大家参考。

要让学习真正发生并不容易，学习的过程常常是隐性的、难以衡量的。一定要让学习的过程显现出来，让绝大多数人能够看到学习能力的显著提升，能够看到学习能力在学习过程中的显著表现。这些往往表现为能够快速、准确、清晰地理解概念，能够准确地分析和完成任务；在面对问题时，不是逃避和退缩，而是不断地分析问题、解决问题。唯有如此，才能够证明学习能力得到了真正的提升，而不是仅凭学生自我的感觉或是某次考试分数来验证。

所以，学习能力只能在真实的学习过程中提升，除此之外别无他法。

第十一章　研究性学习案例之发明创造

科技是国家强盛之基，创新是民族进步之魂。2015 年 3 月，习近平总书记提出："创新是引领发展的第一动力。"2016 年 5 月，习近平总书记在全国科技创新大会、两院院士大会、中国科协第九次全国代表大会上指出："我国科技事业发展的目标是，到 2020 年时使我国进入创新型国家行列，到 2030 年时使我国进入创新型国家前列，到新中国成立 100 年时使我国成为世界科技强国。"

发明创造是创新的主要组成部分，是创造一个未有之物，要求我们运用科学知识、科学技术，首创出先进、新颖、独特的具有社会意义的新事物、新方法，能有效地满足某种需要。《中华人民共和国专利法(2020 版修正)》第一章第二条给出了"发明创造"的定义："本法所称的发明创造是指发明、实用新型和外观设计。发明，是指对产品、方法或者其改进所提出的新的技术方案。"我国专利法规定，可以取得专利权的发明有两类，一类是产品发明，另一类是方法发明。

发明创造不同于科学发现，但彼此存在密切的联系。发明创造往往基于科学知识，新的科学发现传播开来的过程往往伴随着大量的基于新发现的发明创造。但并不是说掌握了大量的知识就一定具备发明创造的能力，还需要了解其规律，需要创造性思维，具备知识迁移能力和问题解决能力。

第一节　什么是发明创造

发明创造不仅需要创新的想法，还必须采用各种工具和途径来实现它。因此，在研究性学习的不同类型中发明创造必然需要花费较多精力才有可能完成。在此过程中也一定会获得大量的知识，实现能力的大幅度提升。

一、什么是发明创造

发明创造就是针对具体的技术需求，基于自己的知识背景，利用创新思维，通过创新的方法和创新的工具，按照流程步骤一步一步地创造一个未有的产品。

发明创造的主要产品形式是产品和专利，它们是原来市场上没有的东西，并且能够满足用户的需求。

发明创造重点培养学生的动手实践能力和创造性的发明能力。在发明创造的过程中，学生不断地将各个知识点关联起来，形成自有知识体系。这能够在很大程度上锻炼学生的学习能力。

发明创造是基于实践的一种能力培养方式，被广泛地应用于工程应用领域。发明创造能力培养的核心在于培养学生的创新精神和创新方法，让学生通过使用创新的工具，开拓自己的创新能力，通过形成创新的产品来体现创新精神。

发明创造的过程包括确定需求、分析问题、设计方案、制作产品、优化产品等环节。第六章中已有阐释，不再赘述。

二、技术发展的规律

一个产品或物体都可以看作是一个技术系统，技术系统可以简称为“系统”。系统是由多个子系统组成，并通过子系统之间的相互作用来实现一定的功能。子系统可以是零件或部件甚至是构成元素。系统是处于超系统之中的，超系统是系统所在的环境，环境中的其他相关的系统可以看作是超系统的构成部分。

技术系统的进化并非是随机的，而是遵循着一定的客观规律，所有的系统都是向“最终理想化”进化的。这些进化法则可以用来解决难题，预测技术系统，产生或者加强创造性问题的解决工具。了解了技术发展的规律，也就等于知道了发明创造的方向，我们可以沿着这些发展的方向来确定应该采用什么方案和措施进行发明创造。

（一）技术系统的S形曲线进化法则

产品的进化规律满足一条S形的曲线。S形曲线描述了一个技术系统的完整生命周期。一个技术系统的进化一般经历四个阶段，分别是婴儿期、成长期、成熟期、衰退期，如图11-1所示。

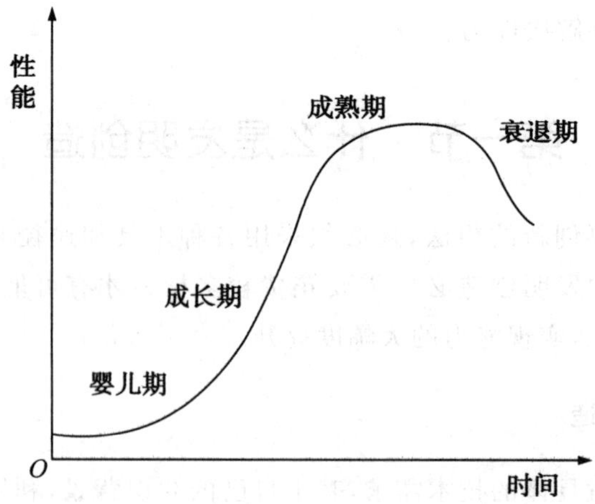

图 11-1　技术系统发展的S形曲线

(1)技术系统的诞生和婴儿期。当有一个新需求,而且满足这个需求是有意义时,一个新的技术系统就会诞生。新的技术系统一定会以一个更高水平的发明结果来呈现。

处于婴儿期的系统尽管能够提供新的功能,但该阶段的系统明显处于初级,存在着效率低、可靠性差或一些尚未解决的问题。由于人们对它的未来较难把握,且存在较大风险,只有少数眼光独到者才会进行投资,因此处于此阶段的系统所能获得的人力、物力上的投入是非常有限的。

(2)技术系统的成长期(快速发展期)。技术系统进入成长期后,系统中原来存在的各种问题逐步得到解决,效率和产品可靠性得到较大程度的提升,使得系统性能得到急速提升。

(3)技术系统的成熟期。技术系统已经趋于完善,所进行的大部分工作只是对系统的局部改进和完善,此时系统的性能水平达到最佳。

(4)技术系统的衰退期。成熟期后系统面临的是衰退期。此时技术系统已达到极限,不会再有新的突破,该系统因不再有需求支撑而面临着被市场淘汰。

(二)提高理想度法则

一个系统在实现功能的同时,必然有有用和有害两方面的作用。理想度是指有用作用和有害作用的比值,系统改进的一般方向是最大化理想度比值。任何技术系统在其生命周期之中均是沿着最理想系统的方向进化的,因此提高理想度法则代表着所有技术系统进化法则的最终方向。

最理想的技术系统应该是不存在物理实体,也不消耗任何资源,但是能够实现所有必要的功能,即物理实体趋于零,功能无穷大,简单说,就是"功能俱全,结构消失"。

(三)子系统的不均衡进化法则

技术系统由多个实现各自功能的子系统(元件)组成,每个子系统都是沿着自己的S形曲线进化的,这将导致子系统之间矛盾的出现,系统中最先到达其极限的子系统将抑制整个系统的进化,系统的进化水平受限于此子系统。

掌握了子系统的不均衡进化法则,我们就能及时发现并改进系统中最不理想的子系统,从而提升整个系统的进化阶段。

设计人员通常容易犯的错误是花费精力专注于系统中已经比较理想的重要子系统,而忽略了"木桶效应"中的短板,导致系统发展缓慢。

(四)动态性和可控性进化法则

系统总是向着增加系统动态性的方向进化,以更大的柔性和可移动性来获得功能的实现。具体进化路径包括以下几种。

(1)向移动性增强的方向转化的路径。

(2)增加自由度的路径,也就是增加结构上的灵活性。

(3)增加可控性的路径,向自我调节控制的方向进化。

(4)改变稳定度的路径,向多变量控制系统进化。

(五)增加集成度再进行简化法则

技术系统首先趋向于集成度增加的方向,紧接着再趋向于简化的方向。比如先集成系统功能的数量和质量,然后用更简单的系统提供相同或更好的性能来进行替代。当技术系统进化到极限时,实现某项功能的子系统会从系统中剥离出来,进入超系统,这样在此子系统功能得到加强的同时,也简化了原来的系统。比如,空中加油机就是从飞机中分离出来的子系统。

(六)向微观级和场的应用进化法则

技术系统趋向于从宏观系统向微观系统转化,在转化中,使用不同的能量场来获得更佳的性能或控制性。

(七)减少人工介入的进化法则

系统的发展总是用来实现那些枯燥的功能,以解放人们去完成更具有智力性的工作。

三、塑造创新思维

在一个创造性理论的研讨会上,阿奇舒勒(发明创新理论的发明者)提出了一个问题:假设有 300 个电子,分成几组,电子只能从一个能量级跃迁到另一个能量级。但是其中有两组能量级之间已经发生了量子转换效应,因此电子不能放在这两个组里,实际的组数比原来计划的少了,如果现在每组能量级都多出来 5 个电子,那么总共有多少组电子?

研讨会的参加者都是高水平的工程师,他们都说不打算去思考这个问题,因为这是量子力学的内容,我们都是来自机械领域。

接着阿奇舒勒又读了一个代数问题:我们安排一些大巴把 300 个队员送到夏令营,但是有两辆大巴没有在规定的时间出现,因此实际上每辆大巴比原来计划的多乘坐了 5 名队员,那么实际共去了多少辆大巴?

这个问题立马得到了解决。

创新思维有多种形式,比如发散思维、逆向思维,其核心是打破寻找固定答案的思维,也就是打破心理惯性。众所周知,惯性是指运动的物体在没有受到外力作用的情况下,在一定时间内仍会保持原有状态的一种物理现象。人的心理活动同样具有这种惯性,称为“心理惯性”。心理惯性也就是潜意识。

小贴士

思维惯性与潜意识

我们每天接触各种千奇百怪的理念，如果都记住的话，大脑一定会不堪重负。幸好意识中有这样一种难以预测的过滤机制，即把外界信息中的一小部分转化成浅层意识，其中的更小一部分从浅层意识转化为深层意识。这种浅层意识被称为“意识”，而深层意识被称为“潜意识”。

顾名思义，潜意识是相对于意识而言的。意识是我们可以控制也可以觉知的神经系统活动，而潜意识则是我们无法控制也觉知不到的神经系统活动。潜意识是隐形的，我们只能通过它的“影子”来观测，永远无法给出定量的比较。根据已知的研究判断，与意识相比，潜意识属于基层起支撑作用的系统，它起源更早，承担的工作量更大。

意识进化为潜意识有两点好处：一方面，潜意识让我们内在的身体运行实现90％以上的自动化；另一方面，潜意识让我们对外在环境做出最快的反应。潜意识是意识在不断重复并形成习惯之后形成的自动模式，为了做到节能，大脑把这个控制中心本身都给自动化了，以至于我们完全意识不到意识和潜意识之间的转化。

创新就是要打破心理惯性，换句话说，就是要战胜潜意识。然而与意识相比，潜意识更加强大，而且都是自动化的，因此要让意识战胜潜意识是非常困难的。虽然不一定失败，但是可能性非常小。比如我们在长期的学习过程中养成了寻找标准答案的思维惯性，一旦出现一个问题，我们往往从习惯中找寻答案，而并不是从自己的大脑中产生答案。这种思维经过不断重复，形成了潜意识。我们虽然并没有意识到自己是在寻找答案，但是一旦没有找到答案，就会茫然无措，有一种不确定感。当我们的意识在试图战胜潜意识的时候，潜意识会在意识还没有发挥作用的时候就开始对抗。比如潜意识会告诉你：任何问题都有答案，没有答案是因为没有认真地去找，诸如此类。在潜意识面前，意识变得非常弱小，甚至借助外力也无法改变。这也是为什么我们在创新的过程中最难过的一关就是创新思维的形成。

我们看不见潜意识，但能看到它的结果——习惯。习惯分为三种类型：第一种，最明显的是习惯行为。好的习惯行为，比如说早睡早起；坏的习惯行为，比如说抽烟喝酒。要养成良好的性格，源头在于培养良好的习惯行为。第二种，不太明显的是习惯情绪。提起“习惯”，很多人往往以为指的是某个动作。其实动作只是表象，背后的本质是意识上的习惯，比如有人一到夜里就无理由地害怕，有人排队时被撞了一下就不假思索地发火，这都是被习惯情绪所控制。第三种，隐藏得最深的是习惯思维，比如很多人一遇到某种场景就引发自责、嫉妒、猜忌、后悔、忧虑等负面情绪，接着引发一系列情绪和行为上的连锁反应。因此，习惯思维是一切习惯的根源。

我们无法改变潜意识，但是我们可以改变习惯。首先要了解我们的习惯，然后将坏习惯转化为好习惯，再经过艰苦地锻炼，就可以将习惯固定下来，变成新的潜意识。

许多创新方法会告诉大家要养成发散思维和逆向思维的习惯。这些都是创新思维常用的方法，本身没有任何错误，但是人们往往忽略了一点，即要想形成发散思维和逆向思维，必须打破自己的习惯思维。下面我们分析一下习惯思维到底是如何形成的，以及如何打破习惯思维。

习惯思维产生的原因主要包括专业化的教育、科盲、缺少领域内的知识和经验、成人固有的标准化思维模式、技术和科学上的保守。创造性的想象力是可以传授和培养的，通过不断训练，可以减少习惯思维对创造性工作的影响。

表 11-1 为可以训练创新思维的方法。

表 11-1　克服习惯思维、训练创新思维的步骤

步骤	示例
1.选择需要创新的系统或物品	例如“声音”
2.为选定的系统或物品列出参数清单	声音传播角度、吸音系数、振幅、频率、相位、周期、反射系数、声压、声音传播速度、波长
3.选择你喜欢的参数，以较大的幅度改变其现有值，然后描述参数改变后的系统。这样，你可以得到一个奇妙的新想法	将声音在空气中的传播速度从 343 米/秒减小至 0，这样声音就只能存在于其产生的位置
4.将改变后的系统和物品放回原先的环境中，以创造一个有许多奇妙冲突和问题的新情境	人们可以说话，但没有人能听到他们说什么。然而每个人都可以在某个秘密的地方留下一条声音信息，供其他人前来倾听

大胆的想法比保守的想法更有可能实现。通过不断练习，你可以改变自己的习惯思维，形成发散性思维。

第二节　发明创造的课程案例

我们首先通过一个具体的课程案例，说明如何对发明创造进行研究性学习，然后针对这个案例进行特点分析。

一、发明创造的课程案例

这是一个在物联网行业背景下，重点学习编程技能与发明创造的方法，并在教师的指导下完成学习各种技能、分析需求、设计方案、制作产品、展示产品等一系列核心任务的课程。在此过程中，需要学习大量与物联网相关的知识、编程的技能，同时利用这些知识和技能来完成发明创造。这能够培养学生快速收集资料的能力、消化信息的能力、创新的能力、解决问题的能力等综合能力。

科技创新是研究性学习的一种高级形态，因此也符合研究性学习的基本过程与基本特征，即总是从问题开始，以目的为导向，在解决问题的过程中提升能力。

以科技创新比赛培训为例，为期七天的发明创造能力培养过程详细清单如下。

(1)第一天课程清单如表 11-2 所示。

表 11-2　发明创造课程表(第一天)

序号	内容	说明	培养目标
1	科技创新比赛	介绍科技创新比赛的组织过程、参赛过程等	先确定学习目标，理解本次研究性学习的特征
2	技术发明方法	讲解科技创新方法；进行创新思维训练	了解研究性学习的方法与过程，同时为后面的课程设置大纲
3	创新大赛案例分析	介绍历届创新大赛中的获奖作品，点评比赛获奖的各种要素；总结目前作品中出现的常见的规律性问题及解决对策	通过学习历届创新大赛的作品，让学生对目前的作品有直观认识，能够逐渐建立更明确的目标
4	学生分组	布置场地，学生分组(3～4人一组)，加入课堂群	整个学习方式是团队探讨学习，大家随机组队，根据实际情况可以自己调整，训练大家的团队协作能力

第一天的课程主要是讲解整个研究性学习的过程和方法，确定学习的方向，以任务为驱动。这属于任务驱动或者项目驱动的教学模式。

学生第一天开始分组，3～4 人一组进行后面的学习。很多学生都是第一次认识，那么就先通过抽签的方式进行分组，如果有特殊情况，可以调整小组成员。

第一天的学习节奏相对比较缓慢，学生表现出非常浓厚的兴趣，而且传统讲解的方式大家都很适应，每个人都在自己的舒适区。

(2)第二天课程清单如表 11-3 所示。

表 11-3　发明创造课程表(第二天)

序号	内容	说明	培养目标
5	编程技术基础	讲解编程基础套件、编程软件、调试方法等;讲解通用的基础编程思想,包括流程、三种结构、面向对象	物联网设计必须使用最基础的编程工具,因此学生必须在最短的时间内学会编程
6	物联网技术讲解与实践	讲解以平台为基础的物联网模块的调用方法;介绍精选的不同技术类型的传感器	学习物联网系统的传感器数据采集和执行机构控制,完成技术基础
7	作品案例实践	摘选一个必过作品和一个可选作品,让学生完成整个作品的制作过程	通过练习,对物联网基础更加熟悉

进入第二天,学习内容突然增加,学习节奏也逐渐加快,学生需要用一天的时间了解原来没有接触过的编程技术、物联网知识,并在教师的带领下完成一个案例作品。在这个过程中,教师采用教练式教学,在进行很少的讲解之后就让学生开始练习,并且会逐渐加快节奏。很多学生平时动手很少,面对突然加快的学习节奏会不太适应。

很多学生不敢通过探索来琢磨实验的过程,平时习惯了教师手把手地传授,一旦进入真正的实战学习,不确定性增多,任何一个环节都有可能出现问题。教练式教学主要是告诉学生学习的目的,不是把所有的过程都直接告诉学生,而是让学生在摸索的过程中不断提高解决问题的能力。要解决问题必须咨询同学、自己探索、查资料、问老师等,这些都必须在思考之后主动进行,无形之中锻炼了学生主动学习和团队协作的能力。

用一天的时间学习大量的知识是工作以后的必备能力,很多学生往往习惯了“细嚼慢咽”,一旦进入快节奏的学习状态,顿感不适,虽然拼命追赶,但是仍然有心无力,不断远离自己的舒适区。

这时候,教师必须时刻关注那些准备放弃的学生,及时地给予鼓励和帮助,要让他们在经历挫折之后能够及时感受到成功的喜悦,从而逐渐进入学习状态。

(3)第三天的课程清单如表 11-4 所示。

表 11-4　发明创造课程表(第三天)

序号	内容	说明	培养目标
8	提出初始问题	如何正确地提出与定义技术问题，分析确定问题的价值	具备基础知识和技能之后，开始研究性学习的第一个步骤:提出问题
9	头脑风暴实践	使用头脑风暴的方法，提出自己的问题与方案；小组内有一人采用思维导图方式进行记录	利用头脑风暴的方法，激发大家的创造力，提出各种创新问题
10	项目情景分析图	针对学生的问题，带领学生绘制出项目情景分析草图；将问题采用图片的方式描述清楚	采用项目情景分析图工具将提出的问题技术化与本质化
11	问题分析	讲解如何使用 5W 分析方法寻找关键技术问题；讲解功能分析方法	采用 5W 分析方法分析问题产生的关键原因与问题的价值
12	提出解决方案	在问题分析之后找出最重要的技术问题，提出解决方案，画出方案草图；展示一个完整案例模板	在导师的带领下，完成可行的设计方案与实施方案
13	尝试绘出原型设计框图	继续练习编程或者尝试设计原型，提出原型方案	在导师的带领下，设计产品原型

经过第二天的技术学习，很多学生感受到大脑高速运转带来的疲惫感，就好像长跑过程中出现的生理极限，此时学习也会出现脑力极限。因为平时思考的机会不多，大脑处于钝化状态，被突然激活之后，很多学生倍感不适，会产生负面情绪，比如逃避(直接说不会也不再做了)、抵触(不听教师的安排)、偷懒(装模作样)。

这时候，教师必须及时发现学生的负面情绪，并进行疏导和鼓励。为了让大家能够逐步适应更高强度的学习，第三天就应安排稍微轻松一点的环节，即创新思维训练。

从提出问题开始，然后是分析问题、提出自己的方案。这属于研究性学习的提出问题和设计方案环节，也是构思的过程。我们采用了学生比较容易掌握的思维创新工具——头脑风暴，引导学生不断提出自己的问题，设计自己的方案。在引导学生进行思维创新的过程中，要重点评估每一个学生的思维创新程度，重点关注那些思维难以发散的学生，在实战状态下传授大家创新思维训练方法。

在教师的带领下，每一个小组都会逐渐形成自己的问题，此时教师要带领大家对提出的问题进行评估。如果学生感觉问题很有价值，就开始提出自己的设计方案。

设计方案是一项非常具有挑战性的工作，因为设计是一个从无到有的过程，就像在一张白纸上创作作品。很多学生从来没有接受过这方面的训练，大脑一片空白，此时教师必须进行鼓励，哪怕设计出来的东西一无是处，也要以鼓励为主，等大家的方案逐渐成形的时候，再开始找问题。

第三天，学生就要把自己的问题、方案提出来，所有的学生基本上能够逐渐适应这种节奏，因为高中生的学习能力已经很强了，只要方法对，就能够体现出强劲的创造力和效率。第三天的任务完成之后，很多学生自己都没有想到刚刚开始学习没几天，竟然已经进入了创新环节，而且已经产生了创新的内容。

(4)第四天的课程清单如表 11-5 所示。

表 11-5　发明创造课程表(第四天)

序号	内容	说明	培养目标
14	创新方法之进化法则	讲解技术发展的进化法则，预测技术发明方向	借助产品计划法则，找到系统进化的方向，明确创新的方向
15	产品设计方法	讲解产品设计方法；定义功能、概念和结构；系统建模和确保目标的实现；项目管理	在教师的带领下，完成产品的设计，并提出产品设计的创新之处
16	科创项目实践	学生一边完善原型设计框图，一边搭建系统原型	在教师的带领下，根据设计图搭建系统原型，先验证功能，不必计较外观
17	科创项目提升	在教师的指导下继续完善系统产品的原型，并提炼产品的创新点、优势	一边完成产品，一边分析系统的创新点、应用场合、优势等，确立产品的价值
18	科创项目报告	进行科创比赛资料准备，如 PPT、海报、论文等；根据资料模板进行材料写作	根据参考的格式，编写资料与研究性学习报告

第四天，学生明显已经进入状态，明确了自己设计的内容，积极发挥主观能动性，有的学生负责编程，有的学生负责购买材料，有的学生讨论方案。教师只需要积极配合大家，提供足够的后勤保障，同时在学生遇到无法解决的困难时参与讨论。另外，教师一定要及时关注学生的状态，确保每个学生都能够积极参与，不要让某些学生脱离团队。

虽然第四天的内容比前几天都要多，但是大家都已经进入了研究状态，主动性已经被调动起来，很多学生已经突破了自己的脑力极限，高效率地向前推进项目进程。

(5)第五天的课程清单如表 11-6 所示。

表 11-6 发明创造课程表(第五天)

序号	内容	说明	培养目标
19	创新方法之科学效应	讲解科学效应的概念和创新方法	利用科学效应工具使产品在设计的过程中增加更多的科学要素
20	科技前沿现场体验	重点实验室参观实践	参观重点实验室,让学生体验科研一线的研究内容,深刻体会研究过程
21	沟通交流与答辩技巧	讲解团队协作;口头沟通;书面沟通;多媒体沟通;领导和组织能力	学习沟通展示技巧,重点解决学生普遍存在的问题
22	科创项目实践	继续完成产品原型与资料;教师针对科研日志中的内容进行点评,并完成教师评语	教师对学生完成的报告进行评价

第五天继续进行项目的实施,同时开始培训学生的表达能力。为了缓解学生高强度的学习压力,也为了继续给大家以激励,教师安排大家进入大学重点实验室,在体验高科技研发的同时,让大家体会到科学创造的重要性,也让大家认识到学习能力的重要性。

(6)第六天的课程清单如表 11-7 所示。

表 11-7 发明创造课程表(第六天)

序号	内容	说明	培养目标
23	科创项目实践	继续完成产品原型与资料;教师针对科研日志中的内容进行点评,并完成教师评语	教师对学生完成的报告进行评价
24	科创项目提升创新能力评测	教师展开一对一面试评测,对前几天学生的表现进行总结,通过询问了解学生的学习情况,学生讲解作品,教师对作品进行评价与指导等	对学生的整个学习过程进行评估,主要是在过程中发现学生的问题,并给出相应的指导意见
25	科创项目答辩演习	学生进行答辩演习,每一组轮流讲解,教师进行现场评价,其他学生一边完成作品,一边旁听	通过模拟答辩,分析学生在答辩中存在的问题,并及时给出改进方案

第六天，大家已经完全进入了自主学习状态，教师从旁协助指导，真正进入了以学为主的阶段。教师根据学生几天来的表现，对每位学生进行比如学习能力、创造力、组织力、展示力、实践力等全方位的评价，并有针对性地给出指导意见。

每一组轮流进行模拟答辩展示，其他组的同学同时观摩，教师现场指导。每个人在展示的时候，不仅是在展示自己的作品，更是在展示自己的能力。

(7)第七天的课程清单如表 11-8 所示。

表 11-8 发明创造课程表(第七天)

序号	内容	说明	培养目标
26	科创项目路演及成果展示	学生展示 PPT，教导师进行点评；没有进行展示的学生继续完善自己的项目产品	正式的 PPT 展示，能够让学生体验正式答辩的氛围，逐渐习惯在公开场合展示的感觉
27	个人总结与感想	个人总结与评奖	对优秀学生进行表彰，并肯定大家付出的努力

第七天进入正式答辩环节，关键在于按照正式比赛的要求设置答辩场景，安排答辩专家，按照实际标准给项目打分，让学生提前做好竞赛准备。

经过七天的技术发明训练，学生学会了研究性学习的模式和方法，初步具备了自主学习能力和科技创新能力，并且完成了每个人的创新性成果。

我们选择其中的一个成果进行展示。通过下面的案例，大家可以了解发明创造应该如何掌握具体细节。

发明创造案例成果展示：针对车辆视觉盲区的行人探测器

摘要 在道路交通系统中，大型车辆存在较大视觉盲区，且大型车辆司机常常疲劳驾驶，难以发现路侧突然出现的行人或其他车辆及障碍物，非常容易引发严重的交通事故。研究人员利用树莓派、小车模型及人体热释电传感器，构造了一种可以安装在车辆内部的行人探测器模型，尝试模拟在车辆视觉盲区内有行人出现的情景下，利用人体热释电传感器进行探测，并在车内发出警报，及时提醒司机注意减速避让盲区内的行人。可以将其应用在大型车辆当中，能够有效地预防和避免由车辆视觉盲区造成的人车相撞事故。

关键词 车辆视觉盲区；人车碰撞事故；车载行人探测器；辅助驾驶系统

1.研究背景

随着世界经济快速发展，城市道路、公路网建设不断完善，由于其机动性强、成本低等特点，道路交通运输的社会需求日益增加，这也给道路交通安全带来了很大挑战。尤其是商用大型车辆，由于其“大、长、高”的特点，车身周围存在诸多视觉盲区，驾驶员难以准确感知环境态势，易导致车辆与周边行人发生碰撞事故。因此，如何有效地发现车辆视觉盲区的潜在危险，对于保障道路交通安全至关重要。现有的车辆盲区危险物体感知定位方法，一般基于超声波传感器、雷达定位或摄像头定位。超声波传感器、雷达定位可以提供准确的位置信息，包括监测目标的坐标、移动速度等，如李军等曾研发了一种基于“蝇眼”传感原理和CAN总线通信原理的防撞系统。而随着摄像头在盲区监测中的应用，盲区物体的定位变得更加直观，提高了监测系统对环境的自适应能力。如Fitch等对摄像头/视频成像系统(C/VISs)展开了研究；Hutardo等讨论了在摄像头定位盲区障碍物时，摄像头位置与摄像头视场(FoV)对减少盲区的作用。此外，对不同类型车辆视野盲区范围进行估计是进行研究的基础，如韩飞等基于光的反射原理以及计算机仿真，利用基于眼椭圆的驾驶员后视镜盲区概率分布估计方法，考虑了后视镜旋转的因素，得出了车辆盲区范围。

研究人员利用树莓派、小车模型及人体热释电传感器，构造了一种可以安装在车辆内部的行人探测器模型，尝试模拟在车辆视觉盲区内有行人出现的情景下，利用人体热释电传感器进行探测，并在车内发出警报，及时提醒司机注意减速避让盲区内的行人。未来可以将其应用在大型车辆当中，能够有效地预防和避免由车辆视觉盲区造成的人车相撞事故。这不仅可以提高道路交通运输系统的安全性，保障交通运输系统的正常运转，还能提高社会整体工作效率，避免不必要的人员伤亡和财产损失，有助于经济建设和社会发展。

2.研究内容

(1)框架设计(见图11-2)。

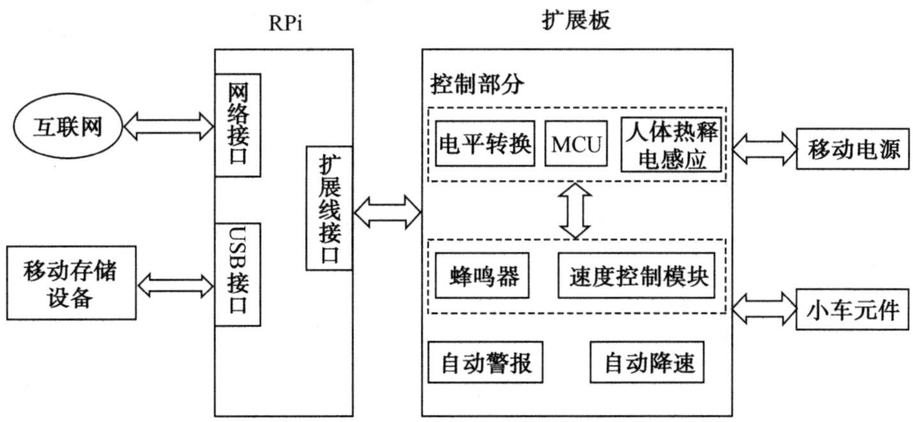

图11-2　行人探测器系统框图

研究人员以树莓派为基础，通过蜂鸣器、人体热释电传感器以及直流电机驱动模块的协调，设计出一个车载行人探测器雏形。此装置在传感器监测到行人出现时，可以及时发出警报提醒司机并自动采取制动反应。

(2)实现方法与步骤。

一是组装小车元件。

二是通过扩展板将 RPi 与小车相连。

三是在扩展板上安装蜂鸣器、人体热释电传感器等外部设备。

四是将 RPi 连接网络并远程登录。

五是编写代码实现人体探测、自动报警和车辆控制功能。

六是测试运行效果，调试代码。

(3)出现的问题与解决方法。

首先，在组装小车的过程中，由于线路复杂、车体体积小，经常发生线路连接错误。在将线路走向统一梳理之后，逐渐有条理和清晰起来。

其次，对部分传感器的工作原理和使用方法不太了解，经过进一步学习和反复试验之后，才得以使其发挥作用。

最后，由于缺乏编程经验，在编写代码时，往往考虑问题不够严谨和全面，迟迟不能达到理想的效果。经过编程练习，并对代码进行反复调试，最终得到了理想的结果。

(4)项目创新点。

第一，技术上。将人体热释电传感器应用到车辆安全行驶上，能够自动监测出现在车辆视觉盲区内的行人，并通过控制车辆自动制动，节约了司机的反应时间。

第二，应用上。该装置若在此基础上经过进一步改良和完善，可以在未来广泛投入使用，尤其可以重点应用于大型车辆，以减少交通事故发生，有效地保障交通安全。

3.研究结果

(1)核心代码(见图 11-3)。

```
try:
    while True:


        trg = GPIO.input (trigger_pin)
        #print (IR_trg)

        if trg:
            GPIO.output (Buzzer_Pin, GPIO.HIGH)
            time.sleep (0.1)
            stop ()
            time.sleep (0.1)
        else :
            print ("forward")
            GPIO.output (Buzzer_Pin, GPIO.LOW)
            time.sleep (0.1)
            forward (60)
```

图 11-3　行人探测器核心代码

(2) 实物展示(见图 11-4)。

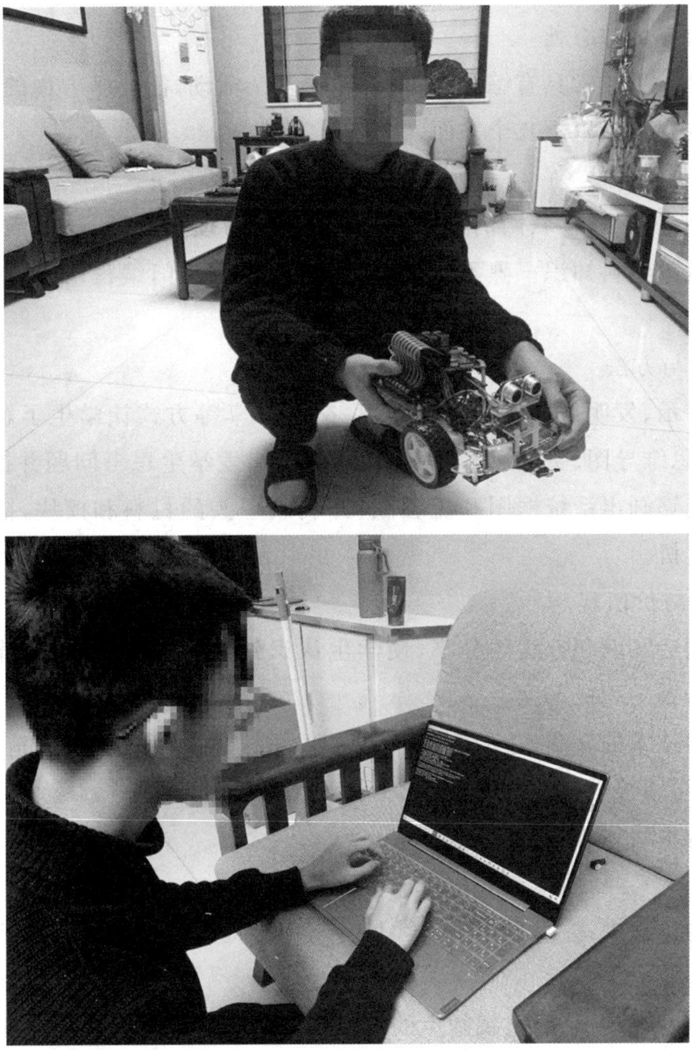

图 11-4　工作过程及实物展示

(3)结论。

此发明在树莓派的基础上,通过蜂鸣器、人体热释电传感器以及直流电机驱动模块的协调,还原了大型车辆在面临行人处于视觉盲区时的真实情况,并构思设计出一个车载行人探测器雏形。此装置在传感器监测到行人出现时,可以及时发出警报提醒司机并自动采取制动反应,有效地避免了人车相撞事故。若在此基础上经过进一步改良和完善,可以在未来广泛投入使用,以减少交通事故发生,有效地保障交通安全。

二、课程特点分析

(一)课程内容的综合性

发明创造是一项非常具有综合性、创新性的复杂活动,需要多方面的培养、传授和研究并重。培养内容包括以下几个方面。

1.知识与技能

了解物联网是什么,物联网的发展历史,其中的物理学原理,与生活的联系,以及电子、信息、计算机等学科知识。熟悉电子电路知识,掌握一门编程语言,能将创新想法初步付诸实践。

2.创新过程与方法

通过案例展示、发明创造方法系统学习、交流分享等方式让学生了解发明创造的过程和特点,介绍思维导图、头脑风暴、TRIZ 工具集,启发学生思考问题并提出自己的设想和方案。学生能够画出系统框图和流程图,并利用手头的材料和模块,搭建简单的能展示工作原理的样机。

3.情感态度与价值观

通过发明创造案例和方法的分享,使学生认识到创新的重要性,培养学生对发明创造和创新能力培养的积极态度。

通过物联网技术的介绍,让学生意识到物理、数学等学科在发明创造领域的应用,培养学生对数学、物理等学科学习的兴趣。

(二)以学为本的体验式学习

1.以学为本

在教和学的过程中,注重以学生、学习为本,围绕提升学习效率的目标开展活动。

2.体验式学习

强调教和学的互动形式,重视师生的双边情感体验。教学过程既是师生信息的交流过程,也是师生情感的交流过程。教师要尊重每个学生的差异与个性,重视挖掘学生的想象力,与学生一起探讨方案实施过程中遇到的困难及可能的解决思路,引导学生自主解决问题。让学生体验到亲切、温暖的情感,从而产生积极的情绪和良好的心境,在积极向上的精神状态下愉快地学习,并能主动克服困难,奋发进取。通过实践,让学生把以前学的知识和眼前要解决的问题结合起来,主动学习,学会学以致用。

3.导师制

在发明创造实践过程中,每个学生遇到的问题都不一样,传统一对多的教学模式已无法适应教学需求,学生的问题趋于多元化和个性化。此外,学生从传统课堂教学模式转到自主学习模式,会面临一系列选题、实践研究、理论及可行性分析、研究报告撰写、成果展示与学术交流等新难题,没有专门的教师持续跟踪学生的进展和状态,学生很容易半途而废。

(三)目标直接指向能力提升

1.重点培养创新思维

创新思维是一种具有开创意义的思维活动,即开拓人类认知新领域,开创人类认识新成果的思维活动。它往往表现为发明新技术、形成新观念、提出新方案和决策、创建新理论。

创造性思维包括三种方式:形象思维、发散思维和直觉思维。这三种思维都会对学生的思考产生不同的影响。如果说逻辑思维是学生必须要培养的一种思考问题的思维形式,那么创造性思维就是在此基础上的补充和完善。

每一个人的内心深处都有一个产生创造性思维的源泉。这个源泉里面,储存着人类与生俱来的各种原始、复杂的生物智慧。科学实践表明,神经系统是创造力的生物学基础。无论学习还是工作,具备创造性思维能力,都会对我们产生非常大的帮助。

培养创造性思维的五个方法:第一,学会从不同的角度思考问题,运用批判性思维;第二,会用逆向思维去分析问题;第三,懂得进行发散性思考;第四,保持好奇心,充分发挥想象力;第五,适当运用联想思维,例如相似、相近、相反联想。

2.培养学以致用的能力

学以致用是发明创造学习过程中最重要的能力,即为了实践而学习,将传统教学模式中学到的知识与面临的问题联系起来,从而解决问题,同时加深对原有知识的理解,将学到的知识体系化。

学习知识的过程分四个阶段:第一,能看懂或听懂。该阶段一般是学习的最初阶段,能在课堂上明白老师的讲解,记住知识点并回答简单问题。第二,会做题目。能够根据内容,求解出课后题或考试题目。第三,能教会他人。能够将所学知识梳理清晰,并讲给他人,让他人听懂。第四,能够系统运用所学知识去实践从而改变世界,也就是所谓的学以致用。

3.在实践中培养实践能力

动手实践是改变世界的必由之路,是人类建立文明的基石。动手实践一方面能够使较为抽象的知识以更加直观的方式呈现在学生面前,使其加深对知识的理解,另一方面还能提升学生的学习兴趣及学习效率。例如,学生通过对物联网套件的学习,掌握电子电路的连线和焊接技术,能够处理模拟和数字信号,把不同的模块组合成具有特定功能的系统,验证预期效果,并解决搭建系统中遇到的各种问题。

4.培养团队合作意识与能力

团队合作是一种为了达到共同目标所呈现出的自愿合作和协同努力的精神,能够充分发挥团队中每个成员的个人优势,实现 $1+1>2$ 的效果。俗话说“三个臭皮匠,顶个诸葛亮”,通过组成自愿小组的形式完成一个发明创造,不但能在选题和方案设计阶段集思广益、互相启发，更能在实践和交流环节明确分工，事半功倍。

5.培养表达沟通展示能力

一个成功的发明创造作品，一定是能为大众所接受的产品。能够将自己的想法和成果传播出去，对作品的价值体现至关重要。将自己所做的工作形成研究报告或研究论文，将创新创意提炼成专利，需要良好的写作能力；很多学术或比赛交流场合，适合展板或演示文稿（PPT）讲解，这需要深厚的讲述功底、清晰的逻辑思维、流畅的表达能力。

本章思考题

根据下面提出的问题，从中选择一个自己感兴趣的，参照本章的案例，完成发明创造的过程。

(1)有时候晚上走夜路，没有路灯，手里提着东西，还得拿手电筒，很不方便，怎么解决这个问题？

(2)大货车司机长途运输，有时候要在车上休息过夜。但是也有司机在车上过夜，因为 CO 等有害气体而中毒的报道，怎样避免这种悲剧？

(3)学生们的书包都很重，有没有一种方案，能让学生们比较轻松地携带书包？

(4)公共场合（比如教室、宿舍）的空调，吹到的人感觉冷，没有吹到的人感觉热，怎么解决这个问题？

(5)扫地机器人给我们的生活带来方便，但是如果地上的脏东西是液体（比如粥撒到地上），或者是软的东西（比如奶油），可能会比较麻烦，怎么解决这个问题？

(6)家里用的太阳能热水器，在冬天使用时要把管子里的冷水放掉才能出热水，这样会浪费很多水，怎么解决这个问题？

(7)住集体宿舍的时候，自己想设置闹钟，但是又担心影响其他人，怎么解决这个问题？

(8)怎样设计一种既能透风又能遮光的窗帘，这样夏天的时候太阳晒不着又能吹风？

(9)怎样对自然环境中的珍稀野生动物进行健康状态监控？

(10)很多患有慢性病（比如高血压）的病人会忘记带药和按时吃药，怎样解决这个问题？

(11)设计一种防止汽车追尾的安全系统。

(12)冬天道路结冰易滑，给车辆行驶带来危险，怎样解决这个问题，帮助车辆安全行驶？

(13)设计一种能上下楼梯，甚至能适应各种地形的轮子。

(14)设计一种小巧灵活的搬家工具，可以帮助搬家工人减轻劳动强度，避免身体损伤。

(15)建筑顶层、堤坝、隧道都需要防止渗水、漏水，设计一种方案，及时发现渗水和漏水，并且准确地找到渗水和漏水点。

(16)冬天戴眼镜进入温暖的环境中时，眼镜会起雾，怎样解决这个问题？戴眼镜的人冬天佩戴口罩时，眼镜会起雾，怎样解决这个问题？

(17)设计一种辅助学习骑自行车的系统。

(18)车辆在高速公路上行驶时，有时会遇到浓厚的团雾，设计一种帮助车辆在大雾中行驶的装置。

第十二章　研究性学习案例之科学研究

科学研究就是针对科学问题，基于自己的知识背景，利用创新思维，通过研究过程探索一个没有被发现的规律。学生进行科学研究，并不是要求学生能够获得多高水平的研究结果，而是要学会科学研究的过程与方法，进行科学研究实践，不断提升学习的能力。

《普通高中物理课程标准(2017 年版 2020 年修订)》中写到："'科学研究'是指基于观察和实验提出物理问题、形成猜想和假设、设计实验和制订方案、获取和处理信息、基于证据得出结论并作出解释，以及对科学探究过程和结果进行交流、评估、反思的能力"。

科学研究重点培养学生的思维和思辨能力，使其在研究的过程中养成良好的科研习惯，比如认真、勇敢等；更重要的是要使学生不断地深入思考，将关联的知识不断地提升成抽象模式，将离散的数据变成有规律的结论，使学生的思考能力得到大幅度的提升和锻炼。

从中可以看出，整个科学研究的过程是从问题开始，以知识结束的，这一点与传统学习是完全相反的。

第一节　科学研究的过程

科学研究的过程是很多科学家研究过程的抽象和总结，但并不是答案。我们可以以此为参考，但也不要拘泥于形式，而是要在研究的过程中深入体会核心的思想，比如问题分析的准确性、批判性和论证的有效性。

一、科学研究的步骤

科学研究的步骤包括选题、设计并实施实验、分析实验数据、作图与寻找规律、写作研究论文等过程。

1.选题

选题就是选择一个科学问题，这个科学问题不能太大，也不能太难，针对中学生来说，可能是一个应用问题，也可能是一个非常细节的专业问题。

2.设计并实施实验

针对选定的科学问题，要设计实验的类型，比如通过正交实验来选择最优化的参数，或者通过探索实验来寻找各种实验规律。在实验的过程中,要详细记录实验数据,同时要记录数据的背景信息。

3.实验数据分析

得到实验数据之后,要分析数据的误差,确定数据是否符合我们的要求,以及通过数据分析来判断是否需要做补充实验。

4.作图与寻找规律

利用各种数据,作出拟合曲线或图形,判断是否有规律性的东西出现以及这些规律以前是否出现过,判断研究对象的创新程度。

5.研究论文写作

研究论文具有固定的格式,比如摘要、引言、正文、结论、参考文献等。研究论文写作就是将数据分析和得出结论的过程写成文章,合适的可以发表在正规的期刊上。

二、科学研究如何选题

科学问题是一定时代背景下提出的科学认识和实践中需要解决而未解决的矛盾,包含一定的求解目标和应答域,但尚未有确定答案。科学问题往往伴随新知识、新原理、新现象的发现。

1.科学选题的原则

(1)需要性原则,即选题要满足社会实践或科技自身发展的需要。

(2)科学性原则,也称为“限制性原则”。要求选择课题时,必须以一定的科学理论和科学事实作为依据,按客观规律办事,将选题置于时代和当时的科技背景下,使之成为在科学上可以成立和可以探讨的问题。即要持之有故,选之有理。

(3)创新性原则。选题必须选择目前别人没有研究过的题目。创新分为概念创新、方法创新、应用创新等。

(4)可行性原则。选题应与主客观条件相适应,根据已经具备的或经过努力可以具备的条件进行选题。选择研究课题要量力而为,课题预期目的的完成应具有现实可能性。

2.选题途径

(1)从社会生产实践中提出问题。实践是知识产生的根源和发展的动力。在社会生产实践中,只要留心观察,一定能找到有价值和实际意义的课题。

(2)从日常的生活中寻找选题。在现实生活中遇到的问题,面广量大,选题的范围极为广泛,只要深入探索,不难发现许多值得研究的课题。

(3)从自己感兴趣的方面寻找选题。这里所说的兴趣,并非日常生活中对事物的一般兴趣爱好,而是专指在知识领域或科研领域因对某一学科的热爱而产生的强烈的追求与探索精神。

(4)从科学研究进展综述文献中选题。综合述评文献是对科技的现实水平、发展动态、存在问题进行比较、分析后发表的见解,能够为科技人员选题时提供有力的逻辑基础,有着带路和指导作用。

(5)从怀疑已有理论观点和结论开始。用批判的眼光看待已有的理论、传统的观点和结论,寻找它们的缺陷和矛盾,然后设法证明这种怀疑是否正确。不过,这种怀疑需要气魄和胆识,许多科学家就是推翻他人的理论、观点或结论而取得了成功。

(6)在学术争论中提出问题。在文献调查中,注意有争论的问题,研究当前学术界争论的问题领域是发现研究课题的重要途径。

(7)寻找科学史上记载的未解难题。历代科学家通过对大自然的探索和研究,解决了许多科学难题,同时也留下许多难题,这些历史性难题虽然难度很大,但是像一座座高峰,吸引着大量研究者不断地去攀登。

三、猜想与假说

一旦找到问题,很多学生都能够第一时间产生求知欲和好奇心,纷纷提出自己的答案。这些答案有时是正确的,有时是错误的,或者是在某些条件下是正确的,但是不管正确还是错误,这些都是猜想和假说,都需要用实验、计算和理论推导来证明。

此处要提醒大家,不要简单地用别人的结论来作为检验猜想和假设的依据,而是要以慎重的态度来思考和判断。比如在做实验的过程中,如果你发现做出来的实验结果和书上的实验结果不一致,千万不要直接认定是自己的实验失败了,而是要仔细核实实验的过程和步骤,如果没有错误的情况,那么就有理由怀疑书上的理论是否是错误的,或者是与自己做的实验情况有哪些不一致,而不要简单地认为书上的内容就是标准答案。

因此,我们更强调第一手资料的重要性,因为大部分的创新都是因为第一手资料与已有结论不一致而产生的。

四、实验设计

实验的目的是验证提出的猜想和假说是否正确。根据实验的特征,可以将实验分为以下类型(从易到难)。

1.证伪实验

证伪即证实某个结论不正确。证伪只需要找到一个反例即可,因此难度相对最低。例如,植物的生长来自土壤,太阳围绕地球转,原子不可再分。

2.探索实验

调整一组从未实验过的条件,获得实验结果。这一类实验只关注创新的结果,只要是做出别人没有做出过的结果,且结果能够表现出新的特性即可,实验的次数较少,难度较低。例如,将各种金属掺入半导体中,将石墨烯掺入各种材料中,将等离子体喷射到任何物体表面,给一只小狗任何指令。

3.性能实验

针对一个实验参数,通过设计的实验突破参数的记录。如果需要突破的参数是一个产品的核心参数,因为有很多人都在不断突破这个参数的极限记录,所以需要进行大量实验,并优化很多设计,难度较大。例如,将逆变器功率提升1%,将太阳能吸收效率提升0.1%,将OLED显示器寿命提升30%,将芯片可靠性提升10%。

4.最优实验

针对某一个功能,找到能实现该功能的所有参数中最优的一个。尽管目前实验的结果已经领先了,但是还有没有更好的呢?这需要不断突破自我,难度很大。例如,哪一种材料最有利于放电,哪一种材料高压绝缘性能最好,哪一种晶体结构压电性能最好,哪一种泡沫材料更轻、更结实。

5.普适实验

设计各种条件,证明结论在各种情况下都是正确的。这样的实验属于没办法穷尽的,只能说暂时是正确的,研究永远没有止境,因此难度是最大的。例如,物质是不是无限可分的,所有的植物是不是都没有自主意识,勤劳是否总比懒惰好。

五、分析实验数据并得出结论

根据实验类型的不同,数据分析的具体方法并不完全相同。根据通常的实验过程,实验数据的分析过程可以分为以下几个步骤。

1.样本数据的统计

用样本数据估计总体数据的常用参数主要是均值和方差。均值就是用样本的平均值估计总体的平均值,是数据的期望值;方差就是用样本的方差估计总体的方差,表达数据的离散程度。

数据测量过程中总是存在误差,通常用方差表示误差的范围。

2.数据拟合

数据拟合又称"曲线拟合",俗称"拉曲线",是一种把现有数据透过数学方法来代入一条数式的表示方式。科学和工程问题可以通过诸如采样、实验等方法获得若干离散的数据,根据这些数据,我们往往希望得到一个连续的函数(也就是曲线)或者更加密集的离散方程与已知数据相吻合,这一过程就叫"拟合"。

3.讨论寻找规律

将离散的测量数据关联起来,从而寻找数据之间规律性的东西,常用的数据分析方法有聚类分析、因子分析、相关分析、对应分析、回归分析、方差分析。

聚类分析指将多个类似的数据聚集在一起组成多个类的分析过程。同一个类中的对象有很大的相似性,而不同类间的对象有很大的相异性。聚类分析是一种探索性的分析,在分类的过程中,人们不必事先给出一个分类的标准,聚类分析能够从样本数据出发,自动进行分类。聚类分析所使用方法的不同,常常会得到不同的结论。

因子分析指从变量群中提取共性因子的统计技术,即从大量的数据中寻找内在的联系。因子分析的方法有十多种,如重心法、影像分析法、最大似然法、最小平方法等。

相关分析指研究数据之间的依存关系和依存程度的技术。例如,以 X 和 Y 分别记一个人的身高和体重,则 X 与 Y 显然有关系,而又没有确切到可由其中的一个去精确地决定另一个的程度,这就是相关关系。

对应分析也称"关联分析""R-Q 型因子分析",通过分析由定性变量构成的交互汇总表来揭示变量间的联系。这种方法可以揭示同一变量的各个类别之间的差异,以及不同变量各个类别之间的对应关系。

回归分析是指研究一个随机变量 Y 对另一个(X)或一组($X_1,X_2,\cdots,X_k$)变量的相依关系的统计分析方法。回归分析是一种确定两种或两种以上变数间相互依赖的定量关系的统计分析方法。

方差分析又称"变异数分析"或"F 检验",用于两个及两个以上样本均数差别的显著性检验。由于各种因素的影响,研究所得的数据呈现波动状。造成波动的原因可分成两类,一是不可控的随机因素,二是研究中施加的对结果形成影响的可控因素。方差分析是从观测变量的方差入手,研究诸多控制变量中哪些变量是对观测变量有显著影响的变量。

六、撰写研究论文

1.研究论文的特点

科技论文是在科学研究、科学实验的基础上,对自然科学和专业技术领域里的某些现象或问题进行专题研究,运用概念、判断、推理、证明或反驳等逻辑思维手段,分析和阐述,从而揭示出这些现象和问题的本质及其规律性而撰写成的论文。

科技论文必须解决具体科学问题,在某一个细分领域发现了前人没有发现的规律,而不是简单地重复前人的工作。论文内容要求脉络清晰、结构严谨、每一个部分都能够有清晰的证明,而不是单纯的猜测。

2.论文的两种类型

(1)研究性论文。研究性论文是用来进行科学研究和描述科研成果的文章。例如对基础性科学命题的论述与证明、阐述新发明的装备和系统、某些系统或产品的计算机辅助设计和优化设计的计算机模拟等。这类论文一般综合运用各种科学研究的方法,研究者对所研究的题目有一定的心得体会。论文题目的范围不宜过宽,一般选择本学科某一重要问题的一个侧面,通过相关领域学术研究理论、观点与现实问题结合分析,发现存在的问题,并提出解决方案。

(2)综述性论文。综述性论文也叫文献综述,是在确定选题后,在对选题所涉及的研究领域的文献进行广泛阅读和理解的基础上,对该研究领域的研究现状(包括主要学术观点、前人研究成果和研究水平、争论焦点、存在的问题及可能的原因等)、新水平、新动态、新技术和新发现、发展前景等内容进行综合分析、归纳整理和评论,并提出自己的见解和研究思路而写成的一种不同于毕业论文的文体。它要求既要对所查阅资料的主要观点进行综合整理、陈述,又要根据自己的理解和认识,对综合整理后的文献进行比较专门的、全面的、深入的、系统的论述和相应的评价。综述性论文专题性强,涉及范围较小,具有一定的深度和时间性,能反映出这一专题的历史背景、研究现状和发展趋势,具有较高的情报学价值。

第二节 科研论文的写作

科研论文是对科学研究结果的呈现,它是研究的阶段性成果。并不是发表出来的论文就一定具备很高的水平,也不是发表出来的论文结论就一定是正确的。相反,论文中往往存在大量的错误或者失误,这也是推动科学研究发展的动力。

一、撰写论文之前的准备工作

在开始论文写作之前,总会面临很多困惑和不解。比如,有的人喜欢做实验,不喜欢写论文,对写论文产生畏惧心理,面对一大堆数据不知道该如何处理,无限期拖延。有的人甚至是在写一篇论文的过程中停留几个月甚至更久才动笔。这样的情况并不少见,有时候因为写得太慢或者不满意,甚至还会耽误自己的学业和工作。

其实撰写论文并不难,前提是必须培养良好的论文写作习惯,还要掌握相应的写作技巧。什么是良好的写作习惯呢?这些习惯主要包括写论文时的思维逻辑。可以通过阅读论文去感受其中的逻辑架构,在写作过程中形成自身的写作理念。根据调查,在研究性论文不同模块中,前言和讨论最难写,其次是摘要、结果、题目、材料与方法,参考文献和致谢部分被认为是最容易写的。在论文实际写作中,也需要掌握一些论文写作技巧,比如可以将论文分成不同模块,分步进行撰写。在实际写作中,先从最容易的模块入手,同时要认真理清各个模块之间的逻辑关系;在各部分写作完成后,再将各模块有效组装起来。在写作期间,最好能给自己设定一个截止时间,并在相对集中的时间来进行写作。

在开始论文写作前,论文撰写的基本训练很有必要。写作论文前,有必要仔细研究清楚以下几个问题:什么是科研论文,在科研论文中应该凝练和发表哪些数据,科研论文的基本格式是什么,科研论文的基本模块及各模块的功能是什么,论文题目中最重要的内容是什么,论文摘要中应该包含哪几个要素,如何考虑论文发表后的引用率等。

论文发表是为了传播科学研究中获取的知识。科研论文是记录原创性科学研究结果，或者综述已有科学发现及其发展的正式发表或出版的文件。从结构上看，科研论文主要包括四部分：研究背景和目的，研究方法，研究结果，研究结论或发现、理论。要发表论文，首先必须要学会鉴别论文。一篇优秀的科研论文需要包含有意义的科学问题，有明确的、合理的科学假设，有严密的实验设计，有令人信服的实验结果，有具创新性的理论和丰富的实践意义。

论文动笔之前应与合作者进行充分讨论，确定大致的科学发现和理论，尽量不要超过三个科学创新点，将各个知识点按其重要性或逻辑性进行排序，突出主题。在进行表述时，要选用最清楚且最简单易懂的表述形式。

科研论文总体分为三大部分：第一部分为论文标题、作者、摘要和关键词，第二部分包括前言、材料与方法、结果与讨论，第三部分包括致谢、参考文献等。其中前言主要讲述研究的目的，能够让人快速了解本领域存在哪些问题；材料与方法主要描述涉及本领域解决问题的方案，以及研究方案是如何实施的；结果与讨论部分主要讲研究发现了什么，以及这些发现的意义。

科研论文需要向读者传递新知识，那么它需要具有以下几种关键特性：清楚、简单、易懂。很多人认为论文中的数据越多越好，其实这是一个误区，数据并不是越多越好，数据量能够支持论文观点即可。科研论文的撰写须选择特定语言，文中的逻辑关系和文章的组织结构比文笔和语言技巧更重要。因为对于科研论文的读者来说，他们更关心的是论文中包含的科学发现、科学事实和基于数据的科学知识，而不是华丽的辞藻和花哨的语句。从论文组织结构上讲，在一篇科研论文中，题目与摘要的逻辑关系更为密切，前言与讨论的逻辑关系更为密切，材料和方法与结果的逻辑关系更为密切，结果与各部分的逻辑关系均比较密切。

二、确定论文的基本内容

论文题目的作用是吸引读者，展示研究的主题，显示研究的特色，与领域内其他研究加以区分。论文题目会被大量读者看到，它应该以最少的文字最大限度地表述论文的内容。论文的题目应该使用具有明确意义的语句，使用太宽泛的语句将会使题目显得毫无意义。一个好的题目应该含义清楚，不混淆和误导读者，应该既包括研究中的重点内容，还要表述简洁。

撰写题目的注意事项：应该尽量让题目能够吸引读者，不仅要把握起题目的要领，还要有抓住读者的关键词。题目应该将本文与该领域其他类似论文相区分，尽量准确地表述该论文的内容和结论。撰写题目时，应该使用正确的语序和语法，使用与正文中一致的单词和短语，尽量不要将题目写成句子，避免缩略语和太偏的专业术语。

关于论文作者及地址，要写清每一位有贡献的作者，这是一种学术道德。在写清每一位作者对论文相关研究的贡献的同时，每一位作者也应该对发表的学术论文负责。区分第一作者、通讯作者及其他作者。

论文的摘要是论文的重要组成部分，是论文的关键和精华所在。摘要需要展示研究的主题和框架，是题目的进一步扩展，吸引读者继续读下去。摘要是一篇论文中非常有意义的部分。通常忙碌的读者只通过阅读这一部分来获取论文的信息，有时论文摘要也是某些地区读者唯一能阅读到的部分，许多数据库会收集论文摘要作为重要信息来源。摘要可以认为是论文的“迷你版”，应该完整、精练、有信息量，只包括最关键的信息，不包含细节，描写尽量通俗，完全独立于论文，在任何环境下都能够自我解释。摘要中不包含图、表、公式和参考文献，要与题目中出现的术语相呼应，尽可能避免使用缩略语和偏僻术语。摘要核心要点应该包括研究目的、研究方法、研究结果、研究结论和建议。通常，摘要撰写为一段式，150～300 字。摘要可以在论文其他部分完成之后再写。英文论文摘要的时态，如果是已经成定论的内容可以写成现在时，如果是自己的结果一般用过去时。

在论文撰写中通常还会涉及关键词的选取。关键词的作用是便于文献检索。为了提高论文被检索到的概率，应该认真考虑关键词的正确使用。最好不要选用已经在题目中出现过的词句作为关键词。关键词应该选用重要的、能反映论文内容的词，选用领域内具有特定意义的专用词，不选用广义的单个词而选用词组。

三、论文主体内容的写作

（一）前言的撰写

前言的作用是吸引读者阅读论文的全文，因此在前言中应该提供足够的背景信息，使读者对本文的研究目的有所了解。前言应该介绍本研究涉及的科学问题，并说明这个问题为什么这么重要、目前研究到了什么程度，让读者理解和评价研究结果的意义。前言主要包括科学背景、未知/问题、方法、研究的目的和意义。其中背景主要是指本领域的背景和前期相关研究。在介绍背景基础上引出本研究要解决的科学问题、本领域研究现状、研究还存在哪些未知、研究的问题为什么重要，以及说明研究的必要性。介绍研究方法，让读者了解如何解决问题。说明研究目的和结论，使读者知道将获得什么知识，满足读者的期待。介绍研究的意义，说明研究结果的理论价值和应用价值。

组织和撰写前言，即通过对已有知识的回顾和综述提出科学问题，通过对科学问题的综述形成科学假设，解释本研究选用的方法和材料，简要说明本研究论文的目的。在具体实施过程中，撰写前言首先要有效组织信息。第一步，对某个研究领域进行总体陈述，为读者设定一个待研究背景；第二步，对在本领域内其他研究人员已经研究过的问题做更具体的描述；第三步，阐述在某一问题中进一步深入研究的必要性；第四步，具体阐述本项研究的目的；第五步，给出本项研究在价值方面的其他一些可选陈述。前言通常按照提出问题、综述和回顾、提出假设、解决问题的方法、研究目的和结论的总体路线图来进行撰写。

撰写前言时常见如下问题：缺失某些重要元素，如问题、假设、实验方法、研究目的等；某些元素内容模糊不确定；前言写得太过冗长，失去论文的焦点；背景过于狭窄，不通俗，不能吸引读者的兴趣。

前言中通常有不同时态的混用，对于一般性的原理通常用现在时，在引用前人的工作时需要用现在时或者过去时。用过去时暗示作者不认可结果是“事实”的，而只是“观察结果”。一般在描述实验方法时用过去时，在描述研究目的时用现在时。前言撰写时需注意，一开始就要把科学问题提出来。科研论文不是侦探小说，不要留有悬念，让读者迷茫，应力求清楚、简洁、易懂，不要使用过于专业和太偏僻的术语。要始终牵着读者的“鼻子”走，让读者的思路跟着作者的思路走，跟着“故事情节”的发展走。

（二）材料与方法的撰写

材料与方法是科学发现的条件。在前言中一般已经提到了本研究论文将涉及的研究方法，本部分将对材料与方法进行详细介绍，描述实验设计以及实验流程。要表明实验设计可靠，提供科学的实验方法，保证条理清晰，为有经验的读者提供重复实验并验证结果是否正确的信息，为审稿人提供判断和评价结果是否可靠的依据。材料与方法的描述按照研究内容分成不同的模块，模块间按照一定的逻辑关系和先后顺序排列。具体有两种不同的表现方式，首选使用描述性的语言顺序解释材料和方法，如果无法按照上述顺序来排列，就用段落第一句话进行总体概括，然后将有相关性的方法放在一起描述。在材料与方法的撰写中通常用过去时，描述已经发生的事情。但是在描述论文中如图和表之类的内容时用现在时。材料与方法的撰写中通常用被动语态。

材料与方法撰写的注意事项：不同的模块之间要相互联系，明确分工，对使用的不同方法及其作用需进行解释，让读者清楚每一种实验方法与研究主题之间的关系。材料与方法的描述要精确，确保读者能够根据表述来重复实验。要对相关测量、分析和统计方法进行详细说明。在介绍新方法时，应该对该方法的所有细节进行描述；对于已发表的方法，仅对其进行简单描述，并附上相关参考文献；对于已发表但优化过的方法，应该简单描述方法，附上参考文献并详细描述新增方法，应避免包含与问题不相干的内容。

（三）研究结果的撰写

论文研究结果主要是要将数据转变为知识点，提供理论发现的证据。论文研究结果是论文存在的前提，提供支持观点、理论和发现的证据，是前言中研究背景、研究目标和讨论中发现意义的重要联系。研究结果是实验研究所获得的数据，是论文的引擎，决定了一篇论文的科学价值和重要程度。通常，写论文最有效的方法是从结果部分开始。首先确定论文应该包括几套数据，每一套数据形成一组结果，论述一个独立的研究价值。在确定数据和研究价值之前，应该首先考虑，这些数据说明了什么、有何意义，谁需要了解这些数据，这些发现对该领域发展有哪些贡献。通过认真筛选，确定发现点——结果，按其重要性，依次序排序；以图和表的形式将每一个发现点确定下来，并加以简单的文字解释;以发现点为副标题,撰写各段文字、图注和表头,通过组合来获得最佳叙事效果;始终将结果与题目相比较,确定题目是否真正反映了论文的关键发现点;将支持观点的重要结果放在文中的重要位置,通常是第一段的第一句。用一句总结性的描述来表现总体结果,为读者提供一个实验结果的宏观“大图画”;再用不同的实验结果或数据细节,如文字、表、图来支持上述结果的总体图画。在处理数据时,不能简单地将原始数据转移到论文中,数据不是结果,要将数据梳理成有用的知识信息,结果的呈现要有效、有趣。

撰写结果的注意事项:认真考虑必须包括的内容,结果不完整的话就不能发表;只提供与主题或发现密切相关的重要结果;数据的展现要使其有意义,避免中性地呈现数据;通过概括和解释,让读者看懂数据;清楚及合理表达数据(支持观点);采用表达数据的最佳形式(表达形式);避免数据误导读者(有意误导)。作者必须充分了解自己的数据,通过呈现数据(结果)来支持自己的观点;通过有效的表现形式来呈现结果,并对结果进行适当解释;要“表现”数据,而不是“列出”数据;重要的结果必须通过文字来解释,即使是用表格和图展示的结果;要注意详略得当,过量实验数据和过程细节会让读者迷失方向;对非预期的结果一定要进行解释。在撰写结果时容易犯的错误是数据重复表述,主要包括正文的描述重复表或图中的内容,表中的内容重复图中的内容,最糟糕的情况是正文中有表和图的部分甚至所有内容。应该只对图和表的关键信息进行简要的说明解释,而不是进行冗长的描述。通常,在结果描述中用过去时。

(四)图表的制作

一篇论文所包含的信息能否被发表与图表制作的好坏密切相关。如何在结果表述中有效使用文字和图表呢?一切都应以读者能容易地从结果中领会数据的意思和要点为目的。同样的数据用不同的形式表达,效果会有很大的差别;利用文字、表或图来表达同样的数据,读者接收到的信息及其强度均不一样。例如,表能够提供准确的细节,以便进行精确比较;柱状图能提供大趋势,以便进行大致比较;折线图能提供鲜明的图像,以便进行趋势比较。文字和图表的运用一般遵循以下原则:简单的、没有重复的、描述性的数据用文字描述,复杂的、重复性的、非描述性的数据用表或图表达。表和图都必须能帮助读者理解论文的结果;每一个图/表应该只表述一个重点;每一个图/表必须能够自我解释;不应在文字中重复描述图/表中的信息,但要强调最重要的结果。使用图和表要注意:图/表大小必须符合印刷出版的要求;图/表是单栏还是双栏,占用页面上半部分还是一整页,都须认真关注;不需要时,不用彩色图,也不用对解释数据没有帮助的设计元素;图的分辨率应符合印刷出版的要求(如照片的分辨率至少要 300 DPI,线图至少要 600 DPI)。

制作图和表的一些注意事项:表和图都应该尽量简洁,除去不必要的信息;注意图的排版(横排或竖排);图中的信息不要太乱和花哨,以免造成迷惑和混乱;表中各条目的排列顺序要有意义,栏目之间的关系要清楚。

(五)讨论的撰写

讨论,是为了让读者了解发现的意义,提升发现的价值,对全文做出最终结论。讨论能够提供前言中科学问题的答案，解释关键发现并得出结论，比较现有的知识，指出发现的意义特别是普遍意义，评价新发现是否对现有的知识具有推动作用。讨论通常用来解释结果的意义，指出结果是否验证了研究的科学假设，并将研究结果与其他工作相比较。讨论中关键信息的安排：论文的关键信息必须在讨论的第一段和最后一段的关键位置出现；在结果中对重要数据和发现进行了简略解释，在讨论中则需要对解释进一步展开，最终达到回答本文提出的科学问题的目的。讨论中也通常有不同时态的混用：一般性的原理（真理）用现在时；引用前人的工作用现在时或者过去时；用过去时暗示作者不认可结果是“事实”，而只是“观察结果”；点评自己的结果用过去时；点评广为接受的观点用现在时。

（六）结论的撰写

结论是一篇论文的“画龙点睛”之笔。结论一般包括指出本文最重要的发现；通过解释关键发现，即回答科学问题来完成总结；通过对关键发现的扩展和解释，展示发现的普适性理论意义和应用价值。注意不要将结论写成摘要，也不要在结论中引入新结果。

（七）致谢

致谢一般包括支持该研究的基金（标明基金号），对本研究的实验工作有重要帮助的同事，对论文的撰写和修改提出建设性意见的专家。致谢应该力求简洁、清楚；被致谢的人不对论文负责；致谢用词应该准确。

（八）参考文献的撰写

参考文献引证是用已有的知识来支持自己的研究结果，因此必须严肃认真地引用每一篇参考文献。参考文献也是最容易被拒稿的部分。

参考文献撰写的注意事项：只引用与论文相关并且具有重要意义的参考文献；决不能引用没有阅读过原文（其他来源）的参考文献；决不能引用没有正式发表过的参考文献；决不能仅阅读摘要就引用原始参考文献；不能引用自己未正式发表的学位论文；要确认参考文献在论文正文和参考文献清单中都出现过。

第三节　科学研究具体案例分析

本节使用一篇论文的完成过程和结果作为具体的案例。但是论文篇幅较长，而且有很多图表、格式无法在书中展示，大家可以根据以下信息，通过文献检索查找到该论文，对照学习。

论文信息：Electromagnetically Induced Transparency Analog in Terahertz Hybrid Metal-dielectric Metamaterials，AIP Advances 11，065309（2021）；Doi：10.1063/5.0053709。

该论文的具体写作过程如表 12-1 所示。

表 12-1 科学研究论文写作案例

目标	原创性地完成一份科学研究工作，申请国家发明专利，撰写相关学术论文并发表
思路	先确定选题，然后确定研究方案如何去做，如实验研究法、调查研究法、文献分析研究法，最后完成科技论文
内容	选题要有科学性、创造性、实践性
实施过程	(1)选定感兴趣的研究领域。对研究生来说，选题一般在导师研究领域的大框架下进行选择，通常在导师指导下完成，受到一定限制。对于本科生来说，选题相对自由，可以选择自己喜欢的研究领域，然后再去联系本领域的导师
	(2)文献检索与文献阅读。确定研究领域后，开始检索文献与阅读，进一步了解本领域的研究前沿和现状，发掘目前研究所面临的问题，最重要的是确定研究的主题。在所示案例太赫兹电磁诱导透明现象中，通常使用的材料是金属，如金、银等，金属的特点是自由电子较多，响应快，但存在欧姆损耗的缺点；后来发现电介质材料也能产生电磁诱导透明现象，回避了欧姆损耗的缺点，但是响应慢，尺寸较大。该案例选择了这个问题进行研究，尝试解决该问题
	(3)在大量阅读文献和讨论的基础上，确定待研究的科学问题。在所示案例中，选定的研究课题是寻找更好的激发方式，来解决目前电磁诱导透明现象存在的问题，进一步提升其应用价值[第(2)、(3)过程大概持续 1～3 个月不等]
实施过程	(4)在科学问题基础上凝练科学假设。在所示案例中，在前期深入调研的基础上，发现金属体积小，响应快，存在欧姆损耗；电介质材料没有欧姆损耗，体积大，响应慢。那么能不能把两者的优点结合起来呢？因为电磁诱导透明现象的器件结构由两部分组成，分别承载明模式和暗模式，能不能让金属和电介质材料分别承载其功能呢？这是科学假设
	(5)设计实验，验证科学假设。设计实验的思路是金属电介质混合材料激发出电磁诱导透明现象，实验的难点在于金属和电介质材料的性质差别较大，导致两者在尺寸上差距较大。需要进行严格设计、大量尝试才能对假设进行验证[第(4)、(5)过程持续时间一年多]
	(6)实验数据处理，提炼，讨论。得到实验数据后，需要进行严格的讨论，对数据产生的原因进行深入分析，并对其他情形进行预测，通过进一步实验来进行二次验证。在大量数据的基础上提炼数据，得出结论
	(7)科研论文撰写。整个实验结束后，根据具体情形申请国家发明专利或实用新型专利，进行科研论文撰写与投稿，学会与审稿人进行交流(本案例持续时间半年左右)

本章思考题

根据下面提出的问题,从中选择一个自己感兴趣的,参照本章的案例,完成科学研究的过程。

(1)经典文学文本的跨媒介现象研究。

(2)网络小说影视化改编研究。

(3)透明氧化物薄膜是如何导电的?

(4)薄膜太阳能电池是如何发电的?

(5)有哪些方法可以制备纳米薄膜?

(6)纳米技术新进展探究。

(7)卡脖子问题——光刻机的困境原因探究。

(8)生物育种技术的评价。

(9)新冠病毒的分子演化与防治。

(10)肠道益生菌是假药吗?

(11)收入、地位与幸福感相关性研究。

(12)数字经济与居民储蓄和消费变化。

(13)儒家文化对企业行为的影响探究。

第十三章　研究性学习案例之学科深度学习

学科深度学习是针对学科中的大概念的揭示。和发明创造与科学研究相比，学科深度学习并没有创造性的输出，它改变的只是大脑中关于学科知识网络的结构。尽管从贡献价值上来看，发明创造和科学研究对社会的价值更大；但是从学习方面来说，学科深度学习对个人的价值更大，因为它提升的是个人的知识体系和学习能力。

从形式上来讲，发明创造和科学研究都是能够通过外部的结果来体现的。但学科深度学习最终的结果是对大概念的揭示，是知识体系的重构和学习能力的提升，而这些结果都是不太容易展现的。因此，从评估的角度来讲，对学科深度学习进行评估更难，想要达到好的效果，需要更深入的教学设计和更密切的跟踪评估。

学科深度学习与传统课堂的融合度更高，它不需要专门设置特殊的场景，也不需要太多的工具，只需要改变教学和学习的思路。同样的知识内容，同样的场所，传统课堂的目标是知识，而研究性学习的目标是能力。在这种情况下，学生更适应这种环境。但是这种适应也是一把双刃剑，因为同样的环境，需要不同的教法和学法，很多学生在学习的过程中很自然地就会回到传统课堂的学习方法上去。因此，教师需要做好充分的思想动员和强有力的引领。

第一节　学科深度学习的特点

学科深度学习不是简单的时间长，而是从更高层次上体现学习的内在的驱动力、思考的深度和知识结构的良好组织。

一、学科深度学习

什么是深度学习？1976 年，美国学者弗伦斯 · 马顿(Fevence Marton)和罗杰 · 萨尔乔(Roger Saljo)基于学生阅读的实验，首次提出了“学习层次”的概念，他们发现浅层学习处于较低的认知水平和思维层次，不易迁移；而深度学习则处在认知的高级水平，涉及高阶思维，可以发生迁移。

2012 年，威廉和弗洛拉 · 休利特基金会把深度学习阐释为六种相互关联的核心竞争力，即掌握核心学业内容、批判性思维与问题解决能力、有效沟通能力、协作能力、学会学习以及培养学术心志。美国教育研究会将其进一步归纳为认知、人际、自我三大领域，从而形成了深度学习在领域维度与能力维度的兼容性框架。

深度学习是基于学习者自发的、自主性的内在学习动机，并依靠对问题本身探究的内在兴趣维持的一种长期的、全身心投入的持久学习力。首先，从动机情感上来说，深度学习是一种全身心投入、愉悦充实的学习状态，学习者常常是忘我的，不知疲倦的；其次，从认知的角度来看，深度学习是思维不断深化的过程，是向高阶思维阶段（分析、评价、创造）发展的过程，学习者能够不断进行自我反思与调节，进而逐步达到创造性思维的自发产生；最后，从人际关系的角度来看，进入深度学习状态的学习者对自己的学习充满信心，而且能够与他人开展有效沟通合作，共同克服困难，解决问题。

深度学习的核心目标是“自主”，在认知领域主要表现为高阶思维和问题解决能力的培养；在动机情感领域主要表现为全身心投入和自控策略；在人际领域主要表现为自我接纳和协同合作。深度学习活动会形成一种持续探索的冲动，并将其不断深化。深度学习如同“螺旋桨”，是一个人成长和发展的巨大动力系统。

与浅表学习法相比，采用深度学习法的学生记住信息的时间更持久，获得的分数更高，对学习过程更满意，能提高自身的批判思维能力并且能更快地整合与表达信息。课堂教育如果能够以所有学生的“深度学习”为目标，保障学生的学习权，那么课堂将会呈现出前所未有的生命力。因此，课堂转型的愿景必将是“保障每一位学生高品质的学习权”。

虚假学习、浅表学习与深度学习相比，并不是真正的学习，也不会获得真正的效果，如表 13-1 所示。

表 13-1　虚假学习、浅表学习与深度学习的对比

项目		虚假学习	浅表学习	深度学习
动机与情感	动机与目标	避免被惩罚	外在学习动机，以完成短期学习任务为目标	内在动机，被学习、探究本身强烈吸引
	情感态度	负面情感，逃避学习	缺乏兴趣，靠忍耐和毅力坚持	全身心投入，充实愉悦，高峰体验，自我控制
认知	思维认知	伪装学习，但学习并没有发生	浅层次认知，难以在知识间建立深度联结	对问题或知识深入理解，高阶思维，问题解决与创造取向
	过程方法	无法持续，过程短暂	用机械记忆的方法完成学习任务	自主建构、灵活应用方法，运用元认知策略

续表

项目		虚假学习	浅表学习	深度学习
人际关系	与他人关系	不愿与他人建立学业上的联系，避免被他人嘲笑或鄙视	以完成短期任务为目标，与他人进行短暂的合作	为了使研究更加深入，愿意与他人形成长期、密切的合作关系
	与自我关系	内心自卑，不愿敞开自我，不想学习	内心自卑，只能与他人建立表面联系，不会学习，自控力不足	内心自信，能够与他人建立深入合作的关系，乐于学习，愿意长期投入、终身学习

二、促进学生深度学习的课堂变革方案

从本质上说，深度学习是一种高度沉浸、不断持续深化、不断扩展延伸的学习方式。

深度学习的学习者会沉浸其中，精神高度集中，内心愉悦充实，处于一种“迷恋”和“忘我”状态，心理学上称之为“心流”或“高峰体验”。因为沉浸其中，所以深度学习者常常忘记了时间和自身的疲劳感，能够持续下去，乃至终身学习。

（一）保障每一位学生都能投入高品质的深度学习

大量虚假学习和浅表学习的存在让我们看到保障每一位学生学习权的重要性。让每一位学生在课堂上都能全身心地参与进来，并且能够在教师和同学的帮助下完成高挑战性的学习任务，享受高品质的深度学习，使课堂和学校真正成为学习共同体，从而保障每一位学生真实的、高品质的学习权，这是实现公平、优质教育的必然选择。

从教育公平的视角来看，从总体上说，我国不断加大教育投入力度，改善办学条件，使适龄儿童都能够获得教育机会，为儿童的发展提供了公平的起点。但是从课堂层面来说，由于教育教学方法的相对落后，很多儿童在学校和课堂中并没有得到公平的学习机会，多数学生没有真正参与到学习之中，他们只是课堂的“观光者”，缺少思考、表达、分享的机会，这在一定程度上剥夺了部分学生的学习权。学生被明确或隐蔽地分成不同的等级，获得不同的学习机会，这使很多学生在学校中缺乏存在感和归属感，并用“虚假学习”的方式来逃避惩罚，逃避学习。因此，教育公平难以真正落实。

从教育教学质量的视角来看，当前人民群众对高品质的教育有着强烈的需求，我国经济和社会发展也需要大量高质量的人才。但目前提高教育质量的方式还比较单一，从本质上说还是以优质教育资源的集中和选择生源作为最主要的方法，这其实并没有从本质上提升教育教学质量。在义务教育阶段，学生的学习兴趣逐年下降，许多学生因为看不到发展的希望而放弃努力。而在义务教育阶段以后，大量的学生被分流，甚至辍学，教育质量没有得到真正的改善。因此，教育教学质量的提升要从教育资源集中的外延式发

展向提高课堂教学质量的内涵式发展转变。我们要为学生提供安心而适宜的学习环境，并通过高品质的学习设计及协同合作的学习关系的建立，从根本上提升学生的学习品质。

（二）教师的倾听让学生的学习真实地发生

那些常常处于虚假学习或浅表学习状态的"学困生"和"伪学优生"长期处于一种心理不安全的状态。首先，教师主讲的课堂形式仍然占主流，教师将已知的知识通过讲授的方式传递给学生，在讲授的过程中，更多地考虑学科的逻辑而很少考虑到学生的学习历程，学生一直处于被动的状态，只能应对和配合，难以产生主动学习的动机。其次，课堂座位多采用"秧田式"或"一条龙"的方式，学生全部面对教师，学生与学生之间互相分隔，较少产生互动，所以课堂氛围比较僵化。课堂上严格的纪律控制让学生处于一种躲避惩罚的应激状态，他们以坐姿端正、听口令和配合老师来避免惩罚，大脑处于高度戒备状态，无法放松，也就很难进行深层次的思考。最后，学生往往会因为学习成绩的高低而被潜在地分成若干层次，学生之间形成强烈的竞争关系，较少产生合作的机会。课堂互动往往是由教师和学优生的对话构成的，大部分学生的观点和诉求都没有办法得到倾听和应答，这使得很多学生处于一种紧张、焦虑的状态之中，难以真正进入学习状态。

要让学习真正地发生，就要让课堂处于一种安全、润泽的氛围之中，让学生远离紧张、焦虑的状态，呈现一种真实自然的学习状态。教师要呈现出"倾听"的身心状态和"柔软"的身体姿态，改变僵化的课堂氛围。只有当教师真正理解学生并具有人文关怀时，学生才能学到更多的"基础知识"，并展现出更高的创造力。教师以"倾听"学生为第一要务，首先要倾听学生的学习需求，了解学生的兴趣所在；其次要倾听学生学习的困难之处，了解学生的"迷思概念"和"认知冲突"，并以此为起点进行学习设计；再次要倾听学生观点的独特性和价值所在，并将这些观点串联起来。教师倾听学生发言时，应当着眼于这次发言同该学生的内在品性有什么关联，是由谁的哪一句发言触发的，同已知的学习内容有什么联系。在学生们凭借自身的力量把发言连贯起来理解之前，教师需要起到穿针引线的作用。

要促进学生的深度学习，就要让学生有自主学习的机会。如果学生总是被告知什么是正确的，什么是错误的，他们可以做什么，不可以做什么，他们就不能够发展判断力，不能发展独立性和责任感。因此，要把学习真正交到学生的手中，就要真正理解学生的复杂学习历程，教师的课堂教学体现出对学生学习规律的充分尊重、理解、支持和帮助。从教学过程与教学节奏上看，教师要给学生充分的自主学习的时间，并且让学生形成相互协作的关系，让学生有充分的思考、交流、试错和修订的时间，在学生的思考遇到困难或者无法深入的时候，教师再去点拨、指导，因而教学节奏要慢下来，教学环节要尽可能简化，这样学生才会有充分的自主学习与协同合作的时间。从教学设计与策略选择上看，改变凭经验教学或者按照教学参考书来教学的常规做法，要通过细致的课堂观察和深入的教学质量分析，充分了解学生的学情，特别是学生的学习困难到底产生于何处，从学生的学习困难入手，进行“逆向”的学习设计，从而对学生的学习提供有针对性的帮助。

(三)以高品质学习设计培育学生高阶思维

要实现学生的深度学习，就要进行高品质的学习设计，这是课堂教学质量的重要保障。

所谓“学习设计”，是指为了学生有效地开展学习活动，从学生的角度为其系统规划学习活动的过程，即为学生的学习提供一个活动脚本。学习设计必须基于学生的学习起点、认知风格和学习历程，揣摩和研究学生学习知识的基本历程，如学习的起点是什么，需要经历怎样的学习过程，会遇到怎样的困难，可能会提出怎样的问题，会采用怎样的学习方式和策略，最可能在哪些方面得到发展，等等，并通过有效的设计将学习活动引向深入学习。

当前的课堂普遍存在着“过多过快”的倾向，主要有以下表现：首先，教学目标过多、过杂，教师分不清教学目标的主次，不能明确各教学目标之间的关系，在教学过程中常常会迷失教学目标。因为教学目标设计不当，无法达成既定目标，继而不断加快教学进度，以达成目标。其次，设计过多的教学环节，每个环节都只预留 1～2 分钟的时间，学生几乎没有时间去思考。为了不影响教学进度，教师往往采用提问学优生或者自问自答的方式来推进教学进程，从而出现教学进程远远超过学习历程，学生学习目标无法达成的情况。最后，为了让学生掌握更多的“基础知识”，教师往往采用不断重复、复习学生已知知识的方式进行巩固，课堂中的大量时间都放在夯实基础知识上，学生面对、解决挑战性问题的时间和空间较少，课后作业也往往是对已经学会的知识的反复“刷题”，这使得学生的“学习”一直处在“记忆”的低阶思维的训练中，而缺少高阶思维的挑战。

学习设计要遵循“少即是多”的原则，教师作为学习设计者，首先要明晰教学目标，并将其转化为学习目标和学习任务，学习任务要“少而精”，只有这样才能使学生聚焦核心问题进行探究，才可能将更多的课堂时间用于学生的主动学习，才能给学生完整的学习历程，让学生经历完整的思维过程。如何确定最为核心的学习任务？这需要教师对学科本质进行充分的研究，深刻理解知识内容及其相互间的关系，同时充分理解学生的原有知识基础、生活经验、学习困难与认知策略等，从而找到两者之间最为恰当的结合点，并将其巧妙地设计成学习任务。学习设计要同时考虑学习方法的指导、学具的研发、学习者之间互动关系的营造、学习过程中新内容的生成与利用等问题，这样能让学生既对学习内容感兴趣，又能够掌握学习的方法、与他人互动的方式、发现问题和解决问题的能力等，从而不断成长为一个成熟的学习者。

学习设计要以促进学生“探究未知”为出发点，进行“逆向思维”，根据确定的学习主题设计出具体问题，并设计评价标准和“脚手架”，鼓励学生动手实践，在学生遇到困难时教师再进行指导，然后学生完善自己的学习成果。学生在具体的任务或挑战性情境中要主动探究，在实践活动中要动手设计、创造，而不是对已经掌握的知识进行反复的复习和巩固。对"未知"的好奇和对问题解决的渴求是学生进行深度学习的重要动机来源。因此，学习设计要贴近学生的生活经验，并形成具有挑战性的研究课题，要通过自主学习、协同合作的方式让学生进行持续的探索。为了让学习设计更加清晰、明确，并使学生的学习过程、学习结果得到更具象化的呈现，可以采用共同备课的方式来实现。另外，要尽可能有效地利用课堂上的学习时间，使学生的学习形成一种不断深化的正向循环关系，保证学习的深度进行。

第二节　学科深度学习案例

现在教师都在尝试在现有的课堂教学中实施研究性学习。而且很多教师已经设计了大量的研究性学习内容，并已付诸实施。但是需要强调的是，深度学习的本质是内容而不是形式。

比如有的"研究性学习"，在教师的引导下，学生开始研究，结果研究的目标仍然直接指向书上的那几条结论，除此之外并无其他。学生感觉得出了这些结论，就如同获得了成功；教师感觉得出了这几条结论，就完成了教学。但是这种研究到底有没有起到真正的作用呢？其实大部分情况下是没有的。因为这种研究直接指向问题的答案，并没有引发学生的思考，也没有引发学生的假设、实验和检验，更没有不同观点之间的争论。这样的"研究性学习"就是披着研究性学习的外衣，做着传授式教学的事，是我们一定要明确分辨并坚决抵制的。

一、研究性学习的课堂教学

研究性学习需要大家的深度实践和深度思考。每一个研究性学习的内容都不是在一节课内完成的，如果需要将研究性学习和课堂学习进行融合，首先要调整单元教学时间。每一个单元的教学时间最少也不能低于两个小时，有条件的最好将每一个单元的教学时间调整为四个小时。长时间学习的目的是希望学生大脑主动思考的时间尽量延长，只有长时间思考才能够达到足够的深度，形成抽象模式。

利用多个教学单元，按照研究性学习的步骤进行切分，分阶段完成整个研究性学习。

第一步：课堂教学之前，教师们进行教学研讨，确定研究性学习的大概念目标，并提出核心问题。要注意核心问题的难度，既不能太简单，又不能太难。每一个研究性学习项目都要花费较长时间和较多精力，因此不能随意地设置简单的内容，而要慎重选择包含大量知识点的内容。

第二步：课堂教学开始后，教师讲解大概念目标与核心问题。此时，大部分学生会被激发出主动思维，纷纷抛出自己认为正确的答案，这个过程非常快。争取让每个学生都提出自己的观点、解释或者解决问题的办法，然后大家分别描述。可以让学生写在纸上，一起交上来。教师根据学生的观点进行大致分类，有相同或相似观点的学生分为一组，大家形成讨论团队。

第三步：学生提出各种解决方案来验证自己的观点。此时需要进行小组讨论，探讨用什么样的方案可以证明自己提出的观点正确，需要制定什么样的实践计划与策略。这个过程的快慢取决于方案的难度、学生的思维活跃度水平、团队的协作能力、团队成员能接触到的资源等。往往到了这一步，每个团队甚至每个人的表现都开始变得不同。这时候教师需要密切关注与跟踪学生的学习状态，及时评估。如果有开小差的学生，教师要及时引导；如果有不太适应这种场合的学生，教师要及时鼓励等。

第四步：每一个团队根据自己的方案和实施计划开始正式实施。在实施的过程中，教师需要积极配合，提供各种资源保障，比如资料检索库、各种加工工具和耗材等。具体实施内容根据研究性学习内容决定，时间不限。关键是要让学生不断体验成功和失败，不断验证自己前面已经形成的观点。在实践的过程中，要注意保留一手资料，包括草图。

第五步：在实践过程中，团队内部首先要进行交流讨论，也可以随时与教师和其他团队交流。在交流讨论的过程中，通过不断思考，深入分析自己提出的一般性模型，证明自己的观点的正确性；也可以通过不断借鉴其他团队的内容，形成更深层次的一般性模型。

第六步：每个团队轮流上台展示自己的研究过程与研究结果，一定要通过演讲展示出自己的信心，通过展示自己的成果，训练精确表达的能力。演讲之后是答辩环节，通过回答其他同学及教师的提问，训练自己的思辨能力。

第七步：在教师的带领下，总结所有团队的成果，对团队的成果和个人的表现进行充分评估，分析大家在这个过程中学习的效果与表现，分析每个人在哪些方面有特长，在哪些方面存在不足，后续教师可以根据个人情况进行有针对性的训练。

经过以上七个步骤，就完成了整个课堂内的研究性学习过程。研究性学习过程的时间长短与所选的内容有关，一般会在5～10个教学单元内完成。

二、具体学习案例

例如，在学习物理中光的特性时，光既表现出粒子性，又表现出波动性。很多学生在学习过程中，总是无法真正了解这两种特性(波粒二象性)的一致性。波粒二象性到底是一种假设，还是被证明的真理，还是阶段性的成果？

波粒二象性是物理学长期发展的重要成果，要想深入了解这个概念，就必须对物理学发展的历史进行深入研究，而不仅仅是记住某些结论。

以该内容为基础，设计深度学习课程案例，如表13-2所示。

表 13-2　深度学习课程案例——光的波粒二象性

目标	1.在原有知识体系的基础上，了解波粒二象性的发展历史和研究现状，感受量子世界的奇妙，激发求知欲。 2.通过检索、筛选相关文献，培养文献检索和阅读能力。 3.尝试将文献中的知识还原出研究思路，进一步感知由未知向已知的转化过程，提升逻辑思维能力。 4.在大量阅读文献的基础上，通过深度学习，增强对学科核心知识深层次的理解。 5.通过讨论、合作、交流，锻炼与人交流的能力。 6.通过展示汇报，提升表达能力
思路	以自我学习为中心，在对波粒二象性初步理解的基础上，进行分析推理，探究波粒二象性理论中仍然存在的争议，寻找证据、交流讨论、自我反思，最终形成对自身认知和经验的自我建构
实施过程	1.从现有知识架构出发，初步梳理出探究思路，根据探究思路选定更细分的研究领域，查找其中存在的疑惑和问题。 2.在初步确定问题的基础上，查阅大量资料，对波粒二象性的本质的阐释进行罗列总结，探究各种理论之间的分歧和联系。 3.讨论、对比观点。在对微观世界的理解的基础上，针对不同观点进行讨论、对比，激发认知内驱力，搭建认知系统，再起认知冲突，最后丰富认知结构，形成自己的理解。 4.总结，形成报告或论文。在讨论交流的基础上，整理思路，形成初步的深度学习报告。 5.展示。把抽象的知识用具体形象的形式进行表达。把目前波粒二象性的若干主流观点以可视化、语言化的方式进行表达，同步展示自己的反思和学习过程，分享、整合各种观点，并提出自己的见解。 6.自我反思与评价。不仅掌握波粒二象性的主流解释，还要知道这几种观点产生的过程，能批判性地检查论据的逻辑性，评价新的想法，并将想法与结论联系起来，对自己的理解及学习过程进行反思

在教师的带领下，本次深度学习的过程大概持续 3 天，包括分析问题，查阅资料，汇总和讨论观点，编写论文、演示文稿，进行展示与点评，等等。下面给出其中一个深度学习案例的成果展示。通过该成果展示，能够更加直观地了解深度学习的方式和结果，能够更好地掌握课程的设计细节。

深度学习案例成果展示:波粒二象性的历史发展

摘要　作为微观粒子的本性,波粒二象性的研究发展经历了一段漫长而又激烈的争论历史,直到现在仍有多种相关理论未经证实,并不能让所有人信服。若要对波粒二象性理论进一步发展,则必须回顾它的发展史。本文首先介绍了波粒二象性的发展历程,包括第一次波粒之争中牛顿的光粒说成为主流、第二次波粒之争中波动说成为主流、第三次波粒之争形成了波粒二象性的理论等。然后介绍了现行的主流解释,包括哥本哈根诠释、平行宇宙理论、退相干理论等。

光的本质是什么,历史上众说纷纭。总体上分为两个学派:波动派和微粒派。在漫长的光学发展历史中,两派基于不同的实验基础进行了长期的争论。接下来我们由三次波粒之争开始研究。

第一次波粒之争

最初关于光的本质的争论,主要在克里斯蒂安·惠更斯、罗伯特·胡克和艾萨克·牛顿等之间展开。17 世纪,惠更斯提出了光波动说,在一定程度上解释了光的干涉现象,推出了相应的反射定律与折射定律,但不能较好地解释光的衍射现象。稍后牛顿根据光的直线传播规律、光的色散现象,提出了光的微粒学说,但不能较好地解释光的折射和衍射现象。但由于牛顿在经典物理方面不可撼动的权威地位,光的微粒学说在接下来的一个多世纪内成为主流,光的波动说逐渐被人遗忘。

第二次波粒之争

19 世纪早期,牛顿提出的光的微粒学说遭受了前所未有的挑战。托马斯·杨完成了光的双缝干涉实验,确切地证实了光的波动性,这显然是微粒学说无法解释的。又由于光的波动学说能说明偏振的机制,光的波动学说逐渐战胜了光的微粒学说,成为科学界的主导思潮。19 世纪后期,詹姆斯·麦克斯韦整合了电磁场的理论后,提出了麦克斯韦方程组,推导出电磁波的波速等于光速。海因里希·赫兹的电磁波发射与接收实验证实了光波就是电磁波。光的波动说开始被广泛认可。

第三次波粒之争

在第二次波粒之争中,波动派依靠托马斯·杨的双缝干涉实验、麦克斯韦的电磁理论以及赫兹的电磁实验获得了完胜,证明了光是一种电磁波。不久,微粒派卷土重来。微粒派首先依靠的是迈克尔逊-莫雷实验和黑体辐射两个研究。第一个实验最终导致了相对论革命的爆发;而黑体辐射研究,释放了量子的信号,最终促使了量子论革命的爆发。众多物理学家对黑体实验的结果感到困惑,短波与长波辐射的矛盾让人一筹莫展。当时初入学术界的普朗克只好另辟蹊径,从纯数学的角度分析实验结果,取得了理论上的突破。而且,这位日后著名的物理学家发现必须引入量子学说才能顺利解释这个理论。量子的概念由此诞生。

光电效应的怪异现象引起了物理学家们的关注。根据光的波动理论，光的强度决定能否打出电子，频率决定打出多少电子。但事实相反，爱因斯坦提出光量子假说，顺利解释了光电效应。十年后，密立根证实了这个假说，爱因斯坦也因此获得诺贝尔奖。除此之外，康普顿对X射线进行实验得到康普顿效应，这也从侧面进一步验证了光子理论。

第一个利用量子论创立完整理论体系的物理学家是玻尔。以电子跃迁为基础，假设电子只能吸收和释放固定量的能量，故电子只能在几条确定势能的轨道上运动。玻尔原子模型顺利解决了原有行星模型的部分困境，宣告了量子理论的重大突破。但玻尔的原子模型仍面临巨大困境，它与经典的麦克斯韦电磁理论存在矛盾，不能解释电子运动为何不发出电磁波，而且它只适用于单电子的氢原子。很快这个理论就开始瓦解。德布罗意将周期引入玻尔的原子模型，结合相对论，通过运算发现电子的运行过程中必然伴随着物质波。

面对波动说的巨大突破，微粒说不甘示弱。玻尔将光看作粒子，顺利地推导出黑体公式。后来，爱因斯坦帮助他完善了相关理论。另外，海森堡将矩阵的规则融入经典力学体系，得出了那个著名的不确定公式：位置与动量的乘积大于一个常量。面对海森堡的矩阵力学，薛定谔就从另一个角度出发，总结出薛定谔波动方程。他强调电子作为波的一面，以连续性为基础描述电子行为。玻尔为薛定谔波动方程赋予了具体的物理意义，认为方程中所描述的波是概率波，而不是电子的本质为波，电子终究又被拉回了粒子的范围。最后，哥本哈根学派的创始人玻尔提出互补原理，即波粒二象性的前身，它与海森堡的不确定性原理、玻恩的概率解释共同构成了“哥本哈根诠释”的三大支柱。

持续百年的波粒之争，最终以两者的融合收尾。从光到电磁再到整个物质世界，论战极大地推动了物理学的进步，人类对世界的认识越来越深入，科学的史诗至此告一段落。

关于波粒二象性

针对波粒二象性，本文首先对电子的双缝干涉实验进行探究。电子双缝干涉实验最开始由约恩松做出，并直接证明了德布罗意的物质波理论的正确性。在此之前，双缝干涉仅限于波的范围，被认为是波的一种独有特性；而当电子作为实物粒子第一次成功呈现出干涉图样时，就证明了实物也具有波动性。此外，还有 C_{60} 等较大的实物粒子出现了双缝衍射现象。如今研究者正准备用生物做出此实验。

当一束电子连续不断地通过双缝时，屏幕上会出现类似光的干涉条纹，这可以证明很多电子具有波粒二象性，于是有人断言实物粒子只有在数量很多时才会有波动性。而当一个一个电子不连续地通过双缝时，仍然出现了干涉条纹。对此的解释是，电子本身具有波动性，其在进入双缝至打到光屏上之前本身处于一个混沌且不可观察的状态，具有干涉的条件；而其打在接收器上的一瞬间，波动性消失，展现出粒子性，被我们观测到。而波粒二象性有以下三种解释：

第一种解释是哥本哈根诠释。

哥本哈根诠释是目前公认的量子力学对世界本质的正统解释。哥本哈根诠释主要包括玻恩对波函数的概率解释、海森堡的不确定性原理，以及玻尔的互补原理。玻恩对波函数的概率解释表明，量子系统的状态需通过概率性方式描述，一个量子事件发生的概率等于波函数绝对值的平方。海森堡的不确定性原理是应用在量子系统里，一个粒子的位置和动量无法同时被确定，这在数学领域支持了波粒二象性。玻尔的互补原理提出一个实验可以展示出物质的粒子行为或波动行为，但不能同时展示出两种行为，玻尔曾说："一些经典概念的应用不可避免地排除另一些经典概念的应用，而这'另一些经典概念'在另一条件下又是描述现象不可或缺的；必须而且只需将所有这些既互斥又互补的概念汇集在一起，才能形成对现象的详尽无遗的描述。"玻尔用互补原理在哲学方面高度概括了波粒二象性。哥本哈根诠释明确反对独立于观察者的客观现实的概念，如果不观察一个系统，则这个系统的真实状态是毫无意义的。正如海森堡所说的："我们观察到的不是自然界本身，而是自然界根据我们的观察方法展示给我们的东西。"哥本哈根学派认为经典仪器对系统测量时必然有不可控制的干扰，测量影响了观测结果，只有当决定某一物理量的实验装置选定后，人们才能谈论预言这个量的值。实验者对系统所做的实验意图、测量仪器安排和实验手续都是主观的，这样看来人们把一个主观理论因素引入了理论，即系统所发生的事情依赖于人们观测它的方法，或者依赖于人们观测它的事实。这似乎表明，观测在系统演化中起着决定性作用，并且因为人们是否观测系统而有所不同。

微观粒子同时具有波动性与粒子性，而这两个性质是相互排斥的，不能用一种统一的图像去完整地描述量子现象，但波动性与粒子性对于描述量子现象又是缺一不可的，必须把两者结合起来，才能提供对量子现象的完备描述，量子现象必须用这种既互斥又互补的方式来描述。这个原理是玻尔对量子力学中不确定性原理做出的哲学解释，也是哥本哈根学派的基本观点。只有在不确定粒子路径时才能表现出完美的干涉图样，如果每一个粒子的运动轨迹都唯一确定，那么干涉图样（即波性）消失，粒子只表现出粒子性。

延迟选择实验可以很好地解释哥本哈根诠释。1989 年，约翰·惠勒提出了延迟选择实验：从一光源发出一光子，让其通过一半镀银镜 BS1，光子被反射与透射的概率各为 50%。之后，在经反射或透射后的光子的行进路径上分别各放置一反射镜 M1 和 M2，使两条路径反射后在 C 处汇合。而 C 处则放有两个探测器，分别可以观察 M1 路径或 M2 路径中是否有光子。此时只有一个探测器能够测得光子，即能确定光子走的是哪一路径。

而如果在两个探测器前再放置一个半镀银镜，可以使光子自我干涉。如适当调整光程差，可使得在某一方向上干涉光相消，此方向上的探测器将无法收到信号，另一方向上的探测器则必定会接收到信号。按量子力学理论，这说明光子同时经过了两条路径。事实上，可以在光子已经通过 M1 或 M2 后再决定是否放置第二块半镀银镜（此即实验名称“延迟选择”的由来）。如不放置，则根据前一种情况，光子只通过一条路径；如放置，则根据后一种情况，光子通过两条路径。如图 13-1 所示。

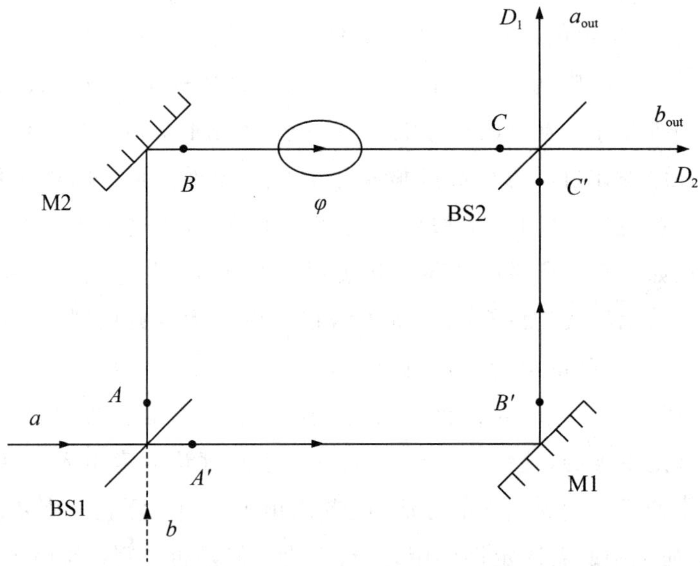

图 13-1　惠勒延迟选择实验

玻尔有一句话：“任何一种基本量子现象只有在其被记录之后才是一种现象。”光子是在一开始还是最后才决定自己的“历史”，这在量子实验中是没有区别的，因为在量子论看来，历史不是确定和实在的，除非它已经被记录下来。即被观测之前，它是一种“恒态”。由以上实验可知，假如实验时间一共为 5 秒，在前 2.5 秒内让光传播，光一定沿着某一路线传过来，然后，我们在后 2.5 秒的时间内放上透镜，经过观测便可发现光通过了两条路径，出现了衍射现象。结论就是：我们改变的是过去的 2.5 秒。如果合理操作的话，也可以对宇宙经历的过去进行修改。科学家也在宇宙中观测到了这种现象。

所谓量子坍缩，简单地说就是构成世界万物的量子，在没有观测者的时候，呈随机的混沌态；一旦被观测，则坍缩成一个固定态。就像是一个有无数组解的方程组，只有提供一组固定的观测常数，才能得到一个确定的解。但这是哥本哈根学派理论最为脆弱的一部分，仅仅是以解释问题而引出的“坍缩”一词，而无法进行确切的论证。

第二种解释是平行宇宙理论。

除了哥本哈根诠释，还有另外一种对波粒二象性的解释：平行宇宙理论。目前普遍认为，在三维空间之内，不可控制的下一维就是时间。那么，四维空间可以是以时间为轴的无限个三维空间的叠加，三维空间就是一个四维空间在这个时间上的投影。无数个时间节点则存在无数个平行宇宙，而这些宇宙的堆叠形成了四维宇宙。

四维宇宙的堆叠则会形成五维宇宙，而这个坐标可被称为“事件”。一个事件可以有几个发展方向，这些方向被称为“趋势”，而趋势的堆叠又会形成六维宇宙。六维空间的定义赋予了三维坐标以意义。电子的“运动”就是这样一种有很多可能的事件。如当它面对双缝时，它有可能从左边的缝经过，也有可能从右面的缝经过，而且这两种可能等同。那么此时就会有两个宇宙出现：一个宇宙中的电子从左边过，另一个从右边过，而不是同时经过。这一理论可以很好地解决哥本哈根学派理论中“坍缩”理论造成的缺陷。薛定谔的猫也是同理：这只猫在一个宇宙中死去，在另一个宇宙中还活着。

现在对于平行宇宙理论最有力的证据是宇宙中发现的“冷斑”。它面积极大且其中没有任何物质，温度极低，似乎是由平行宇宙导致的辐射混乱形成的。

第三种解释是退相干理论。

退相干理论是20世纪80年代提出的解释波粒二象性的理论。它的主要内容是：两个事件可区分时其失去量子相干性，我们只能观测到相干性最小的，即退相干的事件；相干性极大的事件由于叠加，是我们很难观测到的。因此，宇宙只有一个，但是历史有无数个，我们处于无数个历史的叠加之中。这一理论与费曼的路径积分有关。这一方法由费曼创立，具体内容是计算一个事件发生的所有路径的加和。而其中的大部分路径相互抵消，只留下了量子力学允许的路径。

对于一个未来事件，我们可以用很多种分类方式把它分为很多种可能，比如完全相同的双缝和电子，一个电子到底从哪个缝穿出去。从理论上来说，它们有极高的相干性，本来我们并不能观测到一个具体的现象；然而在现实世界中，这样相干性很高的事件很难被我们观测到，即使是一个简单的动作都涉及千万个原子，原子越多，相干性越弱，于是两事件退相干，能够被我们观测到。因此，我们观测到的各种历史是多种历史的叠加态的近似体。

这种理论的弱点也很明显，即“分类”一词由人类定义。它与哥本哈根诠释有相似之处，它们同时引入了人的意识，而分类的混乱则可能造成事件的混乱，但事实上并不是这样的。

展望

由光子到电子，更进一步地，到达生命层面，人们对波粒二象性的认知不断加深。随着理论的不断发展，量子力学的普遍性被不断证实。

研究量子力学可能实现其革命性的应用，例如量子通信、量子计算等，甚至可以探索宇宙的起源和本质，增强人们对所生活的这个世界的理解。

第三节　传统课堂中的研究性学习

如果受到课程教学安排的限制，教师没有办法抽出整块的时间来设计完整的研究性学习项目，那么教师可以把研究性学习的思想和一部分措施融合到传统课堂当中。比如从传统课堂分出来一部分时间或者每周抽出一节课的时间来进行专门的研究性学习。很明显，这种研究性学习的方式时间比较短，学生无法进行更深入的思考，但是只要采用正确的方式，持续不断地进行练习，也能够收到良好的效果。

一、积极创设学习共同体

学习共同体课堂的一个重要标志就是每个人都能获得公平的学习机会，因为机会均等，所以每个人都不必为了争夺机会而进行竞争。而当前的很多课堂中，学习机会其实是不平等的，甚至可以说是稀缺的，要通过竞争去争取，或者通过剥夺他人的学习机会来获得，这样的课堂看上去热热闹闹，但实际上牺牲了大部分学生的利益和机会，是得不偿失的。怎样才能让更多的学生获得学习的机会？怎样才能在课堂上使所有学生都受益？我们要在机制上对课堂进行重构。

首先，放慢节奏，留给学生更多学习和思考的时间。

目前课堂的所有时间几乎都被教师占据了，所以课堂中展示的更多的是教师的独白，或者教师与极少数学生的对话。教师大量的讲述内容密集、速度极快，很多学生是很难理解的，更不用说深入思考了，所以多数的讲授都是无效的。通过课堂观察可以发现，教师讲授的内容与真正的学习内容之间存在巨大落差，课堂上有很多“观光者”或者迷茫的学习者就不足为奇了。

我们现在首先要做的是把上课的节奏慢下来，把课堂的时间结构进一步优化，教师减少独白的讲授，布置的每一个学习任务都要考虑学生能否完成，给学生留足独立学习的时间、协同学习的时间、公共发表观点的时间和修订反刍的时间，这样才能让学生的学习充分地展开。以阅读为例，传统课堂阅读课文的时间偏少，很多教师只给学生1～2分钟读课文，而且还要比赛谁读得快，学生就形成了浅尝辄止的阅读习惯，有的一目十行，有的掐头去尾，看到其他人读完了，自己不管是否读完都停下来。这样浮躁的学习状态几乎存在于所有学科中，例如，数学学科留给学生读题的时间也非常短，很多学生题意没有弄清楚就已经开始解答了，全都算完了才发现题意理解错误。这些都是因为常常被催促而养成的不良学习习惯。

让课堂的节奏慢下来，让学生可以以"自己的步调"去与文本对话，与问题相遇，这对培育学生的学习力具有至关重要的作用。在课堂观察中可以发现，那些读课文花的时间比较长，沉浸阅读、细细品味的学生，对于文本的理解更加细腻、充分，所以在解决挑战性问题时也会有更深刻的见解；而那些在数学题上能够耐心思考、深思熟虑的学生，考虑问题时的周全性和深刻性会更好。教师的讲授和学生的自主学习，对于学生认知发展的意义是不同的。给学生更多的自主学习时间，是保证学生学习权的重要一环。

其次，建立每位学生平等的学习机制。

如何形成平等的学习权，是教师必须思考的问题。课堂上经常出现的是教师提问的环节，教师提出问题以后，一般会迅速找到举手的学生来回答问题。如果对一节课教师提问过的学生进行统计分析就会发现，学生们回答问题的机会是非常不公平的。有些学生一节课回答了很多问题，而多数学生在课堂上是一直默不作声的，他们是怎么想的，教师并不知道，他们是否真正听懂了，教师也不清楚。有的学生因为各种原因不敢举手，因此就几乎没有机会在课堂上表达自己的观点。这并不是个例，而教师或许根本没有注意到这一点，久而久之，这些学生觉得自己并不重要，没有存在感，也逐渐逃离了学习。

学生必须公平地面对学习材料、学习任务、挑战性问题。每个学生都参与其中，不让一个人落后才是学习共同体课堂所追求的目标。因此，在课堂的所有环节中都必须考虑到如何让所有学生都参与进去。要解决学习机会公平的问题，首先是让学生能够静心倾听，其他人在回答问题的时候，每个人都在心里与问答问题的人进行对话。获得启示是一种学习，产生疑问也是一种学习，让学生了解到倾听是学习的重要机会。同时，教师也要兼顾平等的学习机制的构建。第一，学习材料必须每人一份，每个人都有机会拿到学习材料。第二，教师在上课之前就要设计好学习任务，并以学习单的方式下发给每一个人，所有人都可以在同一时间段将自己的观点、想法、解决问题的思路等展现在学习单上，教师可以通过巡视，了解每一个学生的想法和进展，这样做所花费的时间比提问一个学生要多一些，但是相比较连续提问全班学生，效率还是非常高的。第三，尽可能让学生之间交流意见，让每一个学生被倾听，这样就会有更多的解决方案出现，也会暴露出更多问题，有利于学生充分理解和真正解决问题。第四，在全班交流的过程中，尽量不采用举手的方式，而是采用可以让所有学生都有机会发言的方式，比如轮流回答等，尽量不留问题死角。

再次,为弱势学生不着痕迹地争取优先权,对弱势学生同样赋予高期待。

有些弱势学生由于缺乏成功的学习经验,因此对学习缺乏信心,表现得不尽如人意,这样的学生在课堂上常常被边缘化。要让这些学生逃离困境,必须分析这些学生学习困难的内在机制。

在心理学上,这些因为长期遭受失败的打击而一蹶不振的感受被称为“习得性无助”。一个人在某件特定的事情上付出多次努力,并反复失败,形成了“行为与结果无关”的信念后,可能就会将这一无助的感觉过度泛化到新的情境中,甚至包括那些本可以控制的情境。这些学习中常常失败的学生往往认为,努力也不会好转了,努力也得不到老师的肯定,努力也不会比某人成绩更好,于是就自动放弃努力了。如果这变成一个人的思维方式,那就是失败者思维。

对于弱势学生来说,一直给予他高度的期待是至关重要的,心理学上称之为“罗森塔尔效应”。1968 年,心理学家罗伯特·罗森塔尔到一所乡村小学去考察,他给小学里的学生进行了各种测试,然后从中选出 18 位学生做成名单,交给校长,告诉校长,这 18 位学生天资聪慧,智商过人,未来会成为杰出人才。半年后,罗森塔尔来到这所学校,了解这 18 位学生的情况,果然这些学生进步都非常大,很多孩子的发展超过了同伴。而实际上,罗森塔尔的名单中的 18 位学生是随机抽取的。这种现象也成为“自我实现的预言”,人一旦被赋予了高期待,看到了希望以后,所形成的驱动力驱使人真正成为理想中的那个人。正如罗伯特·罗森塔尔和莱诺尔·雅各布森的实验所证实的,教师的预期充当着自我实现预言的作用,而不恰当的自我实现预言会带来消极影响。

要让这些学生从学业失败的困境中走出来,就要为这些学生赋予更高的期待,并提供优先的机会,给予他们优先的照顾,而不是放弃不管。但这种照顾应该是不露痕迹、不易察觉的,否则可能会加重学生的自卑心理,这需要教师机智地去处理。在课堂观察中我们也可以看到,一些有经验的教师会尽可能为缺少学习信心的学生制造机会,会及时发现这些学生的一些亮点并以合适的方式加以展示和鼓励,这样不但使弱势学生的自信心增强了,而且也强化了他们在同伴心目中的地位,这对于优化互学关系是非常重要的。

同时,弱势学习者有一个充满关爱的伙伴和团队,这对他们来说也有重要的意义。有些学生在全班同学面前不敢发言,但在比较信任的朋友面前是可以正常交流的,他把自己的想法或者疑难分享给自己的同伴,获得帮助和支持,也会不断增强自己的学习力和挑战学习的勇气。

最后,为不同倾向性的学生创设多元的学习机会。

根据多元智能理论,班级中的每一个人都会有不同的优势智能。但在很多课堂上,由于学习方法和学习任务单一,一些学生的优势智能是没有办法发挥作用的;还有一些学生虽然兼备多种优势智能,但都没有得到充分的发展机会。怎样让学生的优势智能得到全方位的开发,那就需要在课程设计上更加多元,让学生多方面的能力都得到锻炼和培养。同时,在课堂教学层面,学习任务的设计应该考虑到学生的多种学习需要。语文的教学不一定只有字词积累和语词理解,更高层次的是美学鉴赏,让学生用语言、音乐、图画、戏剧等来共同演绎中华语言之美,这些不仅应该让学生去尝试,而且应该提倡。有些学生虽然不擅长语文,却可以通过妙笔丹青来描绘文中的意境,那也是一种独到的理解;而数学如果只是单调地解题,也就失去了活力。其实生活中的数学无处不在,学生如果可以用更加新鲜而有趣的方式来学习数学,这无疑为更多的人开启了数学之旅。课堂观察是揭示学生学习奥秘的重要方式,对教师来说,课堂观察起到理论与实践之间的桥梁作用。

要研发真正符合一线教师需要,帮助教师持续提升专业能力的课堂观察与分析方法,必须能够满足几方面的特征:第一,观察和分析的方法比较简明、易行,观察对象与内容比较明确,一线教师能够快速掌握,并且能够应用在日常教学和研究活动当中;第二,观察的目标不是指向教师而是指向学生,这样执教教师及观察者能够以比较放松的、自然的心情进行观察,而且能够在研讨过程中形成比较平等互惠的关系;第三,教师能够充分运用其对教育教学的理解和分析能力,运用其丰富的教学智慧,对学生的学习过程与结果进行分析;第四,这种课堂观察与分析的方法能够比较直接地反映出学生的学习困境与需求,从而触动教师对自己的教学进行深刻的反思,并据此进行教学设计的改进,乃至系统性变革。从根本上说,教师要在课堂观察和分析中成为主力军,而且要将学生作为主要的研究对象,这是教师向学生学习的重要方式,是教师精准把握学情、反思教学设计、提升教学有效性的重要路径。

二、适时插入研究性学习关键环节

尽管课堂上的时间非常短,没有办法实施完整的研究性学习过程,但是教师可以抓住研究性学习的关键环节,不失时机地插入课堂中去。

第一,问题驱动。教师在课堂上尽可能设计一些基本问题,在单元教学的开始或者是课堂中适时地抛出这些基本问题。基本问题是直接指向大概念的,并不是一次两次就可以讲清楚或者体会到的。教师可以让学生先把这些基本问题记住,然后在不同的时间节点上,反复地抛出这些基本问题。抛出基本问题之后,让学生根据所讲的内容进行讨论,思考讲到的内容和基本问题之间有什么关联,是否能够抽取出不同的识别模式,能否对基本问题不断地展开阐述,对基本问题的意义有没有进一步的理解。学生通过对基本问题的反复理解,可以对大概念有一个逐渐清晰的认知。此时一定注意抛出的基本问题不能有明确、标准的答案,否则无法起到研究性学习的效果。

第二,结论推理论证。可以通过数据和规律的总结,训练学生演绎和归纳的能力,从而提升学生的批判性思维。在总结推理的时候,不要让学生养成以权威来论证结论的习惯,而是要重视逻辑的严密性以及论证的力度。并不是说书上说的话就是真理,而是这句话本身有没有相应的论据来支撑:它们之间的逻辑关系是什么,书上的这句话对问题的解释到底有没有论证的作用,论证的力度有多大。通过反复推理论证,可以提升学生的知识关联能力和抽象思维能力。

第三,总结与反思。总结与反思通常是在单元学习之后,需要用较长的时间引导学生进入深度思考状态。对单元中相关联的知识进行总结提升,可以使学生在大脑中逐渐构建出正确清晰的知识网络。在这个过程中,教师应该不断引导学生进行正确的构建行为。通过不断地阐述,每个学生反馈自己知识网络体系的构建程度,以及构建得是否正确。教师通过反馈,不断引导和调整学生的构建过程,最终完成构建。

三、抓住学生学习的关键事件

大卫·特里普在教师教育和成长中引入“教学中的关键事件”概念。他指出:“对所观察到的现象的描述和记录,构建一个‘事件’,然后对‘事件’进行‘分析’‘解释’,共同形成了一个‘关键事情’。这一关键事件的创建过程将是事件视作在广阔的、日常的社会语境中的一个典型案例。”在课堂观察中,随着课堂中的情境不断切换,观察者与学生进行着内心世界的持续对话。在动态的学习变化情境中,一些重要的情境片段会突然引发观察者的强烈关注,让观察者产生较强的心理波动,并不自觉地对此情境进行反思和判断,这就是关于学生学习的关键事件。只要课堂观察者保持对学生的持续观察,对学生学习的真正关切与好奇,学生学习过程中的关键事件就会不断涌现出来,每个关键事件都是对学生学习特征的一种阐释和表征,如果对这些关键事件进行深入的分析,就会挖掘其中所包含的深刻教育内涵,对关键事件的发现、阐释、串联和反思,成为课堂观察者的重要研究突破口,这也是作为一线教师的课堂观察者进行自我反思的“参照镜像”。学生学习的关键事件往往表现在以下五个方面。

第一,学生学习心理状态变化之时。学生的心理状态对学习效果会产生很大的影响。在教育情境中,防御机制会使学生的学习不发生。作为一种规律来说,学生需要有高度的安全感、许可和动机来克服这些防御。

一般来说,学生心理处于比较安全的状态,内心相对稳定、放松,将更容易进入学习状态;相反,如果学生比较紧张焦虑、不知所措,就会难以集中精力学习。而学生的心理状态也会根据课堂情境发生变化,作为观察者要敏感地意识到学生心理状态的变化,并找到引发学生心理状态变化的线索,以此为依据来推断如何让学生进入安全、平静、投入的心理状态,从而促进学生的学习。

第二,学生独特认知风格显现之时。每一位学生都有不同的人生经验、知识储备和思维方式,这些组成了学生独特的认知风格。作为观察者,教师会看到几乎每位学生都在按照自己最熟悉、最适应、最舒适的方式来进行思考和解决问题。这对于群体的学习来说，既是一种资源，又是一种困境。每个人的认知风格不同，如果能够充分利用这种思考问题的路径差异，就会让学生获得更多的学习机会；但如果企图用一种方式来简单地统一学生的答案，就会产生各种各样的问题。因此，教师必须首先理解学生认知风格的差异，对于某一个特定问题，学生到底有多少种思考方式以及为什么会产生这些思考。有的学生思考问题比较慢却非常深刻，而有的学生思维敏捷却浅尝辄止。教师要对学生认知风格的差异予以充分的理解，在此基础上进行针对性的指导。

第三，学生学习的困顿之处。学生面对的学习困难是课堂观察的重点。学生从自己的已知世界出发，去努力探索未知世界的过程最为珍贵，但在探寻未知的过程中往往会遇到困难，遭遇问题→解决问题→获得新知是学生学习的重要途径。但在长期的课堂观察中会看到，很多学生的学习困境难以被察觉，因此不断累积，并最终使其沦为“学困生”，失去对学习的兴趣和信心。如果大面积和错综复杂的正确与错误理解的矛盾结构建立起来，就会强烈地促使学生放弃学习。面对学生可能出现的各种问题，教师要反思到底怎样进行学习设计才能更精准、有效，并且能够以问题解决来牵引学生不断将学习引向深入，这都可以在观察中找到重要线索。观察者对于个体学生学习困顿之处的觉知与分析，可以为教师的教学设计和实施提供实质性的帮助。

第四，学生间的社会关系呈现之时。为了能够对学生的学习历程进行深入的观察，我们可以选取一位焦点学生。每位学生都有一个复杂的生态圈，这位学生的具体表现往往是与周围重要他人密切相连的。学生是否得到同伴的认同和关心，学生是否得到了教师的关注和平等对待，这些都构成了学生的重要学习环境和学习资源。如果教师有足够的精力，能够观察到学生与其外在的环境、伙伴之间的互动方式，也有利于教师进行分析和思考。同时我们还要去考虑学生的家庭背景等，这些都是可以进行系统化考虑的要素。佐藤学提出“串联”的重要性，要把教材与学生串联起来，把一个学生同其他学生串联起来，把课堂里学习的知识同社会上的事件串联起来，把学生的现在同未来串联起来。对于研究者来说，要获得关于焦点学生更多的关键信息，对学生有全面而深入的了解，这样才能真正诠释学生的学习。

第五，学生学习成果特征显露之时。观察者对完整学习过程持续关注，就会发现学生学习成果的逐渐呈现。如果教师采用学习单等方式来辅助学生解决问题，就可以清楚地看到学习成果的表达。观察者可以协助执教教师对学习成果进行全面系统的分析，这对于了解学生普遍的困难和问题、发现学生独特的观点和方法具有重要意义。我们可以通过对学习成果的反馈，对学生进行及时的纠正和强化。因为执教教师所看到的往往是学生的学习结果，很难把握过程性的信息，而观察员却清楚地看到学生的问题解决过程。因此，当我们将学生最终学习成果与学生完整学习过程进行综合分析时，学生学习的证据链会更加全面和真实，这对于学生的学习起到了质量跟踪的重要作用。

课后，可以对所观察的焦点学生进行深度访谈，对学生的学习成果进行二次分析。关于课堂中的关键内容或者课堂发生的关键事件，要与学生进行对话，对学生的学习效果、学习体验、学习意愿、学习困难等进行进一步的确认，挖掘其中深层次的意义，从而对课堂中的关键事件进行深刻的检视，增强课堂观察获取证据的丰富性和完整性。如有必要，还可以做面向全班学生的问卷调查或者访谈，从而在更大范围内对课堂观察证据进行确认和完善。

总之，动态的、难以预判的课堂事件中包含着很多参与者，而且很多事情发生得很突然。多数课堂事件的发生是快速的，所以多数真实的课堂事件都是来不及记录的。

这需要观察者对焦点学生保持持续关注，并且保持对课堂中关键事件的敏感性，对焦点学生学习过程中的动态信息有充分的把握，将焦点学生的学习过程进行前后事件的串联和对比，从而分析出焦点学生学习变化的规律。同时，要将学生学习中的关键事件与教师的教学设计、学生之间的社会关系以及学习任务进行有效的串联，形成对关键事件的阐释能力，并在学生学习的关键事件中进行自我反思，从而获得分析课堂关键事件、阐释学生学习困境与需求，并据此进行教学反思与改进的能力，塑造和改造自身的教育哲学。

本章思考题

根据下面提出的问题，从中选择一个自己感兴趣的，参照本章的案例，完成学科深度学习的过程。

创建一个小型的学习共同体，花费至少 4 小时，大家一起不断分析、思考某一问题的本质和意义；不断分析其特点、适用范围、应用条件；不断阐述自己的理解；不断深入挖掘该概念与其他概念的共同点与差异性。学习的过程不要中断，之后反思和体会自己是否进入了深度学习状态。

(1)怎样理解鲁迅在文章中的攻击性与现实生活中又平易近人的矛盾？

(2)为什么现代诗歌难以流行？

(3)如何理解文化的传承与民族的传袭之间的联系与区别？

(4)如何理解持有不同立场的人对同一历史事件评价不同？

(5)经济与文化在历史发展中的关系是什么？

(6)数学归纳法的适用范围是什么？

(7)无理数到底有没有确定值？

(8)如何优化求解三维曲面上极值点的速度？

(9)正态分布曲线的特点和意义是什么？

(10)热力学定律是微观粒子的统计规律，那对于数量很大的人群运动规律来说，热力学定律是否还适用？

(11)力和运动到底哪个是原动力？

(12)粒子到底是不是无限可分的？

(13)几种力是否可以统一？

(14)场到底是什么？

(15)场是否真的存在？

(16)如何理解费米能级？

(17)如何理解量子力学中的波函数？

(18)如何解决博弈游戏设计中的公平性？

(19)化学反应是否都是可逆的？

(20)如何理解历史发展过程中的规律性和偶然性？

第十四章　竞赛

竞赛是考查学生学习能力与综合能力的一场竞争性的活动。尽管有各种各样的比赛规则，但是所有的比赛都指向对学生能力的考查。在这些比赛中，几乎所有的比赛内容都不是课内学习的基本知识，而是课程之外的其他专业领域的知识。竞赛就是以这些知识为基础，考查学生快速学习的能力以及应用这些知识的能力。

第一节　关于竞赛

作为教育部认证的优秀竞赛，白名单赛事具有成熟的全方位评估标准，比一般学校的素质教育评估结果更具说服力。比赛有利于学生个人的全面成长。比赛本身既是对参赛学生的一种锻炼，也是对学生付出的努力和汗水的肯定。学生在与导师/教练、队友、裁判、竞争对手的交互接触中，能够提高专业技能、交流能力、团队意识、抗挫折和抗打击能力等综合素养。

为了更好地提升自身科学素养，学生可以大胆尝试、积极参与，发挥自己创新创造潜能，成为未来科技之星，助力实现强国之梦。

一、竞争清单

现在社会上各种各样的比赛越来越多，良莠不齐。为了更好地管理比赛，教育部每年都会出台关于大学生和中小学生的比赛清单，方便大家根据自己的专业特长来选择比赛项目。清单中的比赛往往比较规范，要求也比较严格，竞争也相对激烈，因此对于比赛结果的认可程度也就比较高。

1.面向大学生的竞赛清单

2021 年教育部公布的面向大学生的竞赛清单如表 14-1 所示。

表 14-1　2021 年教育部公布的面向大学生的竞赛清单

序号	竞赛名称
1	中国“互联网＋”大学生创新创业大赛
2	“挑战杯”全国大学生课外学术科技作品竞赛
3	“挑战杯”中国大学生创业计划大赛
4	ACM-ICPC 国际大学生程序设计竞赛
5	全国大学生数学建模竞赛
6	全国大学生电子设计竞赛
7	中国大学生医学技术技能大赛
8	全国大学生机械创新设计大赛
9	全国大学生结构设计竞赛
10	全国大学生广告艺术大赛
11	全国大学生智能汽车竞赛
12	全国大学生交通运输科技大赛
13	全国大学生电子商务“创新、创意及创业”挑战赛
14	全国大学生节能减排社会实践与科技竞赛
15	中国大学生工程实践与创新能力大赛
16	全国大学生物流设计大赛
17	外研社全国大学生英语系列赛-英语演讲、英语辩论、英语写作、英语阅读
18	全国职业院校技能大赛
19	两岸新锐设计竞赛·华灿奖
20	全国大学生创新创业训练计划年会展示
21	全国大学生化工设计竞赛
22	全国大学生机器人大赛-RoboMaster、RoboCon、RoboTac
23	全国大学生市场调查与分析大赛
24	全国大学生先进成图技术与产品信息建模创新大赛
25	全国三维数字化创新设计大赛
26	世界技能大赛
27	世界技能大赛中国选拔赛
28	“西门子杯”中国智能制造挑战赛

续表

序号	竞赛名称
29	中国大学生服务外包创新创业大赛
30	中国大学生计算机设计大赛
31	中国高校计算机大赛-大数据挑战赛、团体程序设计天梯赛、移动应用创新赛、网络技术挑战赛、人工智能创意赛
32	蓝桥杯全国软件和信息技术专业人才大赛
33	米兰设计周·中国高校设计学科师生优秀作品展
34	全国大学生地质技能竞赛
35	全国大学生光电设计竞赛
36	全国大学生集成电路创新创业大赛
37	全国大学生金相技能大赛
38	全国大学生信息安全竞赛
39	未来设计师-全国高校数字艺术设计大赛
40	全国周培源大学生力学竞赛
41	中国大学生机械工程创新创意大赛-过程装备实践与创新赛、铸造工艺设计赛、材料热处理创新创业赛、起重机创意赛、智能制造大赛
42	中国机器人大赛暨 RoboCup 机器人世界杯中国赛
43	“中国软件杯”大学生软件设计大赛
44	中美青年创客大赛
45	RoboCom 机器人开发者大赛
46	“大唐杯”全国大学生移动通信 5G 技术大赛
47	华为 ICT 大赛
48	全国大学生嵌入式芯片与系统设计竞赛
49	全国大学生生命科学竞赛(CULSC)-生命科学竞赛、生命创新创业大赛
50	全国大学生物理实验竞赛
51	全国高校 BIM 毕业设计创新大赛
52	全国高校商业精英挑战赛-品牌策划竞赛、会展专业创新创业实践竞赛、国际贸易竞赛、创新创意竞赛
53	“学创杯”全国大学生创业综合模拟大赛

续表

序号	竞赛名称
54	中国高校智能机器人创意大赛
55	中国好创意暨全国数字艺术设计大赛
56	中国机器人及人工智能大赛

从竞赛名单可以看出，竞赛基本上覆盖了各个专业，科技类占绝大多数。很多竞赛是为了能够使学生在科技前沿发挥出自己的最高水平，考查学生的主观能动性和解决各种难题的能力。这些竞赛要求学生不仅要学好自己的专业知识，而且能够将自己的专业知识应用于各种市场和工程需求，其核心就是考查学生的专业基础、创新能力、学习能力、协作能力、沟通与展示能力。

2.面向中小学生的竞赛清单

教育部公布的面向中小学生的全国性竞赛活动名单（2022—2025 年）如表 14-2 所示。

表 14-2　2022—2025 学年面向中小学生的全国性竞赛活动名单

序号	竞赛名称	主办单位	竞赛面向学段
	自然科学素养类		
1	全国青少年人工智能创新挑战赛	中国少年儿童发展服务中心	全部
2	全国中小学信息技术创新与实践大赛	中国人工智能学会	全部
3	世界机器人大会青少年机器人设计与信息素养大赛	中国电子学会	全部
4	全国青少年科技教育成果展示大赛	中国下一代教育基金会	全部
5	全国青少年无人机大赛	中国航空学会	全部
6	全国青年科普创新实验暨作品大赛	中国科协	全部（不含小学）
7	宋庆龄少年儿童发明奖	中国宋庆龄基金会、中国发明协会	全部
8	全国中学生天文知识竞赛	中国天文学会	全部（不含小学）
9	“地球小博士”全国地理科普知识大赛	中国地理学会	高中
10	全国中学生水科技发明比赛	生态环境部宣传教育中心、水利部宣传教育中心	全部

续表

序号	竞赛名称	主办单位	竞赛面向学段
11	全国中学生地球科学奥林匹克竞赛	中国地震学会、中国地球物理学会、中国灾害防御协会	高中
12	全国中学生数学奥林匹克竞赛	中国数学会	高中
13	全国中学生物理奥林匹克竞赛	中国物理学会	高中
14	全国中学生化学奥林匹克竞赛	中国化学会	高中
15	全国中学生生物学奥林匹克竞赛	中国植物学会、中国动物学会	高中
16	全国中学生信息学奥林匹克竞赛	中国计算机学会	高中
17	全国青少年科技创新大赛	中国科协	全部
18	全国青少年航天创新大赛	中国航天科技国际交流中心	全部
19	“北斗杯”全国青少年空天科技体验与创新大赛	中国科学院空天信息创新研究院、中国光华科技基金会	全部
20	蓝桥杯全国软件和信息技术专业人才大赛	工业和信息化部人才交流中心	全部
21	丘成桐中学科学奖	清华大学	高中
22	全球发明大会中国区	中国友好和平发展基金会	全部
23	中国“芯”助力中国梦——全国青少年通信科技创新大赛	中国通信工业协会	全部
人文综合素养类			
24	全国青少年禁毒知识竞赛	中国禁毒基金会	全部
25	世界华人学生作文大赛	中华全国归国华侨联合会	高中
26	“外研社杯”全国中学生外语素养大赛	北京外国语大学	高中
27	叶圣陶杯全国中学生新作文大赛	中国当代文学研究会	高中
28	全国中学生科普科幻作文大赛	中国科普作家协会	高中、中专、职高
29	高中生创新能力大赛	中国老教授协会	高中
30	全国中学生创新作文大赛	中国写作学会	高中
31	“语文报杯·时代新人说”全国中学生征文大赛	中国语文报刊协会	高中、中专、职高

续表

序号	竞赛名称	主办单位	竞赛面向学段
32	全国中学生环境保护优秀作文征集活动	中华环保联合会	高中、中专、职高
33	全国版图知识竞赛(中小学组)	自然资源部宣传教育中心	全部
34	全国青少年劳动技能与智能设计大赛	中国自动化学会	全部
35	全国青少年文化遗产知识大赛	中国文物保护技术协会	全部
艺术体育类			
36	全国中小学生绘画书法作品比赛	中国儿童中心	全部
37	“我爱祖国海疆”全国青少年航海模型教育竞赛	中国航海模型运动协会	全部
38	“驾驭未来”全国青少年车辆模型教育竞赛	中国车辆模型运动协会	全部
39	全国青少年模拟飞行锦标赛	国家体育总局航空无线电模型运动管理中心	全部
40	“飞向北京·飞向太空”全国青少年航空航天模型教育竞赛活动	中国航空运动协会	全部
41	全国青少年传统体育项目比赛	中国青少年宫协会	小学、初中、高中
42	“致敬英雄”全国青少年文化艺术创作主题教育竞赛	中国少年儿童文化艺术基金会	全部
43	“希望颂”——全国青少年书画艺术大展	中国国际书画艺术研究会	全部
44	全国青少年音乐素养大赛	中国音乐文学学会	全部

注:参赛中的“全部”代表小学、初中、高中、中专、职高。

在2022年公布的赛事清单中,科创类相关的赛事仍然占据半壁江山。

从面向学段的角度来看,能够参加科创类赛事的学段增加,下至小学、初中,上至职高、高中,结合近两年的“双减”政策,倡导增加素质类课程,这份清单无疑传递出一个重要信号——未来的教育趋势不是刷题,而是培养创新意识、学会探索研究,学术潜力较强的学生会有更多发挥空间。

二、竞赛分类

竞赛大致可以分为以下三大类。

第一，自然科学类。除了大家熟知的传统全国中学生数学/物理/化学/生物/地球科学奥林匹克竞赛，近年来还增添了各类创新创业发明大赛。典型的如全国青少年科技创新大赛（简称青创赛）。

全国青少年科技创新大赛是“青少年世界杯”国际科学与工程大奖赛（ISEF）的中国附属赛之一，有着悠久的办赛历史，赛制与 ISEF 非常相似。青创赛的涵盖学科十分广泛，包括数学、物理与天文学、化学、生命科学、计算机科学与信息技术、工程学、环境科学、行为和社会科学，学生可以选择其中一个学科项目做参赛准备。每年能够代表中国参加 ISEF 的国家队成员中，都有来自全国青少年科技创新大赛的优秀获奖学生。

此外，全球发明大会（ICW）也值得关注。ICW 由美国亨利·福特博物馆举办，面向全球 K-12 年级学生，结合国际先进的 STEMIE 教育概念（STEM＋发明＋创业精神），培养学生跨学科综合应用能力、创新思维、问题解决能力与表达能力。ICW 具有全球影响力，奖项受到世界名校认可；以创新为核心，鼓励学生发展敢于突破常规的思维能力；鼓励学生接触、运用不同科学技术，让发明具有实用性；注重作品与社会的连接，鼓励学生发明能真正解决现实问题、具有社会价值的作品。

第二，人文综合素养类。人文综合素养类共 12 项竞赛，新增了 3 项赛事，取消了新概念作文大赛，而新概念作文大赛是 2021 年新增赛事，仅存在一年就被取消了。

第三，艺术体育类。艺术体育类总共 9 项竞赛，涉及美术、体育、书法、音乐、航空航天、航海车辆等多种项目，给大家提供了各种展示机会。

显然，活动类型主要分为三类，其重要性及含金量比重逐级下降：自然科学素养类＞人文综合素养类＞艺术体育类。在目前激烈的国际竞争形势下，重视创新教育和创新人才的培养，特别是要把原始创新能力提升摆在更加突出的位置，已成为社会共识。

第二节　无法被忽视的奥赛

无论社会上的舆论如何反对奥赛，仍然难以阻挡重点高校对奥赛的热情，使其直到现在仍然是一种无法替代的学科学习能力评价的标准。用奥赛评价学生的高水平学习能力不仅必要而且是必然的。

一、五大奥赛

全国五项学科竞赛活动包括数学、物理、化学、生物和信息学竞赛，是由中国科学技术协会所属中国数学会、中国物理学会、中国化学会、中国动物学会和中国植物学会，以及中国计算机学会等六个学会主办，并得到教育部及各级教育主管部门支持，在国内具有广泛影响的面向在校高中学生的课外活动。其宗旨是向中学生普及科学知识,激发他们学习学科知识的兴趣和积极性,为优秀学生提供相互交流和学习的机会,促进中等学校科学教育改革。通过竞赛和相关的活动培养和选拔优秀学生,为参加国际奥林匹克学科竞赛选拔参赛选手。学科竞赛属于课外活动,始终坚持学有余力、对学科学习有兴趣的学生自愿参加的原则,是在教师指导下学生开展研究性学习的重要方式。

每年通过全国学科竞赛选拔优秀的中学生组成国家集训队,依托北大、清华、复旦大学等著名院校,由专家和领队对学生进行培训和进一步选拔,最后组成中国代表队参加国际学科奥林匹克竞赛;组织有关学会召开学科奥赛研讨会,总结我国参加国际学科奥赛的经验,讨论国际学科奥赛发展方向以及国内学科教育和普及工作等。

国际学科奥林匹克竞赛是世界上最有影响的中学生学科竞赛活动之一,其宗旨是促进学科知识的普及,培养中学生对学科知识的兴趣。中国在 1985 年首次派队参加这项活动。三十多年来,中国学生取得了优异的成绩。根据国际数学奥林匹克竞赛(IMO)官网消息:2022 年第 63 届国际数学奥林匹克竞赛中,中国队以全队满分的成绩获得总分第一,中国队参赛的 6 个队员全部满分并获得金牌。自 2019 年以来,中国队已经连续 4 年获得团体第一,这也是自 1989 年中国队首次取得团体第一之后,第 23 次获得世界第一。

1.全国中学生数学竞赛

全国中学生数学竞赛旨在提高中学生学习数学的兴趣,推动数学课外活动的广泛开展,促进数学课内与课外教育的结合,为对数学有兴趣且学有余力的在校学生提供进一步提高能力的机会,为数学教育改革尤其是课程改革提供新的思路,为发现、培养和选拔一批数学人才,为参加国际数学奥林匹克做准备。作为一项面向中学生的数学竞赛和科普活动,全国中学生数学竞赛坚持"在普及的基础上不断提高"和"精简节约,自愿参加"的原则。活动在课余时间进行,不搞层层选拔,不影响学校的正常教学秩序。全国高中数学联赛第一试的内容不超出现行的高中数学教学大纲,其他竞赛内容参照国际数学奥林匹克的要求进行。

全国中学生数学竞赛是经教育部批准,由中国科学技术协会青少年科技中心主管,中国数学会主办的面向全国中学生的数学系列活动,包括全国高中数学联赛(每年 9 月)、中国数学奥林匹克竞赛(全国中学生数学冬令营)(每年 1 月)、国家集训队的选拔工作(每年 3 月)和国家代表队出国比赛(每年 7 月)。

2.全国中学生物理竞赛

全国中学生物理竞赛是由中国科协主管,由中国物理学会主办,各省(自治区、直辖市)高中学生自愿参加的课外学科竞赛活动。这项活动得到教育部的同意和支持。

竞赛分为预赛、复赛和决赛。预赛由全国竞赛委员会统一命题,采取笔试的形式,凡是在校的、对物理有兴趣、学有余力的高中学生,经学校同意后都可以报名参加。在预赛中成绩优秀的学生由市、县推荐,可以参加复赛。复赛包括理论和实验两部分,理论部分由全国竞赛委员会统一命题,实验部分由各省竞赛委员会命题。根据预赛和复赛的成绩,由省物理竞赛委员会评赛区奖。根据复赛理论和实验的总成绩，由省竞赛委员会推荐成绩优秀的学生参加决赛。决赛包括理论和实验两部分，由全国竞赛委员会命题和评决赛奖。

预赛试题的深浅虽然大部分相当于高考稍难或难题的水平，但有其基本特色，即着重考查考生的独立思考能力和创造性思维能力。期望首先通过参加预赛激发和促进全国广大高中学生对物理的兴趣和热爱，促进他们独立思考能力和创造性思维能力的提高和发展。

3.全国高中学生化学竞赛

全国高中学生化学竞赛是学生在教师指导下的研究性学习，是一种课外活动。

现行中学化学教学大纲、普通高中化学课程标准及高考说明规定的内容均属初赛要求。高中数学、物理、生物、地理与环境科学等学科的基本内容（包括与化学相关的我国基本国情、宇宙、地球的基本知识等）也是化学竞赛的内容。初赛的基本要求是对某些化学原理的定量关系、物质结构、立体化学和有机化学进行适当补充，一般说来，补充的内容是中学化学内容的自然生长点。决赛的基本要求是在初赛基本要求的基础上进行适当补充和提高。

全国高中学生化学竞赛旨在普及化学基础知识，激励中学生接触化学发展的前沿，了解化学对科学技术、国民经济和人民生活以及社会发展的意义，学习化学家的思想方法和工作方法，以培养他们学习化学的兴趣爱好、创新意识、创新思维和初步的创新能力；探索早期发现和培养优秀学生的思路、途径和方法；促进化学教育教学新思想与新方法的交流，推动大、中学化学教育教学改革，提高我国化学教育教学水平；选拔参加一年一度的国际化学竞赛的选手。

全国高中学生化学竞赛属于课外活动，是对课内教学的补充和发展，是学生在教师指导下开展研究性学习的方式之一。竞赛必须坚持学生有兴趣、有余力和自愿参加的原则。反对不顾学生是否有兴趣、学校是否有条件而盲目开展竞赛活动的做法。反对任何设置障碍、阻止学生参加竞赛的行为。

4.全国中学生生物学联赛、全国中学生生物学竞赛

全国中学生生物学联赛（CHSBO，以下简称全国生物联赛）、全国中学生生物学竞赛（CNBO，对外称中国生物学奥林匹克，以下简称全国生物竞赛）是在中国科学技术协会、教育部和国家自然科学基金委的领导和支持下，由中国动物学会、中国植物学会联合主办，各省（自治区、直辖市）自愿参加的群众性生物学科竞赛活动。

全国生物联赛、全国生物竞赛旨在加强中学生物学教学以提高生物学教学水平，促进中学生生物学课外活动，向青少年普及生物学知识，提高青少年的生命科学素质，为参加国际生物学奥赛做准备。全国生物联赛、全国生物竞赛内容的深度和广度在现行中学教学大纲的基础上有所提高和扩展。全国生物联赛以省（自治区、直辖市）为单位组织学生参加，各省（自治区、直辖市）在联赛基础上选拔、组队参加全国生物竞赛。

通过组织全国中学生生物学联赛、竞赛、冬令营和参加国际生物奥林匹克竞赛，促进了中学生生物学课外活动的发展和我国中学生与国外中学生的交流；推动了我国中学生

物学教学的改革，促进了中学生物学教学水平的提高；选拔、培养了一批生物学人才，提高了我国青少年的生命科学素质。

5.全国青少年信息学奥林匹克竞赛

全国青少年信息学奥林匹克竞赛是一项面向全国青少年的信息学竞赛和普及活动，旨在向那些在中学阶段学习的青少年普及计算机科学知识，给学校的信息技术教育课程提供动力和新的思路，给那些有才华的学生提供相互交流和学习的机会，通过竞赛和相关的活动培养和选拔优秀的计算机人才。

竞赛的目的是在更高层次上推动普及。竞赛及其相关活动遵循开放性原则，任何有条件和有兴趣的学校和个人都可以在业余时间自愿参加。竞赛不和现行的学校教学相冲突，是课外性质的因材施教活动。参加者可以是初高中学生或其他中等专业学校的青少年。

二、奥赛重点考查抽象能力和应用能力

很多家长搞不懂奥赛，题看不懂也不会做，只知道是难题，但到底难在哪里，一无所知。甚至很多教师也是一头雾水，根本无从指导。

根据图 3-2，我们可以知道能力是分层级的，记忆属于初级，消化属于中级，抽象和应用属于高级。而奥赛就是考查学生的抽象和应用能力，这种能力必须经过艰苦的有针对性的训练方能获得。奥赛也是考查学生毅力和综合素质的较好途径。

下面我们通过一个题目看一下奥赛是如何对抽象能力进行考核的。

【例题】设数列$\{a_n\}$与$\{b_n\}$满足$a_1=1,b_1=3$，且

$$\begin{cases}a_{n+1}=a_n+b_n-\sqrt{a_n^2-a_nb_n+b_n^2},\\ b_{n+1}=b_n+a_n+\sqrt{b_n^2-b_na_n+a_n^2},\end{cases} n=1,2,\cdots$$

求数列$\{a_n\}$与$\{b_n\}$的通项公式。

解：由已知得

$$a_{n+1}+b_{n+1}=2(a_n+b_n),$$

$$a_{n+1}b_{n+1}=(a_n+b_n)^2-(a_n^2-a_nb_n+b_n^2)=3a_nb_n$$

从而

$$a_n+b_n=2^{n-1}(a_1+b_1)=2^{n+1},$$

$$a_nb_n=3^{n-1}a_1b_1=3^n,$$

故a_n,b_n是方程$x^2-2^{n+1}x+3^n=0$的两个实根，且根据条件的$a_n<b_n$，所以

$$a_n=2^n-\sqrt{4^n-3^n},b_n=2^n+\sqrt{4^n-3^n}$$

分析：从题目可以看出，数列公式a_{n+1}的右侧既有a_n也有b_n，如果直接采用记忆能力，在自己的知识库中寻找公式，结果一无所获。

接下来使用知识消化能力，继续看看自己的知识网络库里面有没有求解方法。看这两个数列的关系，好像数学归纳法比较接近，而且前面好像有类似的题目使用了数学归纳法来完成。比如求出来a_2、b_2之后如下：

$$\begin{cases}a_2=a_1+b_1-\sqrt{a_1^2-a_1b_1+b_1^2}=4-\sqrt{7},\\ b_2=b_1+a_1+\sqrt{b_1^2-b_1a_1+a_1^2}=4+\sqrt{7},\end{cases}$$

如果继续求解 $a_3,b_3,a_4,b_4,\cdots$,细心的同学也有可能猜出来通项公式,然后用数学归纳法再证明出来,但是整个求解过程就变得比较复杂。

如果我们具备了抽象能力,就可以到自己的知识模式库里面去寻找一下有没有能够用得上的工具。本题中的两个递推式具有明显的对偶特征,我们可以发现,虽然是数列,但是它与平方差公式具有相同的模式,因此将它们联系起来总体考虑,将两者相加和相乘之后就变成了递推公式。又发现此时的公式和一元二次方程的模式相同,从而求解出通项公式。

从这个题目可以看出,奥赛在考查能力时,如果纯粹采用记忆的方式,是基本上没办法解决任何问题的;如果学生具有了理解能力,同时能够掌握一般的方法,对于简单的题目也是能够解答出来的,但是过程可能比较复杂;如果学生具备了抽象能力和应用能力,能够直接看透题目中的抽象模式,到自己的知识模式库中寻找相应的方法,就很容易解决问题。

因此,奥赛重点考查学生的抽象能力和应用能力,这些能力只有非常优秀的学生经过刻苦的训练才能够获得。

小贴士

兴趣的优势富集效应

优势富集效应是同济大学王健先生创立的一种起点发展理论,它是指起点的微小优势经过关键过程的级数放大会产生更大级别的优势积累,主要包括三个主要内容:先者生存,群集现象,微量演变。在教育领域中,当我们分析学生的发展时,会发现优势富集效应同样存在深刻的影响。

优势富集效应促使兴趣的形成:

(1)在刚选修某一门课程时,主动参与、态度积极的学生在教育活动中得以凸显,容易得到老师的青睐,得到的发展机会也较多,个性优势占得先机。

(2)随着个性优势的凸显,周围的同学都认为这个学生在这方面有优势,会积极地向他请教问题,该学生因此也获得了更多的学习机会,个性优势级数增加,与其他同学的差距急剧扩大。

(3)与学习水平直接相关的自我感觉也会随着教学与教育活动而扩大,学生对自己有优势的项目逐渐树立了信心,从而产生成就感和愉悦感,产生对该课程的浓厚兴趣。

(4)兴趣的优势富集效应往往也和劣势富集效应同时发展,形成更加强烈的个性化发展趋势。

三、如何降低学习难度

奥赛当然很难，否则也就无法体现出优秀学生与普通学生的差别。但是我们也会发现，优秀学生和普通学生在智商甚至情商上的差别有时候并不大。如果学生们在学习态度、学习习惯上的持续性都能够得到保证，那么就需要科学的学习方法了，只有遵照学习规律，持续努力，才能够取得好成绩。

在学生进入高中阶段后，很多家长认为学生日常的课程已经非常繁重，持续不断的学习和考试已经让他们疲惫不堪了，即使想参加奥赛也没有时间。如果放弃其他课程学习而专心攻克奥赛又存在较大的风险。

为了保证学有余力的学生能够正常参加奥赛，需要做好以下几点：

一是提前入手。奥赛的学习是思维方式与方法的训练，需要日积月累，如果提前入手，就能够降低集中学习的压力。经验表明，奥赛的学习最好从初一开始，因为初中的日常学习相对轻松，有较多的时间进行课外学习，而且距离高二冲击国家赛时间较长，可以按部就班地进行学习，尤其是这期间假期较多，可以有条不紊地提升学习能力。

二是深度思考，不断提升抽象水平。奥赛需要培养自己的抽象能力，而抽象能力又需要深度思考来实现，如何能保证深度思考的有效时间是冲击奥赛的关键。利用周末和假期，有目的地进行深度思考练习，才能够不断提高学习能力。

三是及时评估，精准定位弱点。奥赛是培养能力的途径，并不完全和知识点的量线性相关，并不是学习的知识越多，能力就越强。因此，能力评估是学习的关键，实现定期评估能够明确自己的学习目标和后续的学习计划。如果通过评估，发现自己不是很适合继续参加奥赛，那么应该根据专业评估决定自己是否继续学习奥赛的相关内容。

第三节　如何参与竞赛活动

紧张激烈的比赛活动能够极大地促进学习的发生，能够快速提升能力，尤其能够培养团队精神和克服困难的勇气。

一、做好竞赛准备

1.学习规划

规划过程一般包括准备、报名、选拔、比赛、赛后等阶段。在准备阶段就要全面了解参与比赛的特点，根据自己的情况制订参赛计划，最好有详细的时间表，平衡好课堂学习和业余参赛之间的关系。

2.知彼

了解各个比赛的特点，例如主办方是谁、面向的年龄段（学段）、线上还是线下、个人赛还是团体赛、是否分类别和赛道、参赛作品数量限制、提交作品的形式、有无现场答辩环节、口碑和含金量如何,是否有对应的国际比赛、报名时间和渠道等。优先选择那些自己喜爱、学校欢迎、家长口碑好、社会评价高的竞赛。

3.知己

根据自己的兴趣爱好、学习基础等个人条件选择适合自己的竞赛,有些竞赛比较相似,可以同时准备参加多个比赛。学生和家长参与竞赛活动普遍存在跟风现象,没有搞清楚自己参加竞赛和项目的目的,而是看着别人参加或听别人推荐就跟着一起参与,进而使通过项目和竞赛所学到的东西大打折扣。要想通过竞赛和项目提高能力,首先一定要明确参加竞赛与项目的意义,这样才会有的放矢,收到事半功倍的效果。

4.他山之石,可以攻玉

可以仔细分析研究往年比赛的获奖作品,这些作品都是优中选优的项目,是很好的学习素材,从中可以学习到经验。

5.关注社会需求

需求是创新的根本动力,社会需求与所学知识和方法的集合,往往能催生出创新程度高的作品。往届竞赛获奖作品充分证明,那些兼具实时性和实用性的作品往往获得好评。

二、竞赛展示过程中的注意事项

1.指导教师

指导教师的作用主要是引导,能够保证大的方向不出错误。一位经验丰富的导师,能够在短时间内帮助学生修正学习习惯,提高学习效率。当然,指导教师不能解决所有问题,主要的学习还是靠学生个人。

2.了解规则

了解比赛规则,特别是比赛流程、评选标准、奖项设置等。

3.关注信息

关注竞赛官方网站,特别是重要的通知和委员会的公告。

4.正规渠道报名

各项竞赛的报名时间及方式由各主办方自行发布,请各位学生和家长关注各主办单位发布的信息。竞赛各项工作由主办方及承办单位直接负责实施,不会进行委托、授权,也无不正规机构代为接收报名。

5.调整心态

第一,去除功利心态。竞赛不再与升学挂钩,新的管理办法明确规定,各类竞赛举办者必须坚持素质教育导向,更好地引导中小学生参与竞赛活动。要积极营造风清气正的比赛环境,进一步消除学生、家长、培训机构和社会对竞赛的功利态度。严格执行任何竞赛奖项均不作为基础教育阶段招生入学加分依据，杜绝把竞赛仅仅当作招生入学的“敲门砖”“入场券”。第二，要有一颗平常心。应该认识到竞赛是能力提升和展现的舞台，结果不是目的，过程中的成长才是最重要的，这样才能应对比赛过程中遇到的种种困难。

6.实事求是

近年来，一些不好的社会风气影响了比赛，有些学生拿别人的作品和成果参加比赛，这严重扰乱了比赛秩序。学生应该自觉抵制这些不良风气，所有参赛作品应该独立完成，经得起考验。

7.注意平衡竞赛与日常的文化课学习

竞赛的目的是培养创新意识和自由探索精神，让学有余力和学术潜力较强的学生有更多发挥空间和展现自己的舞台。所以，一定不要为了参加竞赛而竞赛，忽视了日常文化课的学习。好的竞赛参与过程，是提高学生学习能力的过程，这个能力对知识的学习是有帮助的。如果因为参与竞赛而影响了学习成绩，那这个比赛可能并不适合，要懂得及时“止损”。

三、竞赛奖项与高考人才选拔

1980年，当时的国家教委出台政策，规定数学、化学、计算机等五个学科高中联赛获奖学生可以免试上大学。自此，竞赛和升学在中国教育的思维体系中就被捆绑在一起。名目繁多的竞赛成为越来越多家庭的升学依靠，竞赛市场的盲目扩张催生了一系列行业乱象。教育部在《2018年普通高等学校招生工作规定》中指出，全面取消体育特长生、中学生学科奥林匹克竞赛、科技类竞赛等全国性高考加分项目。自此，竞赛开始逐渐与升学脱钩。

2020年，教育部文件《关于进一步加强面向中小学生的全国性竞赛活动管理工作的通知》明确指出，任何竞赛奖项均不作为基础教育阶段招生入学加分依据。不得将任何竞赛奖项作为升学依据。要继续对本地区高中阶段学校招生考试(中考)加分项目进行清理和规范，严禁将各类竞赛获奖情况作为高中阶段学校招生考试(中考)加分依据。

事实上，竞赛的初衷是让对相关学科有兴趣且尚有余力的学生开发智力，锻炼思维，却不料在利益的驱动下慢慢变了味儿。如何让竞赛回归本来的面目，一直是教育行业面临的难题。作为参照，美国的基础教育体系对天才学生也设置了“杰出高中”，将优秀有潜力学生选拔上来。

目前，高校招生认可的官方举办的五大学科竞赛主要有五个：数学、物理、化学、生物、信息学。这些竞赛复赛获本省一等奖可报名参加清华新领军、中科大少创班、强基计划、综合评价等招生计划，有一定的政策支持，但人数有限，每个省每个学科往往只有几十人到百人。参加全国决赛最终获得一等奖、二等奖、三等奖，分别对应金牌、银牌和铜牌。国家会从获得金牌的考生中选取50～60名作为集训队的选手，一般是最终成绩的前50～60名。集训队的考生具有保送资格，不需要参加高考。而部分获得银牌甚至铜牌的选手，也可获得部分高校的优惠降分签约。

其他竞赛活动，根据获奖情况，不同高校有不同的政策，一般会在综招面试环节根据学生的具体参与竞赛和现场交流情况重新评判。

本章思考题

将前面学习的成果整理出来，选择一个自己感兴趣的竞赛，去实际参赛，体验整个过程。

尽管本书已到最后，但我们清楚地知道，要想完成研究性学习的介绍和推广，这些还远远不够，有太多的内容还没有完成，有太多的想法还没有表达，还有更多的问题没有透彻地分析。在教育领域中，有太多的内容、太多的问题，我们无法将希望都寄托在一本书上，只希望能够抛砖引玉，能够在教育事业的海洋中溅起一朵小小的浪花。

本书的最终目标指向学生的自主学习和终身学习。但是本书中的内容只是这个目标的必要条件而非充分条件，还有学习心理、家庭教育、学习方法、价值观等。本书只涉及了学习方法中的一部分，只针对那些努力学习却又不得其法而无法提升学习能力的问题，并不是一本能够“包治百病”的书。

终身学习对人生的意义远远要比考一个好大学更有价值。学习不是靠智商，而是靠采用正确的方法和持续的努力。我们衷心希望所有的学生不要将毕业和升学作为学习的终点，无论我们身处何处，无论我们处在哪个年龄阶段，都要保持良好的学习欲望和学习能力。若果真如此，我们的教育才算真正成功，我们的素质教育才算真正落实，我们的国家会因此更加强大，我们的人生也会变得更加充实。

参考文献

1.陈静静:《学习共同体:走向深度学习》,华东师范大学出版社 2020 年版。

2.[美]戴维·H.乔纳森、苏珊·M.兰德:《学习环境的理论基础》,徐世猛、李洁、周小勇译,华东师范大学出版社 2015 年版。

3.[美]格兰特·威金斯、杰伊·麦克泰格:《追求理解的教学设计》,闫寒冰、宋雪莲、赖平译,华东师范大学出版社 2017 年版。

4.[美]玛利亚·哈迪曼:《脑科学与课堂:以脑为导向的教学模式》,杨志、王培培译,华东师范大学出版社 2018 年版。

5.[美]格雷戈里·巴沙姆、威廉·欧文、亨利·纳尔多内等:《批判性思维》,舒静译,外语教学与研究出版社 2019 年版。

6.[美]约翰·D.布兰思福特、安·L.布朗、罗德尼·R.科金等:《认识如何学习的:大脑、心理、经验及学校》,程可拉、孙亚玲、王旭卿译,华东师范大学出版社 2002 年版。

7.[新西兰]约翰·哈蒂:《可见的学习:最大程度地促进学习》,金莺链、洪超、裴新宁译,教育科学出版社 2015 年版。